『天地之中』文化探源

李红岩 等著

中原出版传媒集团
中原传媒股份公司

大象出版社
·郑州·

图书在版编目(CIP)数据

“天地之中”文化探源 / 李红岩等著. — 郑州 : 大象出版社, 2022. 4
ISBN 978-7-5711-1347-6

Ⅰ. ①天… Ⅱ. ①李… Ⅲ. ①中华文化-研究 Ⅳ. ①K203

中国版本图书馆 CIP 数据核字(2022)第 015884 号

“天地之中”文化探源

“TIANDI ZHIZHONG”WENHUA TANYUAN

李红岩　等著

出 版 人　汪林中
责任编辑　石更新
责任校对　牛志远
装帧设计　付锬锬

出版发行　大象出版社(郑州市郑东新区祥盛街 27 号　邮政编码 450016)
　　　　　发行科　0371-63863551　总编室　0371-65597936
网　　址　www. daxiang. cn
印　　刷　河南文华印务有限公司
经　　销　各地新华书店经销
开　　本　720 mm×1020 mm　1/16
印　　张　17. 5
字　　数　238 千字
版　　次　2022 年 4 月第 1 版　2022 年 4 月第 1 次印刷
定　　价　68. 00 元

印厂地址　新乡市获嘉县亢村镇工业园
邮政编码　453800　　　　电话　0373-5969992　5961789

前言

中国人对“中”的认识与重视，肇始于远古。新石器时代中晚期，中原地区原始部落的建筑群格局就反映了当时人们的尚中思想。尚中思想在我国的传统文化领域也占据了统治地位。钱大昕曾谓：“《易》六十四卦、三百八十四爻，一言以蔽之，曰‘中’而已矣！”《周易》位居儒家十三经之首，是中国传统思想文化的理论根源，是中华民族的智慧结晶。发展变化与过犹不及的思想贯穿《周易》之始终，这是《周易》尚中思想的整体呈现。中国人的尚中思想在经历了漫长的沉淀与检验之后，到了孔子的时候被进一步继承和发展。孔子最早提出了“中庸”的概念。他在《论语·雍也》中言道：“中庸之为德也，其至矣乎！民鲜久矣。”这里的“中”，谓之折中，既无过分，亦无不及；“庸”，则谓平常。孔子用折中和平常来说明他所认可的至高无上的道德标准。他的这一思想与《周易》的“过犹不及”是相一致的。

中国古时的统治者也具有执中守正的理念。《论语·尧曰》记载了尧告诫舜的一段话：“咨！尔舜！天之历数在尔躬，允执其中，四海困穷，天禄永终。”这里的“允执其中”的意思是治理国家要不偏不倚，符合中正之道。《孟子·离娄下》言道：“汤执中，立贤无方。”这是孟子评价商朝开国君主成汤的话，说汤这个人能够秉持中正之道，破格提拔德才兼备的人。本之于上，中国人的尚中、尊中思想是源远流长的，包含了上层建筑择中、执中与中治的立国之本，涵盖了民众守中道、中而行与达中庸的处世理念。“中”的思想产生、发展于过去，也必将存在、辐射于未来。

关于“天地之中”这一概念的萌芽，窃以为最早可追溯到良渚文化时期。良渚文化出土的外圆内方的器物玉琮，反映了当时的人们已经具备天圆地方的概念。这种概念诞生之后，自然会引发对“天地之中”在哪里的思考与探索。史前时期人们对于“天地之中”的认识达到了哪种程度，文献无征，难以猜度；最迟至西周，人们已经有了明确的答案。《尚书·召诰》说：“王来绍上帝，自服于土中。”伪孔传：“言王今来居洛邑，继天为治，躬自服行教化于地势正中。”也就是说，到了西周武王、成王的时候，无论是出于政治需要，还是别的什么目的，关于“天地之中”的追求，已经走完了蒙昧想象的阶段，把“天地之中”书之于竹帛，且将治“天地之中”付诸实践。

文献记载里的“天地之中”可以分为这么几类：有些带有神话色彩，昆仑山、都广山是其例；有些带有政治色彩，洛阳、开封是其例；有些带有家国情怀，中国、中华是其例；还有些是基于并不科学的地理角度的豫州、中州、阳城、南阳、汝南等说法，其中又以登封阳城说影响最大。

《史记·封禅书》记载：“昔三代之居，皆在河洛之间，故嵩高为中岳，而四岳各如其方。”黄帝都轩辕（新郑），鲧都崇（嵩县），启都夏邑（禹州）、黄台（新密），太康、仲康都斟鄩（巩义），商汤都郑亳（郑州）、西亳（偃师），这些地方如众星拱月般围绕在嵩岳周围。朱熹讲浑天说时言道：“其术以为天半覆地上、半在地下……北极出地上三十六度，南极入地下亦三十六度，而嵩高正当天之中极。”是故，本书所言“天地之中”的地域范围是以嵩岳为核心地域的中原地区，囊括了今河南省的全部。“天地之中”地区是史前中国人类活动的中心区域之一，通过考古发现可以看出：这一区域自然因素适宜，社会文明因素起源早，而且不断从低级阶段向高级阶段发展；这一区域的地理位置适中，便于吸收周边地域文化的先进因素，取长补短，相互融合，从而最早迈入文明社会。

早在旧石器时代中晚期,“天地之中”地区就有了人类活动。旧石器时代晚期、新石器时代早期,新密李家沟开始有原始先民居住、生产和生活。该地区发现的裴李岗文化时期遗存显示,耜耕农业取代刀耕火种成为主流的生产方式。稍后,原始先民在郑州西山版筑夯土筑城,从某种意义上说,郑州西山古城开启了古国文明时代。该地区龙山文化时期遗存较多,规模较大,迄今先后发现了 10 余座古城址。到了龙山文化晚期,这里建立了中国历史上第一个统一的王朝——夏,之后建立了比较强大的商、周王朝。从此,“天地之中”地区成为我国古代政治、经济、文化和社会活动的中心。

“天地之中”文化最显著的特征是根源文化。这里有最早的城、最早的都和最早的国;这里有传统文化的起源河图、洛书和《易经》;当今人口排序在前 100 位的姓氏,近 80%的祖根在这里。都城文化是“天地之中”文化的重要组成部分,从黄帝之都轩辕至北宋之都开封,问鼎中原,定都天中,是中华民族的共识。数千年的都城史形成了具有极大影响力的都城文化,这是其他的地域文化无法比拟的。汉字文化也是“天地之中”文化的重要标志之一,距今 8000 多年的贾湖遗址出土的龟甲上的 17 个契刻符号,与殷墟甲骨文有着一脉相承的关系;安阳殷墟甲骨文以及大量青铜器铭文的发现,至大篆、小篆、楷书的演变,最后经许慎《说文解字》的规范,为研究中国源远流长的灿烂文明史和早期的社会形态提供了第一手资料。“天地之中”文化内涵丰富、博大精深,概括起来有根深叶茂、源远流长,文明原创、文化骨干,持续发展、异彩纷呈,兼收并蓄、影响远播四个方面的特征。

“天地之中”文化在不同历史时期各有其突出的内容和特点,虽然发展过程中有过曲折和停滞,甚至大起大落,但总体的趋势是向上向好的。“天地之中”文化的混沌初开期,大致相当于旧石器时代,处于伏羲、女娲的神话传说时代;“天地之中”文化的肇端萌芽期,大致相当于新石器时代的裴李岗文化和仰韶文化时期,处于炎帝、黄帝的部族传说时代;“天地之中”文化的雏形显现期,大致相当于铜石并用的河南龙山文化时期,处于黄帝、颛顼、帝喾、尧、舜的传说时代;“天地之中”文化的成熟定型期,大致相当于夏商西周时期;“天地之中”文化的发展演变期,相当于春秋战国及以后的历史时期。

“天地之中”文化在夏王朝确立了核心文化地位,在商王朝扩展并稳固之后,中国古代历史文化格局基本形成。在新的文化格局中,“天地之中”文化通过政治统治和文化输出,在精神文化领域统治了早期中国的广大地区。中国古代的区域文化也在核心文化的辐射和引领下,逐渐在相对独立中达到整体上的融合和统一。要之,“天地之中”文化是作为华夏民族与中华文明诞生的摇篮而存在的。如果说中国的传统文化是一条浩浩荡荡、波澜壮阔的长河,考其滥觞,究其本源,必定发轫于“天地之中”,它饱经沧桑,积厚流光,绚丽多彩,亘古弥新。

目录

第一章

『中』的形义考察与『天地之中』的地理设定

第一节 “中”的形义考察

“中”这个字在甲骨卜辞中就有了。它最初的字形是什么？含义是什么？在流传过程中，字形发生了哪些变化、层累了哪些含义？这是必须要弄清楚的事情。为何？本书的关键词是“天地之中”，“天地之中”的关键字是“中”，“中”的意思搞不清楚，易惹“蝉翼为重，千钧为轻”之讥。那么，较为圆满的解释应该是什么呢？这正是本节试图探索与解决的问题。

关于“中”的重要性，略举三例：一者，其为我中华儿女所尊泱泱中国之简称；二者，其为我华夏子孙所奉修身养性之中庸之道；三者，其为我中原人民方言所用之高频词语。要之，兹字体大，吾侪着实怠慢不得。再说一个活用“中”字而令厥事得成的案例。2008 年，嵩山历史建筑群首次申遗未果，2010 年，改名“天地之中”历史建筑群二次申遗成功。窃以为，“天地之中”这一修辞方法的运用是申遗成功的关键所在。时任国家文物局副局长的童明康在世界遗产大会现场接受采访时表示，中方有效解释了“天地之中”与中国古代天文、皇权等的相互作用，以及它对嵩山地区历史建筑、宗教与艺术的综合影响，并且得到世界遗产委员会专家的广泛认可，从而申遗成功。“天地之中”这一修辞方式凸显了嵩山历史建筑群在中华文明中特有的文化地位，当时的决策者可谓高屋建瓴。

以下将运用训诂学的方法与发展观的理念考察“中”的字形与含义，并探求它在哲学与政治领域的思维与运用。

一、“中”的字形考

百余年来出土的甲骨卜辞、青铜铭文甚多，我们根据这些出土文献考察“中”的最初字形与本义、其字形在发展过程中产生了哪些变化，以及为什么会产生这些变化等。

（一）“中”之为旗

卜辞有“”[①]，金文有“”，宋人薛尚功释“汉州”为“汉中州”[②]，唐兰《殷虚文字记》是其说。“中”的最初写法当即是“”[③]，与现在的旗帜属于同类项，一竖为旗杆，而上有四斿。斿，旗上类似于飘带的饰物。“中”亦写作“”[④]，有六斿；亦写作“”[⑤]，有九斿。《周礼 · 考工记 · 辀人》：“龙旂九斿，以象大火也。鸟旟七斿，以象鹑火也。熊旗六斿，以象伐也。龟蛇四斿，以象营室也。”[⑥]是龙旂、鸟旟、熊旗、龟蛇，皆本于中也。《春官 · 司常》：“司常，掌九旗之物名……王建大常，诸侯建旂，孤卿建旜，大夫士建物，师都建旗，州里建旟，县鄙建旐。”[⑦]《夏官 · 大司马》：“辨旗物之用：王载大常，诸侯载旂，军

---

① 《续甲骨文编》徵 1 · 10，转引自《古文字诂林》。古文字诂林编纂委员会：《古文字诂林》，上海古籍出版社 1999 年版，第 323 页。

② 〔宋〕薛尚功：《历代钟鼎彝器款识法帖》卷十六“父乙甗”条，中华书局 1986 年版，第 78—79 页。

③ 其斿不拘向左或向右，下有论述。

④ 《金文编》中妇鼎。容庚编著：《金文编》，中华书局 1985 年版，第 29 页。

⑤ 《金文编》作妣己觯。容庚编著：《金文编》，中华书局 1985 年版，第 29 页。

⑥ 〔汉〕郑玄注，〔唐〕贾公彦疏：《周礼注疏》，北京大学出版社 2000 年版，第 1094—1095 页。

⑦ 〔汉〕郑玄注，〔唐〕贾公彦疏：《周礼注疏》，北京大学出版社 2000 年版，第 731—733 页。

吏载旗，师都载旜，乡遂载物，郊野载旐。”[①]则旐为县鄙所建、郊野所载，是最卑者，亦最简者，其斿惟四。《春官·巾车》：“王之五路：一曰玉路，建大常，十有二斿。”[②]由上可以看出，十二斿为常，九斿为旂，七斿为旟，六斿为旗，四斿为旐。是“中”之斿数多寡有别，然以四斿最古，其余皆四斿之嬗变也。故“中”最初的模样即是“”，至于斿的多少，则取决于建旗者的地位。四斿是“中”，六斿与九斿亦是“中”也。

（二）“中”之旗鼓并置

卜辞与金文里面的“中”还有“”（亦有作“”者）、“”[③]的写法。罗振玉认为，前者作“正”来讲，后者作伯仲之“仲”来讲。[④] 实际上，两者不能作如此简单的区分，罗振玉之说非是。商承祚袭罗说，详其《说文中之古文考》；吴其昌亦以罗说为是，详其《殷虚书契解诂》。卜辞用“”之处，多有非伯仲意者。例如，“执其用自‘’宗祖乙王受……”，此“”即谓“殷先王庙号区别字”[⑤]，而不作为伯仲之仲来讲。实际上，殷时中的各种字形的用法颇为混乱，并无定式可循。唐兰以为：“殷以后始以‘’专属中正，而‘’专属称谓。与伯叔相次而为‘’。然六国以后，又复不分。及小篆起，遂别造‘仲’字为之

---

① 〔汉〕郑玄注，〔唐〕贾公彦疏：《周礼注疏》，北京大学出版社 2000 年版，第 772 页。

② 〔汉〕郑玄注，〔唐〕贾公彦疏：《周礼注疏》，北京大学出版社 2000 年版，第 714 页。

③ “”见《甲骨文编》甲三九八，第 17 页；见《金文编》中爵，第 28 页。“”见《金文编》中父辛爵，第 29 页。“”见《甲骨文编》甲二六三六、朱书，第 18 页；见《金文编》仲姞鬲，第 30 页。中国科学院考古研究所编：《甲骨文编》，中华书局 1965 年版。容庚编著：《金文编》，中华书局 1985 年版。

④ 罗振玉：《增订殷虚书契考释》，《罗振玉学术著作集》第 1 册，上海古籍出版社 2013 年版，第 170 页。

⑤ 徐中舒主编：《甲骨文字典》，四川辞书出版社 1989 年版，第 41 页。徐书此条卜辞采自胡厚宣《甲骨续存》一. 一七九五。

专字矣。”[①]以上叙述了“中”的数种写法,以及“中”上之斿的含义。

接下来讨论“”“”中的圆圈是什么意思。于省吾以为:“‘’字中部之所以从‘○’,是作为左右把手而设。这就证明了商人的立中是用人以扶持其左右,并非只将旂竿插入地中。”[②]窃以为于说非是。田树生认为这是鼓的形状。[③] 我们倾向于田说,试说解之。《诗·周颂·有瞽》:“应田县鼓。”陈奂《诗毛氏传疏》:“盖‘田’即《仪礼》之建鼓也。……郑注云:‘建鼓,建,犹树也。以木贯而载之,树之跗也。’贾疏云:‘今之建鼓,则殷法也。’……则‘田’即殷人楹鼓也。”[④]《礼记·明堂位》:“夏后氏之鼓足,殷楹鼓,周县鼓。”郑注:“足,谓四足也。楹,谓之柱,贯中上出也。……《殷颂》曰‘植我鞉鼓’。《周颂》曰‘应棘县鼓’。”[⑤]可以看出,这是在“中”有斿的基础上又加上了鼓。为什么要加鼓?斿和鼓又分别起什么作用呢?唐兰谓:“盖古者有大事,聚众于旷地,先建中焉,群众望见中而趋附,群众来自四方,则建中之地为中央矣。”[⑥]唐说所谓“群众望见中而趋附”,主要是旗杆与斿起到的作用,旗杆高竖,斿随风扬,远可望见,这是从视觉上给出了集会地点的信号。但通知事情只有视觉信号恐怕是不行的,人背于“中”,无法看到怎么办?这时鼓的作用就体现出来了,以鼓声告知大家需要马上集合,这又从听觉上给出了集会时间的信号。在当时生产力水平很低且毫无科技可言的情况之下,创造出这么好的集会方法,古人的智慧一点儿也不弱于今天的我们。

有人认为关于“”与“”中间的鼓,前者所示为鼓之侧面,即鼓之正面朝

---

① 唐兰:《殷虚文字记》,中华书局 1981 年版,第 52 页。“中”之本义为徽帜,据此可引申为中央矣。

② 于省吾:《释中国》,《中华学术论文集》,中华书局 1981 年版,第 6 页。

③ 田说详其《释中》一文,《殷都学刊》1991 年第 2 期。胡念耕亦持此说,详其《唐兰释“中”补苴》,《安徽师范大学学报》1991 年第 2 期。

④ 〔清〕陈奂:《诗毛氏传疏》,《续修四库全书》第 70 册,上海古籍出版社 2002 年版,第 408 页。

⑤ 〔汉〕郑玄注,〔唐〕孔颖达正义:《礼记正义》,北京大学出版社 2000 年版,第 948 页。

⑥ 唐兰:《殷虚文字记》,中华书局 1981 年版,第 53—54 页。

上;后者所示为鼓之正面,即鼓之侧面朝上,侧面朝上时,鼓中的那段旗杆不画出来。我们认为这属于过分解读了。早期文字并无定式,不然的话“中”在卜辞与金文中也不会有多种写法,且无论鼓之正面或侧面朝上,鼓中的那段旗杆焉得可见耶!

关于“中”上有鼓的认识并非我们的猜想,而是有出土文献依据的。1935年河南汲县(今卫辉市)山彪镇琉璃阁一号战国墓出土的两件水陆攻战纹铜鉴上铸有古时攻战图,清楚地反映了人击中之鼓的画面。

图 1-1 水陆攻战纹示意图

传世文献中亦有古人以鼓声传事的记载。《吕氏春秋 · 疑似》记载:“周宅酆、镐近戎人,与诸侯约,为高葆祷于王路,置鼓其上,远近相闻,即戎寇至,传鼓相告,诸侯之兵皆至,救天子。戎寇当至,幽王击鼓,诸侯之兵皆至,褒姒大说喜之。幽王欲褒姒之笑也,因数击鼓,诸侯之兵数至而无寇。至于后戎寇真至,幽王击鼓,诸侯兵不至,幽王之身乃死于丽山之下,为天下笑。”①这是

① 许维遹:《吕氏春秋集释》,中华书局 2009 年版,第 607—608 页。

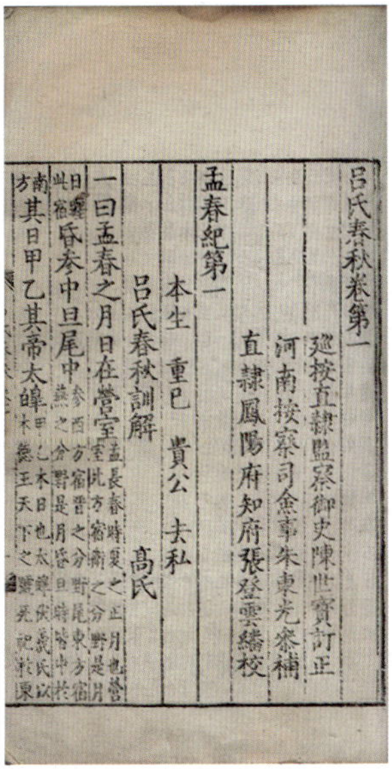
呂氏春秋卷第一
廵按直隸監察御史陳世寶訂正
河南按察司僉事朱東光參補
直隸鳳陽府知府張登雲繙校
孟春紀第一
本生　重己　貴公　去私
呂氏春秋訓解　高氏
一曰孟春之月日在營室
昬參中旦尾中
南方其日甲乙其帝太皞

图 1-2　郑州图书馆藏明万历张登云刻本《吕氏春秋》

周幽王“烽火戏诸侯”的典故。关于此典，文献所载不一，《史记》作烽火，①而《吕览》作击鼓也。窃以为，随着生产力的发展，古人聚众，主要依靠刺激听觉的鼓声，而需要视觉观察的旗斿则转化为具有象征意义的徽帜了，就像后世战争中的旗帜——旗帜不倒，说明部队存在；旗帜倒了，部队也就不复存在了。我们认为“中”的读音也和鼓声有关，钱大昕以为古无舌上音，所以在上古音系统里“中”读如“得”②，此音和鼓声是非常接近的。

（三）“中”之发展略说

事物总是朝着越来越复杂的方向发展。我们认为，“中”之原型当为“□”（或“□”“□”）③，后来发现为聚众方便，应该有鼓，进而演变为“□”或“□”，这算是“中”的字形的完全体。所以在最初，旗就意味着“中”；到了旗鼓并置的阶段，旗鼓一体谓之“中”。为人们书写方便计，文字朝着愈来愈简单的方向发展，后来就出现了省写之后的“□”或“□”，继之定型为与今天写法已基本相同的“中”。“中”字保留了旗杆与鼓两个最凸显“中”之本义的特征。

---

① 《周本纪》：“褒姒不好笑，幽王欲其笑万方，故不笑。幽王为熢燧大鼓，有寇至则举熢火。诸侯悉至，至而无寇，褒姒乃大笑。幽王说之，为数举熢火。其后不信，诸侯益亦不至。”〔汉〕司马迁：《史记》，中华书局 1982 年版，第 148 页。

② 详其《舌音类隔之说不可信》，见《十驾斋养新录》卷五。〔清〕钱大昕：《十驾斋养新录》，上海书店出版社 2001 年版，第 100 页。

③ 括号中的写法，为当时的异体。

还有一件事情需要说明，“中”在金文里面也有“”①的写法。今人多以风吹旗斿，斿皆当在左或在右，从而认为“”为误写。罗振玉言道：“《说文解字》：籀文作‘’。古金文及卜辞皆作‘’，或作‘’。斿或在左，或在右，斿盖因风而左右偃也。无作‘’者。斿不能同时既偃于左，又偃于右矣。”②罗振玉似乎并没有见过“”这个写法，当然这并非他的过错，该觯后出者也。王国维许之罗说，然而他认为这件事情不用大惊小怪，云：“然则此字当为传写之讹矣。”③王国维所言极是。当时的文字尚处于早期形态，并无固定的写法，并且书写工具极为简陋，写字是一件非常困难的事情，“”或许就是时人为一时之便所刻写。这个字形有斿有鼓，依然保持了“中”字的根本，实在不必纠结于斿之所向。王国维或拘于与罗振玉之联姻关系，并未把观点说得那么直接。

我们讨论一个字的形义，《说文解字》是不可回避的参考书。《说文·丨部》：“‘’，内也。从囗。丨，上下通。‘’，古文中。‘’，籀文中。”④许慎给出了小篆、古文与籀文的三种写法。许氏所谓“内也”，与今所言内外之内略有不同，许说的含义更广一些。清人段玉裁述之甚详，谓：“‘中’者，别于外之辞也，别于偏之辞也，亦合宜之辞也。作‘内’，则此字平声、去声之义无不赅矣。云‘下上通’者，谓‘中’直或引而上，或引而下，皆入其内也。”⑤段玉裁主要讲了两件事情。一者，许说“中”的三种含义，区别于外则曰内，区别于偏

① 容庚编著：《金文编》，中华书局1985年版，第29页。

② 罗振玉：《增订殷虚书契考释》，《罗振玉学术著作集》第1册，上海古籍出版社2013年版，第170页。

③ 王国维：《史籀篇疏证》，《王国维全集》（第五卷），浙江教育出版社2009年版，第12页。

④ 〔汉〕许慎：《说文解字》，中华书局1963年版，第14页。按：“囗”字，音 wéi，“围”的古字，非口舌之“口”。另，许慎所言“古文”，大致包含了他当时见到的四类材料：汉时出土的先秦铜器铭文，孔壁所出古文经传，民间所献古文旧籍，中秘所藏古文旧籍。许慎所言“籀文”，即是大篆。在许慎看来，古文区别于大篆。

⑤ 〔汉〕许慎撰，〔清〕段玉裁注：《说文解字注》，上海古籍出版社1981年版，第20—21页。

则曰正,另有恰当、合适之意。二者,“中”的两种读音,可读为平声,亦可读为去声。[①] 万万不可小看字的读音,“学识何如观点书”,其中的一层意思即古人四声别义之法,圈点于字的何处,就表明该字四声之归属,声调不同,字义则不同。有人认为许慎《说文》所载古文“”为讹字,我们有不同的看法。孙诒让《契文举例》:“中,父丁壶作‘’,别体作‘’。”[②]是“”亦为“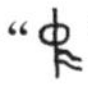”之省变也,许说或不误。

(四)“中”之本义别说

“中”是类似于旗帜的东西,它最初的作用是方便集会,这是大多数人的共识。但也有人对于它最初的作用提出异议,认为它本来是作为一种天文工具存在的。比如李圃言道:“‘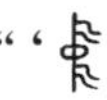’,以造字的联想规定性例之,当为古代之测天仪。实物当作垂直长杆形,饰以飘带以观风向,架以方框以观日影。……此字既有一长杆,尽可测日影之移动了,又何必加用方框?这却正是古人的精细处。盖上下各为三点成一线,中则一以贯之,用以观日影,较之单竖一直杆就精密得多了。”[③]姜亮夫亦持此说,云:“古人日晷,即使不若后世分别之细,而宵旦晨昏中正之别不明,当亦作息交往所最不便。而一日之间,所最不易判明者,亦为日中,则立旗为表,以度日晷,亦人情古初之自然要求矣。”[④]李、姜二氏所言不无道理。但从事物发展的角度来看,较为复杂的天文学追求并非是“中”出现的初始原因,而是在“中”产生之后,人们偶然发现可以利用它来进行天文观测,然后它才具备了观日影、测风向的功能。所以“中”的天文学作用如“立竿见影”“日上三竿”者,属于衍生义,而非“中”的本义。

---

① 本节第二部分《“中”的释义考》各例之“中”,凡读为去声者,皆已注明,其余则读为平声。

② 〔清〕孙诒让:《契文举例》,齐鲁书社 1993 年版,第 11 页。

③ 李圃编:《甲骨文选读》,华东师范大学出版社 1986 年版,自序第 4 页。

④ 姜亮夫:《文字仆识——释中》,《国学丛考》,浙江大学出版社 2008 年版,第 406 页。

二、“中”的释义考

以上主要讨论了“中”在隶定之前的字形，以及它作该形状的原因。下面我们来梳理“中”的诸多含义，以便后文考察它所蕴含的哲学与政治理念。本次我们调查到“中”字的义项凡 40 个，每个义项后皆举我们发现的最早书证，以资征信。关于这 40 个义项，卑之无甚高论，多为经子史三部典籍之传注。[1]这 40 个义项的排列，大致按照其出典文献的先后，所谓长幼有序也。

1. 中间，当中。《尚书 · 召诰》：“王来绍上帝，自服于土中。”伪孔传：“言王今来居洛邑，继天为治，躬自服行教化于地势正中。”[2]

2. 正而不偏。《周礼 · 地官 · 大司徒》：“以五礼防万民之伪，而教之中。”郑注：“使其行得中。”贾疏：“而教之使得中正也。”[3]

3. 官府簿书。《周礼 · 春官 · 天府》：“凡官府乡州及都鄙之治中，受而藏之。”郑注：“郑司农云：‘治中，谓其治职簿书之要。’”[4]按，郑司农，谓后汉郑众。

4. 与“忠”字通。《周礼 · 春官 · 大司乐》：“以乐德教国子，中、和、祗、庸、孝、友。”郑注：“中犹忠也。”[5]

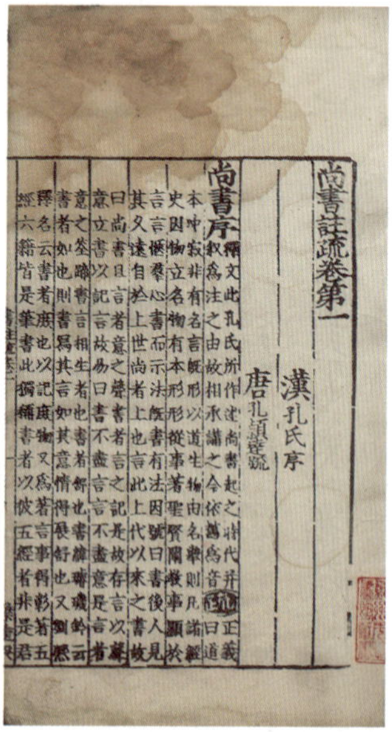

图 1-3 郑州图书馆藏明嘉靖福建刻本《尚书注疏》

① 我们没有使用更早的卜辞与金文来作为书证，原因是卜辞、金文文句多残，释读难以定论。

② 〔汉〕孔安国传，〔唐〕孔颖达正义：《尚书正义》，北京大学出版社 2000 年版，第 397 页。

③ 〔汉〕郑玄注，〔唐〕贾公彦疏：《周礼注疏》，北京大学出版社 2000 年版，第 268—269 页。

④ 〔汉〕郑玄注，〔唐〕贾公彦疏：《周礼注疏》，北京大学出版社 2000 年版，第 530—531 页。

⑤ 〔汉〕郑玄注，〔唐〕贾公彦疏：《周礼注疏》，北京大学出版社 2000 年版，第 574—575 页。

5. 古代投壶时盛算的器皿。算,细竹片,长约六寸。《周礼・春官・大史》:“凡射事,饰中,舍筭,执其礼事。”郑注:“郑司农云:‘中,所以盛筭也。’”①

6. 与“仲”字通。仲,每季中居中的;排行第二位的。去声。《周礼・夏官・大司马》:“中春,教振旅。”②

7. 内也,里面也。与外相对。《周礼・考工记・匠人》:“国中九经九纬。”郑注:“国中,城内也。”③

8. 相当,相应。去声。《周礼・考工记・车人》:“六尺有六寸,与步相中也。”贾疏:“中,应也。谓正与步相应。应一步之尺数。”④《礼记・月令》:“(孟春之月)律中大蔟。”郑注:“中犹应也。”⑤

9. 均匀。《周礼・考工记・弓人》:“斫挚必中,胶之必均。”郑注:“挚之言致也,中犹均也。”⑥

10. 身体。《礼记・檀弓下》:“文子其中退然如不胜衣。”郑注:“中,身也。”⑦

11. 间隔,相隔。《礼记・学记》:“比年入学,中年考校。”郑注:“中,犹间也。乡遂大夫间岁则考学者之德行道艺。”⑧

12. 中庸之道。《礼记・中庸》:“(舜)隐恶而扬善,执其两端,用其中于民。”郑注:“‘两端’,过与不及也。‘用其中于民’,贤与不肖皆能行之也。”⑨

---

① 〔汉〕郑玄注,〔唐〕贾公彦疏:《周礼注疏》,北京大学出版社 2000 年版,第 698 页。
② 〔汉〕郑玄注,〔唐〕贾公彦疏:《周礼注疏》,北京大学出版社 2000 年版,第 765 页。
③ 〔汉〕郑玄注,〔唐〕贾公彦疏:《周礼注疏》,北京大学出版社 2000 年版,第 1149 页。
④ 〔汉〕郑玄注,〔唐〕贾公彦疏:《周礼注疏》,北京大学出版社 2000 年版,第 1169 页。
⑤ 〔汉〕郑玄注,〔唐〕孔颖达正义:《礼记正义》,北京大学出版社 2000 年版,第 448 页。
⑥ 〔汉〕郑玄注,〔唐〕贾公彦疏:《周礼注疏》,北京大学出版社 2000 年版,第 1178 页。
⑦ 〔汉〕郑玄注,〔唐〕孔颖达正义:《礼记正义》,北京大学出版社 2000 年版,第 323—324 页。
⑧ 〔汉〕郑玄注,〔唐〕孔颖达正义:《礼记正义》,北京大学出版社 2000 年版,第 1052 页。
⑨ 〔汉〕郑玄注,〔唐〕孔颖达正义:《礼记正义》,北京大学出版社 2000 年版,第 1425 页。

《论语·尧曰》:“允执其中。”刘宝楠《正义》:“‘执中’者,谓执中道用之。”①

13. 半,一半。《春秋·庄公七年》:“夜中,星陨如雨。”杜注“夜中”为“夜半”。②

14. 中和之气。《左传·成公十三年》:“民受天地之中以生,所谓命也。”③《汉书·律历志上》引此文,颜注:“中,谓中和之气也。”④

15. 正对上,恰好合上。去声。《左传·定公元年》:“未尝不中吾志也。”⑤

16. 北斗第一星魁中。《公羊传·文公十四年》:“孛者何?彗星也。其言入于北斗何?北斗有中也。”何注:“中者,魁中。”⑥

17. 媒介,中介。《穀梁传·庄公元年》:“为之中者,归之也。”范氏集解:“中,谓关于婚事。”⑦

18. 得当,恰当。《论语·子路》:“刑罚不中,则民无所错手足。”⑧

19. 值得。去声。《管子·轻重丁》:“珪中四千,瑗中五百。”⑨

20. 内心。《庄子·天运》:“中无主而不

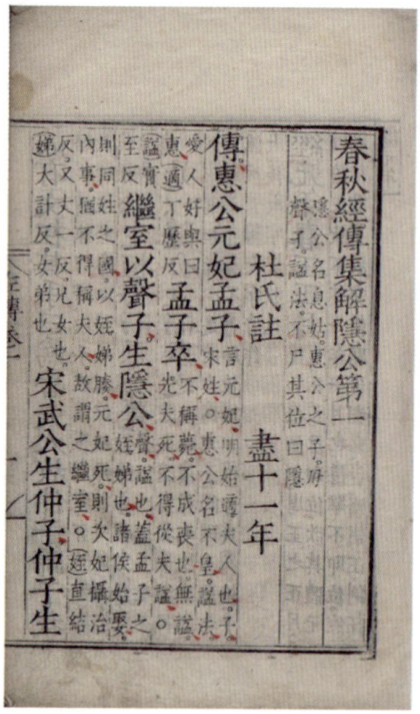
春秋經傳集解隱公第一
杜氏註
盡十一年
傳惠公元妃孟子 孟子卒
繼室以聲子生隱公
宋武公生仲子仲子生

图 1-4 郑州图书馆藏明刻本《春秋经传集解》

① 〔清〕刘宝楠:《论语正义》,中华书局 1990 年版,第 757 页。

② 〔晋〕杜预注,〔唐〕孔颖达正义:《春秋左传正义》,北京大学出版社 2000 年版,第 230 页。

③ 〔晋〕杜预注,〔唐〕孔颖达正义:《春秋左传正义》,北京大学出版社 2000 年版,第 755 页。

④ 〔汉〕班固:《汉书》,中华书局 1962 年版,第 979 页。

⑤ 〔晋〕杜预注,〔唐〕孔颖达正义:《春秋左传正义》,北京大学出版社 2000 年版,第 1534 页。

⑥ 〔汉〕何休解诂,〔唐〕徐彦疏:《春秋公羊传注疏》,北京大学出版社 2000 年版,第 305—306 页。

⑦ 〔晋〕范宁集解,〔唐〕杨士勋疏:《春秋穀梁传注疏》,北京大学出版社 2000 年版,第 47 页。

⑧ 〔魏〕何晏注,〔宋〕邢昺疏:《论语注疏》,北京大学出版社 2000 年版,第 171 页。

⑨ 黎翔凤:《管子校注》,中华书局 2004 年版,第 1471 页。

止。”成玄英疏:“若使中心无受道之主,假令闻于圣说,亦不能止住于胸怀,故知无佗也。”[①]《史记·乐书》:“四畅交于中,而发作于外。”张守节《正义》:“中,心也。”[②]

21. 中等。《庄子·徐无鬼》:“吾相狗也……中之质若视日。”成玄英疏:“意气高远,望如视日,体质如斯,中品狗也。”[③]《韩非子·难势》:“中者,上不及尧、舜而下亦不为桀、纣。”[④]

22. 侵袭,伤害。去声。《楚辞·九辩》:“憯凄增欷兮,薄寒之中人。”王逸《章句》:“有似迫寒之伤人。”[⑤]

23. 击,杀。去声。《韩非子·内储说上》:“王拱而朝天下,后者以兵中之。”[⑥]《淮南子·说山训》:“膏之杀鳖,鹊矢中猬,烂灰生蝇。”高诱注:“中亦杀也。”[⑦]

24. 得,得到。《吕氏春秋·行论》:“(禹)为司空以通水潦,颜色黎黑,步不相过,窍气不通,以中帝心。”高诱注:“中犹得。”[⑧]

25. 遭受,遭遇。去声。《黄帝内经素问·风论》:“饮酒中风,则为漏风。”[⑨]

26. 内脏。《黄帝内经素问·阴阳类论》:“五中所主,何藏最贵。”[⑩]《史

① 〔清〕郭庆藩:《庄子集释》,中华书局1961年版,第517—518页。

② 〔汉〕司马迁:《史记》,中华书局1982年版,第1208页。

③ 〔清〕郭庆藩:《庄子集释》,中华书局1961年版,第819—820页。

④ 〔清〕王先慎:《韩非子集解》,中华书局1998年版,第392页。

⑤ 〔宋〕洪兴祖:《楚辞补注》,中华书局1983年版,第183页。

⑥ 〔清〕王先慎:《韩非子集解》,中华书局1998年版,第234页。

⑦ 何宁:《淮南子集释》,中华书局1998年版,第1154—1155页。

⑧ 许维遹:《吕氏春秋集释》,中华书局2009年版,第569页。

⑨ 〔唐〕王冰次注,〔宋〕林亿等校正:《黄帝内经素问》,《文渊阁四库全书》第733册,台湾商务印书馆1986年版,第136页。

⑩ 〔唐〕王冰次注,〔宋〕林亿等校正:《黄帝内经素问》,《文渊阁四库全书》第733册,台湾商务印书馆1986年版,第309页。

记·扁鹊仓公列传》:“众医皆以为风入中,病主在肺。”①

27. 姓。《逸周书·作雒解》:“俾中旄父宇于东。”②

28. 盛文具的器皿。《逸周书·尝麦解》:“宰乃承王中,升自客阶。”朱右曾《校释》:“中,本盛算器,此盖盛作策之具笔及铅椠也。”③

29. 宫禁之内,亦借指朝廷。《史记·秦始皇本纪》:“赵高用事于中。”④

30. 陷害,中伤。去声。《史记·秦始皇本纪》:“或言鹿,高因阴中诸言鹿者以法。”⑤

31. 宜于,适于。副词。《史记·外戚世家》:“武帝择宫人不中用者,斥出归之。”⑥

32. 满,充满。去声。《史记·外戚世家》:“娙何秩比中二千石。”司马贞《索隐》引崔浩云:“中,犹满也。”⑦

33. 及,到达。去声。《史记·苏秦列传》:“秦无韩、魏之规,则祸必中于赵矣。”⑧

34. 被侵袭,被伤害。去声。《汉书·匈奴传上》:“乌桓时新中匈奴兵,明友既后匈奴,因乘乌桓敝,击之,斩首六千余级。”⑨

35. 方言,犹言可、行、成。汉张仲景《伤寒论·辨太阳病脉证并治法上》:

---

① 〔汉〕司马迁:《史记》,中华书局 1982 年版,第 2804 页。

② 黄怀信等:《逸周书汇校集注》,上海古籍出版社 2007 年版,第 520 页。

③ 黄怀信等:《逸周书汇校集注》,上海古籍出版社 2007 年版,第 728 页。

④ 〔汉〕司马迁:《史记》,中华书局 1982 年版,第 273 页。

⑤ 〔汉〕司马迁:《史记》,中华书局 1982 年版,第 273 页。

⑥ 〔汉〕司马迁:《史记》,中华书局 1982 年版,第 1978 页。

⑦ 〔汉〕司马迁:《史记》,中华书局 1982 年版,第 1983 页。

⑧ 〔汉〕司马迁:《史记》,中华书局 1982 年版,第 2247 页。

⑨ 〔汉〕班固:《汉书》,中华书局 1962 年版,第 3784 页。

“此为坏病,桂枝不中与也。”①《醒世姻缘传》第四十回:“做中了饭没做？中了,拿来吃。”②

36. 中午,日中的时候。南朝宋刘敬叔《异苑》卷二:“又别有异物藤花,形似菱菜,朝紫、中绿、晡黄、暮青、夜赤,五色迭耀。”③

37. 指中宿,亦泛指星象。南朝梁陆倕《石阙铭》:“乃命审曲之官,选明中之士,陈圭置臬,瞻星揆地。”④

38. 佛教语,指“三谛”(空、假、中)的第一义谛,谓不二之至理。隋智𫖮《妙法莲华经玄义》卷四下:“心性,即空,即假,即中。”⑤

39. 古代户役的年龄。唐杜甫《新安吏》:“府帖昨夜下,次选中男行。”仇兆鳌注:“按唐志,人有丁、中、黄、小之分。天宝三载,令民十八以上为中男,二十三以上成丁。”⑥《汉语大字典》《汉语大词典》所注与仇注略有出入。

40. 考取,录取。去声。宋曾巩《司封郎中孔君墓志铭》:“乡举进士第一,遂中其科。”⑦

三、“中”在哲学与政治领域的思维与运用

中国人对“中”的景仰与崇拜早在原始社会就开始萌芽,在经历了五帝与三代之后,它所积淀的哲学思想与政治思想等方面的含义粲然已备,这在前

---

① 〔金〕成无己注:《伤寒论注释》,《文渊阁四库全书》第 734 册,台湾商务印书馆 1986 年版,第 231 页。

② 〔清〕西周生:《醒世姻缘传》,中州古籍出版社 2014 年版,第 344 页。

③ 〔南朝宋〕刘敬叔:《异苑》,《文渊阁四库全书》第 1042 册,台湾商务印书馆 1986 年版,第 506 页。

④ 〔梁〕萧统编,〔唐〕李善注:《文选》,中华书局 1977 年版,第 774 页。

⑤ 〔隋〕智𫖮说:《妙法莲华经玄义》,《中华大藏经》第 93 册,中华书局 1995 年版,第 69 页。

⑥ 〔唐〕杜甫,〔清〕仇兆鳌注:《杜诗详注》,中华书局 1979 年版,第 523—524 页。

⑦ 〔宋〕曾巩:《曾巩集》,中华书局 1984 年版,第 575 页。

面“‘中’的释义考”中已有所反映。以下我们从发展观的角度对“中”在各个时期的思维与运用进行讨论。

（一）原始部落向心而居所体现的尊中思想

新石器时代中晚期，中原地区的原始聚落、居住建筑在空间布局上就体现了尊中的思想。比如，登封王城岗遗址（该遗址是以龙山文化中晚期遗存为主，兼有早期裴李岗文化、夏二里头文化以及商周文化遗存的遗址）周围数十平方千米内，有大小聚落16处，而王城岗古城位于中心，面积最大，并且是唯一的城址。再如，临潼姜寨遗址（该遗址是以仰韶文化遗存为主的遗址），在一个广场周围有五个朝向它的建筑群，这五个建筑群分别以一个大房子为中心，最终形成了以广场为大中心、以大房子为小中心的建筑格局。龙山文化与仰韶文化同处于新石器时代，换言之，在新石器时代我国黄河流域的先民已经具有以“中”为尊的观念。郑晓旭通过对新石器时代中晚期中原地区原始部落建筑群分布与格局的考察，得到同样的观点。①

窃以为，史前时期之所以有这些中心建筑出现，最初应是便于集会的自然选择。随着部落首领的产生，它又成为权力与地位的象征，反过来促进了部落成员对于“中”的认可与服从，尊中思想就此诞生了。

（二）上古先民具备天圆地方理念后所引发的寻中思考

史前时代人们对周边事物的认知，都是来自于对生态环境的直接体验，然后形成了今天看来缺乏科学依据的某些观念，“天圆地方”说即是其中的一种。虽然关于“天圆地方”的最早记载出现于战国中晚期屈原、庄子生活的时

---

① 郑晓旭：《试论中原地区原始聚落、居住建筑的尚中思想及其缘起》，《濮阳职业技术学院学报》2014年第2期，第49—50页。

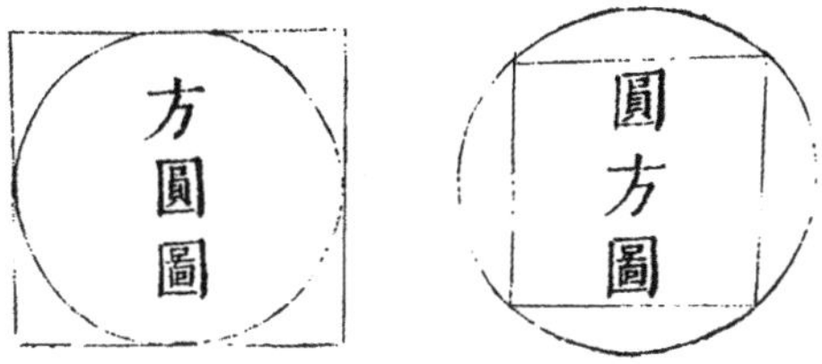

图 1-5 《周髀算经》方圆图
（郑州嵩林书院供图）

候，[①]但通过现有的考古发现来看，这恐怕是史前的认知观。我们例举玉琮来谈一谈这件事情。玉琮在苏南浙北良渚文化、广东石峡文化、山西陶寺文化中大量涌现，其中以良渚文化的玉琮最具代表性，出土与流传的数量也最多。良渚、石峡与陶寺文化都居于新石器时代中晚期。周延良先生认为："玉琮在五千多年以前就产生了，它是原始社会的文化遗存，而且其分布的地域又如此广泛，这就毫无疑问地说明它必然暗示着华夏原始人类的文化心理和心理祈向。"[②]周先生的这个论断是毋庸置疑的。人类在任何历史时期所制造与生产的器物都代表着当时社会的发展水平，同时也必然蕴含着时人的思想与理念。玉琮的基本形制为内圆外方，它的象征意义即是"天圆地方"。张光直先生言道："把琮的圆方相套的形状用'天圆地方'的观念来解释，由来已久。内圆象天、外方象地这种解释在琮的形象上说是很合理的。琮的形状最显著也是最重要的特征，是把方和圆相贯串起来，也就是把地和天相贯通起来。专从形状上看，我们可以说琮是天地贯通的象征，也便是贯通天地的一项手段或法器。"[③]张先生从玉琮的形制上很好地解释了它所蕴含的时人的宇宙观。

既然那个时期已经有了"天圆地方"的认识，自然会引起圆之天"中"与方之地"中"位于何处的思考。可以说，我们的先祖自此而始踏上了寻找"天地之中"的征程。史前时期人们对于"天地之中"的认识达到了哪种程度，文献

---

① 《楚辞·天问》："圜则九重"，"地方九则"。〔宋〕洪兴祖：《楚辞补注》，中华书局 1983 年版，第 86、90 页。《庄子·说剑》："上法圆天以顺三光，下法方地以顺四时。"〔清〕郭庆藩：《庄子集释》，中华书局 1961 年版，第 1022 页。

② 周延良：《夏商周原始文化要论》，学苑出版社 2004 年版，第 24 页。

③ 张光直：《中国青铜时代（二集）》，生活·读书·新知三联书店 1990 年版，第 70—71 页。

无征，难以猜度，但最迟至三代，人们已经有了明确的答案。《书·召诰》：“王来绍上帝，自服于土中。”伪孔传：“言王今来居洛邑，继天为治，躬自服行教化于地势正中。”[①]清人孙星衍更为之疏曰：“土中，谓王城，于天下为中也。”[②]也就是说，到了西周武王、成王的时候，无论是出于政治需要，还是别的什么目的，关于“天地之中”的追求，已经走完了蒙昧混沌的想象阶段，把“天地之中”书之于竹帛，且将治“天地之中”付诸实践。

（三）先秦帝王的择中立国与执中守政理念

随着原始部落中某些中心聚落影响力的逐渐增强，这些中心聚落与周边聚落逐渐形成了一种主从或是主次关系，这为政权或国家的形成打下了基础，而这些中心聚落就有可能成为政权或国家的政治中心。所以说，政权或国家的择中而立是历史车轮推动之下的必然产物。关于帝王择中而立思想，《管子·度地》云“天子中而处”[③]，《吕氏春秋·慎势》云“古之王者，择天下之中而立国，择国之中而立宫，择宫之中而立庙”[④]。《吕氏春秋》说得更是透彻，这种择中理念伴随着宗法制度与君主制度给中国带来了数千年的影响。

那么，统治者带有强烈政治意识的执中理念又是何时形成的呢？《论语·尧曰》中记载有尧禅位给舜时告诫舜的一段话：“咨！尔舜！天之历数在尔躬，允执其中，四海困穷，天禄永终。”[⑤]这里“允执其中”的意思是治理国家要不偏不倚，符合中正之道，然后才能达到长治久安的目的。舜又是如何执

① 〔汉〕孔安国传，〔唐〕孔颖达正义：《尚书正义》，北京大学出版社 2000 年版，第 397 页。

② 〔清〕孙星衍：《尚书今古文注疏》，中华书局 1986 年版，第 398 页。本小节只讨论中国人对“天中”“地中”的认识，侧重于哲学层面，而不拘于这种认识的科学性。天空本无界，何谈天中？大地本球状，何谓地中？

③ 黎翔凤：《管子校注》，中华书局 2004 年版，第 1051 页。

④ 许维遹：《吕氏春秋集释》，中华书局 2009 年版，第 460 页。

⑤ 〔魏〕何晏注，〔宋〕邢昺疏：《论语注疏》，北京大学出版社 2000 年版，第 265 页。

行的呢？《礼记·中庸》记载了孔子评价舜的一段话：“舜其大知也与？舜好问而好察迩言，隐恶而扬善，执其两端，用其中于民，其斯以为舜乎！”①孔子认为舜是具有大智慧的人，在处理问题时，过与不及的建议他都掌握，而采纳适中的建议用于百姓。这说明舜继承了尧的执中思想，并且贯彻得非常彻底。《孟子·离娄下》言道：“汤执中，立贤无方。”②这是孟子评价商代开国君主成汤的话，说汤这个人能秉持中正之道，破格提拔德才兼备的人。到了盘庚的时候，臣民对他打算将国都迁到殷的计划很有意见，盘庚以人当怀中正之心来诫勉大家。《尚书·盘庚中》：“汝分猷念以相从，各设中于乃心。”③尧、舜、成汤、盘庚，古之贤王，何达于贤？无他，唯执中耳！这有很强的现实借鉴意义。

这里我们单独提一提清华简《保训》篇所载舜求“中”而得之的事情。因该简之真伪颇有争论，故单列。简云：“惟王五十年，不悆。王念日之多历，恐坠宝训。戊子自演。己丑昧(爽)□□□□□□□□□□。(王)若曰：‘发，朕疾适甚，恐不汝及训。昔前人传宝，必受之以詷。今朕疾允病，恐弗念终，汝以书受之。钦哉！勿淫！昔舜旧作小人，亲耕于历茅，恐求中。自稽厥志，不违于庶万姓之多欲。厥有施于上下远迩，乃易位设稽，测阴阳之物，咸顺不逆。舜既得中，言不易实变名，身滋备(服)，惟允。翼翼不懈，用作三降之德。帝尧嘉之，用受厥绪。呜呼！祗之哉！……朕闻兹不久，命未有所延。今汝祗服毋懈，其有所由矣，不及尔身受大命。敬哉！毋淫！日不足，惟宿不祥。”④这是周文王在位的第五十年，病笃不能痊愈，于病中训诫武王的话。文王讲舜

① 〔汉〕郑玄注，〔唐〕孔颖达正义：《礼记正义》，北京大学出版社 2000 年版，第 1425 页。

② 〔汉〕赵岐注，〔宋〕孙奭疏：《孟子注疏》，北京大学出版社 2000 年版，第 224 页。

③ 〔汉〕孔安国传，〔唐〕孔颖达正义：《尚书正义》，北京大学出版社 2000 年版，第 241 页。

④ 李学勤主编：《清华大学藏战国竹简(壹)》，中西书局 2010 年版，第 143 页。这段释文还参考了李锐《清华简〈保训〉与中国古代“中”的思想》一文，李文发表于《孔子研究》2011 年第 2 期，第 46—47 页。

之“求中”“得中”，并恭谨恪守，因此得到尧的认可，将天下授予舜，以此教导武王要学习先贤，在治理国家上服从于中道。《保训》篇关于尧舜执中而治的事情，与上述《尧曰》《中庸》所载大体相同。李学勤先生认为，舜所求之“中”与后来的“中庸”颇有共通之处。[①] 由此可以看出，中国思想史的发展是连续的，“中”作为一种思想其发展也是连续的。

周成王更是把周武王的择中、执中思想付诸行动。《史记·周本纪》说：“成王在丰，使召公复营洛邑，如武王之意。周公复卜申视，卒营筑，居九鼎焉。曰：‘此天下之中，四方入贡道里均。’作《召诰》《洛诰》。”[②]取天下之中洛邑为都，是周武王的遗愿，成王承父之遗愿，令召公、周公二人去执行这件事情。武王欲迁都洛邑的主要原因，在于畏惧殷朝遗民难以统治，《尚书·召诰》中说：“（武）王不敢后用，顾畏于（殷）民碞。（武）王来绍上帝，自服于土中。”[③]武王因为畏惧殷民，特意向上天卜问，其结果就是需要在天下之中的洛邑营建新都，以便更好地治理国家。《尚书》中的《召诰》《洛诰》两篇主要就是讲述这件事情的。李学勤先生认为：“周人甚至把成周为天下大地之中的观念，融会到他们的宇宙观中去。”[④]换句话说，周朝统治者以成周为天下之中是附加了政治思维的地理观。

在《逸周书·宝典解》中，武王告诉周公修身有“四位”“九德”。“九德”谓之“孝、悌、慈惠、忠恕、中正、恭逊、宽弘、温直、兼符”。第五德为“中正”，并释之曰“是谓权断，补损知选”。朱右曾注云：“权断，谓权其中正而断之。补不足损有余，以臻至善也。”[⑤]在《大戒解》中周公告诫成王执政之“九备”，其

---

① 李学勤：《周文王遗言》，《光明日报》2009年4月13日第12版。

② 〔汉〕司马迁：《史记》，中华书局1982年版，第133页。

③ 〔汉〕孔安国传，〔唐〕孔颖达正义：《尚书正义》，北京大学出版社2000年版，第397页。

④ 李学勤：《走出疑古时代》，辽宁大学出版社1997年版，第71页。

⑤ 黄怀信等：《逸周书汇校集注》，上海古籍出版社2007年版，第284—285页。

第一就是“忠正不荒美好,乃不作恶”。唐大沛注云:“忠正,即中正。”①“中”的理念在周朝实可谓传承有序。到了成王曾孙穆王的时候,中正思想开始体现到刑罚当中。《尚书·吕刑》言道:“哀敬折狱,明启刑书,胥占,咸庶中正。其刑其罚,其审克之。”②《吕刑》为周穆王之相吕侯所作,主要记载穆王告诫诸执法官的话,体现了当时的法治思想。这段话的大意是执法者要心怀哀怜与善良,平允公正地去处罚犯人,只有这样所产生的判决才能令百姓信服。周朝统治者不但执“中”治国,并且用“中”的思想来教导学生。《周礼·春官·大司乐》职责里面就有“以乐德教国子:中、和、祗、庸、孝、友”③。不过此“中”作“忠诚”来讲。

《越绝书·外传枕中》里面有范蠡和越王勾践的对话,也是关于帝王执中的讨论:“越王问范子曰:‘何执而昌?何行而亡?’范子曰:‘执其中则昌,行奢侈则亡。’越王曰:‘寡人欲闻其说。’范子曰:‘臣闻古之贤主圣君,执中和而原其终始,即位安而万物定矣;不执其中和,不原其终始,即尊位倾,万物散。文武之业,桀纣之迹,可知矣。’”④在当时人们的眼中,帝王能否秉持中正之道是关乎国之兴衰存灭的事情。《越绝书·外传枕中》还记载了勾践对于执中重要性的认识:“范子曰:‘百里之神,千里之君。汤执其中和,举伊尹,收天下雄隽之士,练卒兵,率诸侯兵伐桀,为天下除残去贼,万民皆歌而归之。是所谓执其中和者。’越王曰:‘善哉,中和所致也!寡人虽不及贤主圣王,欲执其中和而行之。’”⑤

合而观之,古时帝王择中以立国、执中以守政的理念是源远流长的,诸多文献记载也反映了尧、舜、文、武诸王对于中道的体会与坚持,他们的中道理

---

① 黄怀信等:《逸周书汇校集注》,上海古籍出版社 2007 年版,第 567 页。

② 〔汉〕孔安国传,〔唐〕孔颖达正义:《尚书正义》,北京大学出版社 2000 年版,第 551 页。

③ 〔汉〕郑玄注,〔唐〕贾公彦疏:《周礼注疏》,北京大学出版社 2000 年版,第 574—575 页。

④ 李步嘉:《越绝书校释》,武汉大学出版社 1992 年版,第 299 页。

⑤ 李步嘉:《越绝书校释》,武汉大学出版社 1992 年版,第 297—298 页。

念对后世帝王的影响也是毋庸多言的。

（四）《周易》所蕴含的尚中思想

钱大昕尝谓：“《易》六十四卦、三百八十四爻，一言以蔽之，曰‘中’而已矣！”[①]《周易》位居儒家十三经之首，是中国传统思想文化的理论根源，是中华民族的智慧结晶。其卦爻辞的成书时间大致在周初，《易传》（即《十翼》）的成书时间大致在战国。发展变化与过犹不及的思想贯穿《易》之始终，这是《易》尚中思想的整体呈现。

《易》有六十四卦，每卦均由六爻组成。从六爻的位次来看，二、五两爻居于中爻的位置，是二爻为下卦之中位，五爻为上卦之中位。居中的二爻和五爻最受推崇。我们常说的寓帝王之相的“九五至尊”，即取义于乾卦的九五之爻。何者？《易》之首卦为乾，乾者为天，乾卦由六条阳爻组成，是极阳、极盛之象。九代表此爻为阳爻，五代表该爻位居第五。《易》之思想盛极而衰，乾卦之上九爻（第六爻）为最阳之爻，必然走向衰落，故呈凶相。九五爻是乾卦中最好的一爻，同时乾卦是六十四卦之首卦，则九五爻更是六十四卦三百八十四爻中最好的一爻，故寓其为帝王之相。

不仅如此，每卦的二、五爻爻辞大多表示顺、吉。如乾卦九二爻辞“见龙在田，利见大人”[②]，九五爻辞“飞龙在天，利见大人”[③]；坤卦六二爻辞“直方大，不习无不利”[④]，六五爻辞“黄裳元吉”[⑤]；讼卦九五爻辞“讼元吉”[⑥]；比卦六

---

① 〔清〕钱大昕：《潜研堂集》，上海古籍出版社 1989 年版，第 39 页。

② 〔魏〕王弼注，〔唐〕孔颖达疏：《周易正义》，北京大学出版社 2000 年版，第 3 页。

③ 〔魏〕王弼注，〔唐〕孔颖达疏：《周易正义》，北京大学出版社 2000 年版，第 6 页。

④ 〔魏〕王弼注，〔唐〕孔颖达疏：《周易正义》，北京大学出版社 2000 年版，第 28 页。

⑤ 〔魏〕王弼注，〔唐〕孔颖达疏：《周易正义》，北京大学出版社 2000 年版，第 29 页。

⑥ 〔魏〕王弼注，〔唐〕孔颖达疏：《周易正义》，北京大学出版社 2000 年版，第 49 页。

二爻辞是“比之自内,贞吉”[1];等等。陈道德先生对于中爻在各卦中的重要地位以及《易》的尚中思想进行了深入讨论,他说:“在六十四卦的三百八十四爻中,大吉、元吉,吉利和无咎三类共209爻,其中第二、五爻两爻的吉利爻辞共87爻,占总吉利爻辞数的41.63%。从中可以看出,《易经》的‘尚中’思想非常突出。在结构上,《易经》每卦的第二爻处于第一、二、三爻之中位,第五爻处于第四、五、六爻之中位,其本身就象征着事物守持中道,行为持中不偏,必获吉利的‘中道’精神。”[2]

(五)孔子的“中庸”观念

中国人的尚中思想在经历了漫长的沉淀与检验之后,到孔子的时候被进一步继承和发展。孔子最早提出了“中庸”的概念。他在《论语·雍也》中言道:“中庸之为德也,其至矣乎!民鲜久矣。”[3]这里的“中”,谓之折中,既无过分,亦无不及。“庸”,则谓平常。孔子用折中和平常来说明他所认可的至高无上的道德标准。他的这一思想与《周易》的过犹不及是相一致的。孔子删定、讲授六经,其思想必然受到《易》的影响。他不但提出了“中庸”的理论,还对这个理论进一步解读。据《论语·先进》记载:“子贡问:‘师与商也孰贤?’子曰:‘师也过,商也不及。’曰:‘然则师愈与?’子曰:‘过犹不及。’”[4]师,谓颛孙师,子张。商,谓卜商,子夏。二人皆孔子弟子。孔子认为,就贤来讲,子张的过分与子夏的不及都一个样。后来,孔子嫡孙子思(名伋)编写了《中庸》一篇。郑玄《三礼目录》言道:“名曰《中庸》,以其

---

① 〔魏〕王弼注,〔唐〕孔颖达疏:《周易正义》,北京大学出版社2000年版,第55页。

② 陈道德、高涌瀚:《“中”字意义的嬗变:从“形下”到“形上”》,《湖北大学学报(哲学社会科学版)》2016年第1期,第39页。

③ 〔魏〕何晏注,〔宋〕邢昺疏:《论语注疏》,北京大学出版社2000年版,第82页。

④ 〔魏〕何晏注,〔宋〕邢昺疏:《论语注疏》,北京大学出版社2000年版,第148页。

记中和之为用也。庸，用也。孔子之孙子思伋作之，以昭明圣祖之德。”[①]该篇作者认为，人们在实行道德的时候，往往智者、贤者过之，而愚者、不肖者不及，其结果导致正道不行。所以必须用“中庸”来纠正这两种极端倾向，以维护正道。孔子还举例证说明执行中庸之道的好处，比如：“子曰：‘舜其大知也与！舜好问而好察迩言，隐恶而扬善，执其两端，用其中于民，其斯以为舜乎！”[②]他认为舜就是善于抓住过与不及这两个极端，而取折中之道用于百姓。孔子还认为中庸并不是能够轻易做到的：“子曰：‘人皆曰予知，择乎中庸，而不能期月守也。’”[③]这句话的大意是，人人都认为自己聪明，选择了中庸，却连一个月都不能坚持。在坚守中庸之道方面，孔子比较认可颜回的做法。“子曰：‘回之为人也，择乎中庸，得一善，则拳拳服膺而弗失之矣。’”[④]他评价颜回，选择了中庸之道，取得一点进步，就牢牢记在心中，使其永不丢失。

要之，“中庸”思想是孔子思想的重要组成部分，它包含了思维方式与道德标准两层含义。“中庸”思想对宋代理学家的影响是巨大的，吕友仁先生说：“宋代理学家强调中庸，把‘允执其中’看作道统的核心。他们认为，孔子提出的中庸思想，上承尧舜，下传曾子，曾子传子思，子思传孟子。至北宋，二程（程颐、程颢）出，又承其绪。”[⑤]这再次证明了“中”之观念的传承有序。

实际上，稍稍早于孔子的晏子也曾提出过犹不及的理论。《晏子春秋》外篇第七《景公谓梁丘据与己和晏子谏》：“景公至自畋，晏子侍于遄台，梁丘据造焉。公曰：‘维据与我和夫！’晏子对曰：‘据亦同也，焉得为和？’公曰：‘和与

① 〔汉〕郑玄注，〔唐〕孔颖达正义：《礼记正义》，北京大学出版社 2000 年版，第 1422 页。
② 〔汉〕郑玄注，〔唐〕孔颖达正义：《礼记正义》，北京大学出版社 2000 年版，第 1425 页。
③ 〔汉〕郑玄注，〔唐〕孔颖达正义：《礼记正义》，北京大学出版社 2000 年版，第 1426 页。
④ 〔汉〕郑玄注，〔唐〕孔颖达正义：《礼记正义》，北京大学出版社 2000 年版，第 1426 页。
⑤ 吕友仁译注：《礼记全译》，贵州人民出版社 1998 年版，第 941—942 页。

同异乎?’对曰:‘异。和如羹焉,水、火、醯、醢、盐、梅,以烹鱼肉,燀之以薪,宰夫和之,齐之以味,济其不及,以泄其过。君子食之,以平其心。君臣亦然。君所谓可,而有否焉,臣献其否,以成其可;君所谓否,而有可焉,臣献其可,以去其否。是以政平而不干,民无争心。”[①]晏子的这段话主要是讨论君臣之间在处理国事时的一种关系。君主认为可以的事情,其中有不可以的地方,臣子指出来,以便成就君主认为可以的事情,即所谓“君所谓可,而有否焉,臣献其否,以成其可”;君主认为不可以的事情,其中有可以的地方,臣子指出来,以便君主去掉不可以的地方,即所谓“君所谓否,而有可焉,臣献其可,以去其否”。把握好了中间的度,才能令政事平和而不相抵牾。所以,晏子所言“济其不及,以泄其过”,已经是过犹不及的范畴了。至于孔子是否受到晏子的影响,已难得其详。老子也有关于“中”的论断,尝谓:“多言数穷,不如守中。”[②]老子所教“守中”,乃处虚守静,无欲无为者也。

四、天地之“中”的表义与内涵

综而观之,“中”的思想源远流长,新石器时代的先民已具有尊中的思想,并且开始了对于天地之中的寻求;五帝时期的尧舜已经具有择中立国、执中守政的理念,三代以降的帝王秉持这种理念,并将其付诸治国的实践;作为传统思想文化根源的《周易》,尚中思想贯穿于始终;至圣先师孔子更是把中的观念升华为至高无上的道德标准——“中庸”。要之,尚中思想发轫于远古,而大成于孔子。

“天地之中”从表义来讲,是位居天地“正中”“中央”的地理概念。我们认为,它最内核的意义则是中华民族尚中思想的体现,包含了上层建筑择中、

---

① 吴则虞:《晏子春秋集释》,中华书局 1962 年版,第 442—443 页。

② 朱谦之:《老子校释》,中华书局 1984 年版,第 24 页。

执中与中治的立国之本，涵盖了民众守中道、中而行与达中庸的处世理念。“中”之思想，产生、发展并运用于过去，也必将存在、辐射且影响于泱泱中华之未来。所谓“‘高山仰止，景行行止’，虽不能至，然心向往之”①，我们以太史公的这句话来作为本节的结束语。

① 〔汉〕司马迁：《史记》，中华书局 1982 年版，第 1947 页。按：其前两句典出《诗·小雅·车辖》，〔汉〕毛亨传，〔汉〕郑玄笺，〔唐〕孔颖达疏：《毛诗正义》，北京大学出版社 2000 年版，第 874 页。

第二节 “天地之中”的地理设定

我国新石器时代中晚期的人们已经具备了“天圆地方”的概念,他们在萌芽状态尚中思想的促使下,试图探求天地的中心在哪里。最迟至周初,关于天地之中已经有了明确的认识。周公承武王遗志为新都选址,用圭表之法测地中之所在,郑众《周官解诂》云:“土圭之长尺有五寸,以夏至之日立八尺之表,其景适与土圭等,谓之地中。今颍川阳城地为然。”①故阳城,在今登封东南告成镇。这就引起了我们的思考:中华民族的先祖拥有怎样的宇宙观?天地之中是一种科学追求,还是一种政治追求?世界上的其他民族是否有类似的经历?如果有,他们心目中的天地之中是什么?天地之中的地域范围及确认依据是什么?这些都是本节需要解决的问题。

美国人米尔恰·伊利亚德(Mircea Eliade)在《神圣的存在:比较宗教的范型》里说道:“‘世界的中心’的象征体系表现为三种相互联系、相互补充的部分:圣山,天地相交之处,位于世界的中心;每一座神庙或每一座宫殿,每一座神圣的城市和王室住所,都等同于一座圣山,因此也就变成了一个中心;作为

① 〔汉〕郑玄注,〔唐〕贾公彦疏:《周礼注疏》,北京大学出版社2000年版,第250—253页。

世界之轴穿越处的神庙或者圣城则被认为是天堂、人间和地狱连接的地方。”[①]伊利亚德所说的“世界的中心”与本文的“天地之中”属于等价的宇宙观,并没有什么不同。在他的概念里,带有神话色彩的圣山,神权王权相结合的神庙、王城皆可为天地的中心。通过调查,我们发现人类的思维与追求有着莫名的默契与一致。

一、来源于神话的圣山中心说

在中国的神话里有这样一座位于天地之中的圣山——昆仑。据《河图括地象》记载:“昆仑者,地之中也,地下有八柱,柱广十万里,有三千六百轴,互相牵制,名山大川,孔穴相通。”[②]这是昆仑为地中的最早记载。《河图括地象》又云:“昆仑有铜柱焉,其高入天,所谓天柱也。围三千里,周员如削。下有仙人九府治之,与天地同休息。其柱铭曰:昆仑铜柱,其高入天。员周如削,肤体美焉。”[③]可见,昆仑不仅与大地、山川紧密相连,还有铜柱高耸入云与仙人相通,带有浓厚的神话色彩。《山海经·西山经》:“西南四百里,曰昆仑之丘,是实惟帝之下都,神陆吾司之。其神状虎身而九尾,人面而虎爪。是神也,司天之九部,及帝之囿时。……有鸟焉,其名曰鹑鸟,是司帝之百服。”[④]这段文字把昆仑为何神所居、何神所守交代得非常清楚。郭璞注:“天帝都邑之在下者也。《穆天子传》曰:‘吉日辛酉,天子升于昆仑之丘,以观黄帝之宫。’”[⑤]即“帝之下都”为黄帝之都也。《海内西经》也有关于昆仑的记载,更是描述了昆

① [美]米尔恰·伊利亚德著,晏可佳、姚蓓琴译:《神圣的存在:比较宗教的范型》,广西师范大学出版社2008年版,第353页。

② [日]安居香山、中村璋八辑:《纬书集成》,河北人民出版社1994年版,第1091页。

③ [日]安居香山、中村璋八辑:《纬书集成》,河北人民出版社1994年版,第1092页。

④ 袁珂校注:《山海经校注》,上海古籍出版社1980年版,第47页。

⑤ 〔晋〕郭璞注:《山海经》,《文渊阁四库全书》第1042册,台湾商务印书馆1986年版,第15页。

仑之高之广及其上有何物何神:“海内昆仑之虚,在西北,帝之下都。昆仑之虚,方八百里,高万仞。上有木禾,长五寻,大五围。面有九井,以玉为槛。面有九门,门有开明兽守之,百神之所在。”[①]此昆仑与今所谓昆仑山者并不等价,我们侧重于昆仑神话中心说的讨论,至于其地望所在,颇有争议,不在我们的考察范围之内。

文献记载里还有一座颇具神话色彩,并且与昆仑发生关系的都广山,亦称天地之中。《吕氏春秋·有始览》:“白民之南,建木之下,日中无影,呼而无响,盖天地之中也。”高诱注:“白民之国,在海外极内。建木在广都南方,众帝所从上下也,复在白民之南。建木状如牛,引之有皮,黄叶若罗也。日正中将下,日直人下,皆无影,大相叫呼,又无音响人声,故谓‘盖天地中也’。”[②]此白民者,是神话中的白民国,《山海经》之《海外西经》《大荒东经》皆有记载。据高氏注,“建木”所在天地之中,似乎与广都这个地方很有关系。四川成都华阳[③]古名广都,今人颇有据此而立成都为中之说者,或误,何耶?不知高注之“广都”为“都广”之误,此其一;不知都广为传说中的地名,并无实指,此其二;不知都广与昆仑之联系,此其三。

《淮南子·地形训》:“建木在都广,众帝所自上下,日中无景,呼而无响,盖天地之中也。”此云“建木”之地在都广,而非广都。高诱注:“建木其状如牛,引之有皮,若璎黄蛇,叶若罗。都广,南方山名也。众帝之从都广山上天还下,故曰‘上下’。日中时,日直人上无景晷,故曰‘盖天地之中’。”[④]此高注云都广为山。《地形训》云:“九州之大,纯方千里。九州之外,乃有八殥,亦方千里。……八殥之外,而有八纮,亦方千里。……南方曰都广,曰反户。……

① 袁珂校注:《山海经校注》,上海古籍出版社1980年版,第294页。

② 许维遹:《吕氏春秋集释》,中华书局2009年版,第283页。

③ 古有华阳国,后置县,今为成都市天府新区街道。

④ 何宁:《淮南子集释》,中华书局1998年版,第328—329页。

八纮之外，乃有八极。”高注：“都广，国名也。山在此国，因复曰都广山。”[①]都广国为八纮之一，以国内有都广山，故名。且九州之外有八殡，八殡之外有八纮，八纮之外有八极者，显系想象与传说。殡，边远之地；纮，极远之地；极，终极之地。《吕览》高注误“都广”为“广都”者明矣，是都广不得与华阳发生关系也。

《山海经·海内经》记载：“西南黑水之间，有都广之野，后稷葬焉。”郭璞注：“其城方三百里，盖天下之中，素女所出也。”[②]近人谓此黑水为广西德天风景区之黑水河，而都广又在黑水之间，别兼北回归线穿越广西，从而附会天地之中在广西境内说。此亦属不实之词，其不知都广本传说中地名，又失于考察者也。《海内南经》云：“窫窳龙首，居弱水中。……有木，其状如牛，引之有皮，若缨黄蛇。其叶如罗，其实如栾，其木若蓲，其名曰建木。在窫窳西弱水上。”[③]窫窳，神祇名，人首蛇身。此更证树名“建木”者实为传说，而建木在“窫窳西弱水上”亦为传说。窃以为，此都广者和昆仑很有关系。《大荒西经》言道：“西海之南，流沙之滨，赤水之后，黑水之前，有大山，名曰昆仑之丘。……其下有弱水之渊环之。”[④]言至于此，我们发现，都广所在“黑水之间”、建木所在“弱水之上”都有了注脚，其当与昆仑之所在为一地也。都广之建木与昆仑之铜柱皆上达于天，可与仙人相通者。是故，都广一地实不必旁求于川桂，其传说性质与昆仑毫无二致。

无独有偶，古印度神话里也有一座位于世界中央的须弥山，亦谓苏迷卢山、弥楼山、妙光山等。根据《长阿含经》的说法，“佛告比丘，须弥山北有天下，名郁单曰，其土正方，纵广一万由旬……须弥山东有天下，名弗于逮，其土

① 何宁：《淮南子集释》，中华书局1998年版，第334页。

② 袁珂校注：《山海经校注》，上海古籍出版社1980年版，第445页。

③ 袁珂校注：《山海经校注》，上海古籍出版社1980年版，第278—279页。

④ 袁珂校注：《山海经校注》，上海古籍出版社1980年版，第407页。

正圆,纵广九千由旬……须弥山西有天下,名俱耶尼,其土形如半月,纵广八千由旬……须弥山南有天下,名阎浮提,其土南狭北广,纵广七千由旬”[①]。须弥山本婆罗门教术语,后来引入佛教之中。传说须弥山周围有大海环绕,海上有四大部洲,北郁单曰、东弗于逮、西俱耶尼、南阎浮提,亦译为北俱芦洲、东胜神洲、西牛贺洲、南赡部洲。须弥山为世界之中不但是古印度人的观念,也得到乌拉尔阿尔泰人和日耳曼人的认可。

古希腊人尊奉奥林匹斯山为神山,他们认为奥林匹斯山位于希腊的中心,而希腊又居于世界的中心,那些主宰人类、统治世界的诸神就住在这座神山之上。在古巴比伦美索不达米亚文明(即两河文明)里,该地区有一座连接天地的中央山峰,名万国之山。[②] 在中东的撒玛利亚人心中,基利心山是世界的中心,直至今天,部分撒玛利亚人仍在基利心山守节。而在基督教徒的眼中,耶稣死难地的各各他山则是世界的中心。

上述关于昆仑山、都广山、须弥山、奥林匹斯山、万国之山、基利心山、各各他山的天地中心说,无一例外都来自神话。我们可以得到这样一个认识:神话是天地中心说的来源之一。

二、神权与王权结合的庙坛中心说

无论是国外的神庙,还是中国的祭坛、宗庙,都是统治者为了让百姓相信君权神授而令王权与神权相结合的产物。所以,这些建筑往往也被赋予中心的含义。比如古埃及的宗教活动中心卡那克神庙,它是古埃及最大的神庙,

---

① 〔后秦〕耶舍、竺佛念译:《佛说长阿含经》,《中华大藏经》第 31 册,中华书局 1995 年版,第 224—225 页。一由旬相当于一头公牛走一天的距离,约 11.2 千米。

② 此说源于加尔特《史前时期的宇宙想象》。转引自伊利亚德:《神圣的存在:比较宗教的范型》,广西师范大学出版社 2008 年版,第 353 页。

是太阳神阿蒙神的崇拜中心，也是世界上最早的神庙之一。该神庙位于卢克索古城北部，始建于中王国时期（前 2040—前 1786），新王国时期（前 1553—前 1085）进行扩建，内有大小神殿 20 余座、巨型石柱 134 根，以及狮身羊面像等。卡那克神庙是赋予国王神圣王权的地方，每一位法老都会为它增砖添瓦，唯恐对阿蒙神不够虔诚。古埃及人认为，神庙是神在人间居住的地方，是神与人交流的场所，而国王是神祇的后裔，是最接近神的人。每个国王都以何鲁斯的身份行使权力，完成众神指定的任务后，死去的国王便可以成为奥西里斯，①得以在天国以神的身份享受永恒的生命。可以看出，在古埃及人的观念里，神庙具有至高无上的中心地位与王权地位。

再如真主安拉的房屋——克尔白圣殿，它是亿万穆斯林朝觐的中心和礼拜的正向，始建于公元前 18 世纪，位于沙特阿拉伯麦加城禁寺中央。中国穆斯林称其为“天房”，清刘智《天方典礼》：“天阙即朝堂，又曰天房。盖造物设之，以作万方朝向者也。”②截至今天，每年朝觐期间，依然由沙特阿拉伯国王率领宗教领袖和高级官员来此举行相关仪式。

略早于古埃及中王国时期的中国新石器时代中晚期，原始聚落开始出现功能分化，除居民聚落之外，出现了专门的祭祀聚落。比如辽宁牛河梁红山文化遗址的女神庙与五冢一坛、浙江良渚文化的数处祭祀遗址等。

牛河梁遗址位于辽宁省凌源市与建平县交界处，该遗址已经编号的有 16 处遗址点，其中最主要的是第一地点的女神庙和第二地点的五冢一坛。女神庙是中国迄今为止发现的最早的史前神殿遗址，庙内出土了被誉为“中华民族共祖”的女神头像。第二地点由六个单元组成，中间为三号圆形祭坛，西侧

① 何鲁斯，古埃及的天空之神，也是神圣正义在人间的化身，代表着绝对的权力。奥西里斯，古埃及最重要的九大神明之一。他生前是一个开明的国王，死后是地界主宰和死亡判官，同时还是复活、降雨和植物之神。

② 〔清〕刘智：《天方典礼》，天津古籍出版社 1988 年版，第 96 页。

为一、二号冢,东侧为四、五号冢,北侧为六号冢,构成了五冢一坛的形式。邓国军言道:“女神庙位于这一带红山文化的中心,圆形祭坛位于石冢群的中心,尚中思想在牛河梁红山文化遗址中体现得淋漓尽致。”①在良渚文化中有福泉山、瑶山等多处祭坛,而以瑶山祭坛最具代表性。瑶山是一个低矮的山丘,良渚先民在较为平缓的顶部修建了方形祭坛,边长约 20 米,西、北两边有石砌护坡。坛面中心有一精心设计的红土台,面积约为 45 平方米。祭坛废弃后用作墓地,有南 7、北 5 两排墓葬。如此规模的祭坛,当是整个聚落的祭祀中心。这些部落首领通过祭祀活动祈求上天、祖先对部落成员的庇护,而部落成员也逐渐增强了对部落首领领导权与祭祀权的认可与服从。

到了夏商周三代,帝王的祭祀主要是基于血缘关系的宗庙祭祀。关于帝王宗庙的位置,《吕氏春秋·慎势》说:“古之王者,择天下之中而立国,择国之中而立宫,择宫之中而立庙。”②可以看出,帝王宗庙是居于中之又中的位置。是故,全人类在祭祀活动上、祭祀活动所体现的神权与王权上、祭祀场所的中心属性上,有着惊人的一致。

三、附加宗教或政治色彩的城市中心说

自公元前 10 世纪所罗门王在耶路撒冷③建成圣殿起,耶路撒冷一直是犹太教信仰的中心和最神圣的城市。基督教徒也相当重视耶路撒冷,《圣经》记载,这里是耶稣受难、埋葬、复活、升天的地点。伊斯兰教也将耶路撒冷列为

① 邓国军:《史前考古学视野下的“尚中”思想研究》,《宁夏大学学报(人文社会科学版)》2016 年第 3 期,第 37 页。

② 许维遹:《吕氏春秋集释》,中华书局 2009 年版,第 460 页。

③ 今天的耶路撒冷是以色列和巴勒斯坦共有的首都,实际上主要由前者控制。

麦加、麦地那之外的第三圣地，以纪念穆罕默德的“夜行”“登霄”①。耶路撒冷同时是犹太、基督和伊斯兰三大天启宗教（也称亚伯拉罕宗教。后二者本源于犹太教）的崇拜中心与圣地。

印度的瓦拉纳西（旧名贝拿勒斯）城犹如耶路撒冷之于犹太、基督和伊斯兰那样，是印度教教徒向往的圣地，是他们心目中的世界中心。释迦牟尼曾在此修行，佛教历史上的第一批信众也产生在这里，所以瓦拉纳西成为佛家弟子向往的圣地。中国唐朝高僧玄奘历经艰辛，最终要到达的极乐西天就是这里。无论耶路撒冷还是瓦拉纳西，都是带有浓厚宗教色彩的中心城市。

中国古代的宗教，多是为君主专制服务的，从来不会居于文化的核心地位，所以中国的中心城市只有政治色彩，而没有宗教意味。《荀子·大略》说："欲近四旁，莫如中央，故王者必居天下之中。"②立国之城服从于政治需要的思维跃然纸上。

中国的城市作为天下之中来讲者，首推洛阳（洛阳曾用名甚多，如洛邑、成周、雒邑皆是③）。周武王灭商之后，为便于控制东方的广大地区，考虑在伊洛一带营建新都。《左传·桓公二年》："武王克商，迁九鼎于雒邑。"④武王将象征着王权的九鼎迁到了雒邑。《逸周书》详细记述了武王欲建新都的原因，《度邑解》言道："维王克殷国……乃升汾之阜，以望商邑。……王至于周……具明不寝。王小子御告叔旦，叔旦亟奔即王曰：'久忧劳问，害不寝？'曰：'安，

---

① 根据《古兰经》的记载，公元 621 年 7 月 27 日（回历七月十七日）夜晚，真主命令哲伯勒依来带神兽布拉克来麦加迎接穆罕默德，穆罕默德遂在哲伯勒依来的陪伴下，瞬间乘布拉克赶到了耶路撒冷，此即"夜行"；按照一些圣训的说法，穆罕穆德在耶路撒冷的阿克萨清真寺，通过登霄石而上七重天，此即"登霄"。

② 〔清〕王先谦：《荀子集解》，中华书局 1988 年版，第 485 页。

③ 成周相对宗周而言，成周代称东都洛邑，宗周代称西都丰、镐。成周者，周统一大业之始成也；宗周者，周宗族之源也。

④ 〔晋〕杜预注，〔唐〕孔颖达正义：《春秋左传正义》，北京大学出版社 2000 年版，第 149 页。

予告汝。’”[①]武王克商返回镐京后,因畏商之遗民而夜不能寐。其语周公曰:“呜呼!于忧兹难,近饱于恤,辰是不室。我未定天保,何寝能欲?”[②]武王以为未作新都不能悉纣之同恶,不悉纣之同恶则不能保所受天命。再曰:“旦,予克致天之明命,定天保,依天室。”[③]天室谓天上星宿的陈列位置,古之定国都、建宫室皆当依之。再曰:“呜呼!旦,我图夷兹殷,其惟依天。……自洛汭延于伊汭,居阳无固,其有夏之居。我南望过于三涂,我北望过于有岳,丕愿瞻过于河,宛瞻于伊洛,无远天室。”[④]经过仔细勘察,武王认为伊洛地区不远天室,当为新都的选址所在。简言之,武王为巩固统治,欲建新都,通过考察认为伊洛一带最为合适。《尚书·召诰》:“(武)王不敢后,用顾畏于(殷)民碞。(武)王来绍上帝,自服于土中。”武王为择都的事情,还专门卜问过上帝。伪孔传以为“土中”即洛邑,且为“地势正中”者。[⑤] 清人孙星衍则以为“土中,谓王城,于天下为中也”[⑥]。关于“土中”的解释,伪孔传是用周时新都为洛邑的结果去推断过程,不可靠。武王占卜,得到的结果是新都当在土中,并非新都当在洛邑。孙星衍释为天下之中的王城,孙说甚是。洛邑可为政治意义上的天下之中,而不得为地理意义上的天地之中也。后文详说。要之,武王只是认为新都当在伊洛地区,并没有明确说是洛邑。不然,之后周公为建新都测影植圭确定地中就是无谓之举了。可惜武王定下营建新都的方略之后不久便去世了。为完成武王遗愿,更是为了巩固周初政权,实现中天下而立以经营四方的目的,周公在东征之后,开始测量地中,确定新都选址,并为营洛之事,其目标是把洛邑建成全国的政治和经济中心。《康诰》言道:“周公初基,

① 黄怀信等:《逸周书汇校集注》,上海古籍出版社 2007 年版,第 465—468 页。
② 黄怀信等:《逸周书汇校集注》,上海古籍出版社 2007 年版,第 471 页。
③ 黄怀信等:《逸周书汇校集注》,上海古籍出版社 2007 年版,第 472 页。
④ 黄怀信等:《逸周书汇校集注》,上海古籍出版社 2007 年版,第 479—481 页。
⑤ 〔汉〕孔安国传,〔唐〕孔颖达正义:《尚书正义》,北京大学出版社 2000 年版,第 397 页。
⑥ 〔清〕孙星衍:《尚书今古文注疏》,中华书局 1986 年版,第 398 页。

图 1-6　周公营洛示意图(郑州嵩林书院供图)

作新大邑于东国洛。"[1]这是发生在周公摄政七年三月的事情。伪孔传:"建作王城大都邑于东国洛汭,居天下上中。"[2]《史记·周本纪》言洛邑"此天下之中,四方入贡道里均"[3]。《史记》的这句话说得颇为直白,镐京太偏西了,压根不便控制东方,而洛邑对于四方来说远近都差不多,是更好的选择。可以看出,洛邑为天地之中的误说,当始于西汉。而后,成王将象征王权的九鼎安置在洛阳,《左传·宣公三年》:"成王定鼎于郏鄏。"[4]郏鄏,即洛阳。1963 年,陕西宝鸡贾村出土的何尊也记载了成王承武王遗志打算营建洛邑的事情,铭文

① 〔汉〕孔安国传,〔唐〕孔颖达正义:《尚书正义》,北京大学出版社 2000 年版,第 358 页。

② 〔汉〕孔安国传,〔唐〕孔颖达正义:《尚书正义》,北京大学出版社 2000 年版,第 358 页。

③ 〔汉〕司马迁:《史记》,中华书局 1982 年版,第 133 页。

④ 〔晋〕杜预注,〔唐〕孔颖达正义:《春秋左传正义》,北京大学出版社 2000 年版,第 603 页。

云：“惟王初迁，宅于成周，复禀武王丰福自天，在四月丙戌，王诰宗小子于京室，曰……肆文王受兹大命；惟武王既克大邑商，则廷告于天，曰：‘余其宅兹中国，自之乂民。’……惟王五祀。”[①]大意是：成王迁居成周而谋划营建新都，然后又返回镐京给武王举行丰福之祭。四月丙戌日，成王训诫宗室小子，他说武王灭商后，曾告祭于天：“我要以天下四方的中心‘中国’作为都城，来统领人民。”本诸上述，洛阳是史有明载的第一座在国家层面详细规划建设的都城。

上文言及周公为建新都测量地中的事情，实际上周公测量得到的地中与最终确定的新都并非一地。《周礼·大司徒》：“以土圭之法测土深，正日景，以求地中。日南则景短多暑，日北则景长多寒，日东则景夕多风，日西则景朝多阴。日至之景尺有五寸，谓之地中。”郑众《解诂》云：“土圭之长尺有五寸，以夏至之日立八尺之表，其景适与土圭等，谓之地中。今颍川阳城地为然。”[②]土圭之法所测地中为故阳城。阳城，在今登封东南告成镇。孙诒让说之：“阳城县，《续汉书·郡国志》属豫州颍川郡，今在河南河南府登封县东南三十五里。汉时阳城，夏至以八尺表测景，适一尺五寸，无赢朒，先郑盖据目验得之。”[③]用土圭测地中是周公做的事情，《水经注》：“颍水迳其县（按：阳城）故城南……亦周公以土圭测日景处。”[④]今登封告成镇有周公测景台遗址。周公测日影的目的是确定地中，确定地中的目的是为新都选址。唐人同样认为阳城乃地中所在，杜佑《通典》：“仪凤四年五月，太常博士、检校太史姚玄辩奏，于阳城测影台，依古法立八尺表，夏至日中测影，有尺五寸，正与古法同。”[⑤]

---

① 李学勤：《何尊新释》，《中原文物》1981 年第 1 期，第 35 页。“宅于成周”，“宅”谓之居，非定都之意。

② 〔汉〕郑玄注，〔唐〕贾公彦疏：《周礼注疏》，北京大学出版社 2000 年版，第 250—253 页。

③ 〔清〕孙诒让：《周礼正义》，中华书局 1987 年版，第 724 页。

④ 陈桥驿校释：《水经注校释》，杭州大学出版社 1999 年版，第 386 页。

⑤ 〔唐〕杜佑：《通典》，中华书局 1988 年版，第 739 页。

图 1-7　河洛交汇处(郑州嵩林书院供图)

图 1-8　周公测景台(郑州中华之源与嵩山文明研究会供图)

行文至此,我们发现,周公所测地中在阳城,而伪孔传、《史记·周本纪》言位于地中的新都为洛邑,何故?前人也早已提出这个疑问,宋章如愚《群书考索》别集卷九《周礼建都》:"先儒谓今颍川阳城为地中,故置中表。若然,周公何不即都阳城,乃营洛邑乎?洛邑去阳城亦远矣。既求地中,而不以为都,何耶?"[①]注云此文本《玉川经说》。唐卢仝自号玉川子,未知是否卢氏经说。清万斯大《周官辨非》引为吴氏说,其意大同。

我们试着来解释一下这件事情。建新都于伊洛地区是周武王的既定方针,又古之王者当居天下之中,故《荀子·大略》说"欲近四旁,莫如中央,故王者必居天下之中",所以周公要在伊洛地区寻找地中建都,只有这样,才能既符合周武王的建都方略,也不违背王者中天下而立的建都思想。周公经过一番测量,得到的地中实为阳城而非洛邑,上引先郑云云述之甚明。可是阳城

① 〔宋〕章如愚:《群书考索》,《文渊阁四库全书》第938册,台湾商务印书馆1986年版,第806页。

一地的地理环境并不适合建都,所以周公就将新都的选址改作阳城附近之洛邑。实际上,周人并没有明确说洛邑为天地之中,此说大致是从西汉开始的。伪孔传“建作王城大都邑于东国洛汭,居天下上中”,伪孔传者,西汉孔安国伪传。迁史亦云洛邑为中,详《史记·周本纪》。极为巧合的是,关于阳城、洛阳何者为中的争论从东汉开始了。

北周甄鸾注《周髀算经》卷上之二云:“《周礼·大司徒》职曰:‘夏至之景,尺有五寸。’马融以为洛阳,郑玄以为阳城。”①马、郑二氏皆东汉经师,且有师徒之谊,而关于地中何处,看法已有抵牾。关于《周髀算经》的注解,我们稍作枝蔓。《四库全书》本《周髀算经》为汉赵君卿、北周甄鸾、唐李淳风三人合注的一部书,而今人略有不辨三氏之注者,试说解之。《四库全书》本《周髀算经》,顶格文字为本文,低一格者为注文。注文之首冠“臣鸾曰”者为甄注,冠“臣淳风等谨按”者为李注,余皆赵注。从文字规模来说,赵、甄二注相当,而远胜李注。今人以淳风名彰,多将注文绳之,可谓赵冠李戴、甄冠李戴也。《太平御览·天部四·日下·晷》注“地中”亦谓:“一云阳城,一云洛阳。”②明时河南知府陈宣关于阳城为中而择都洛邑之事有一番很有意味的评论:“周公之心何心也?恒言洛当天地之中,周公以土圭测之,非中之正也。去洛之东南百里而远,古阳城之地,周公考验之,正地之中处。”③周公何心耶?觉阳城一地不便建都、不便致政之心也。实际上,周武王提出大致范围、周公营建的新都洛邑,在西周两百多年间仅仅处于陪都的地位,西周诸王从未长居于此。新都建成后,留在这里的是受成王之命的周公,周公尝谓:“必葬我成周,

① 〔汉〕赵君卿注,〔北周〕甄鸾重述,〔唐〕李淳风注释:《周髀算经》,《文渊阁四库全书》第786册,台湾商务印书馆1986年版,第20页。

② 〔宋〕李昉等:《太平御览》,《文渊阁四库全书》第893册,台湾商务印书馆1986年版,第198页。

③ 〔明〕侯泰、王玉铉:《(嘉靖)登封县志》,转引自关增建《中国天文学史上的地中概念》,载《自然科学史研究》2000年第3期,第256页。

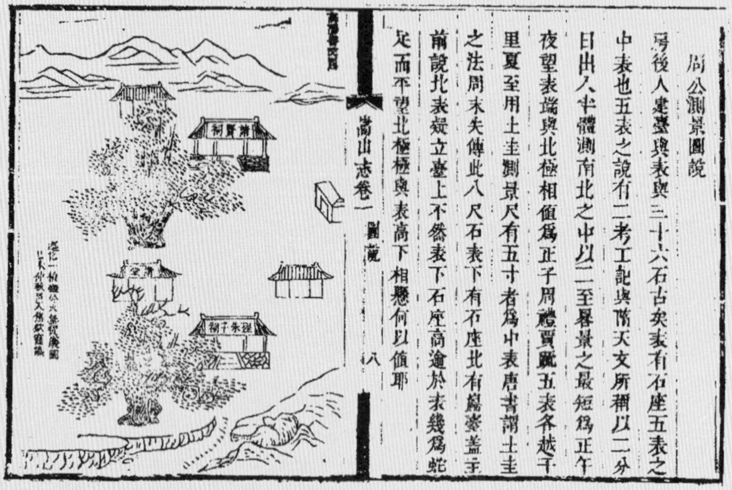
周公測景圖說

号後人建臺與表與三十六石古矣表有石座五表之中表也五表之說有二考工記與隋天文所稱以二分日出入半體測南北之中以二至晷景之最短為正午夜望表端與北極相値為正子周禮賈疏五表各越千里夏至用土圭測景尺有五寸者為中表唐書謂土圭之法周末失傳此八尺石表下有石座北有扁臺蓋主前說北表疑立臺上不懸表下石座高逾於表幾為蛇足而不望北極極與表高下相懸何以値耶

嵩山志卷一 圖說 八

图 1-9 康熙嵩山志·周公测景图说(郑州嵩林书院供图)

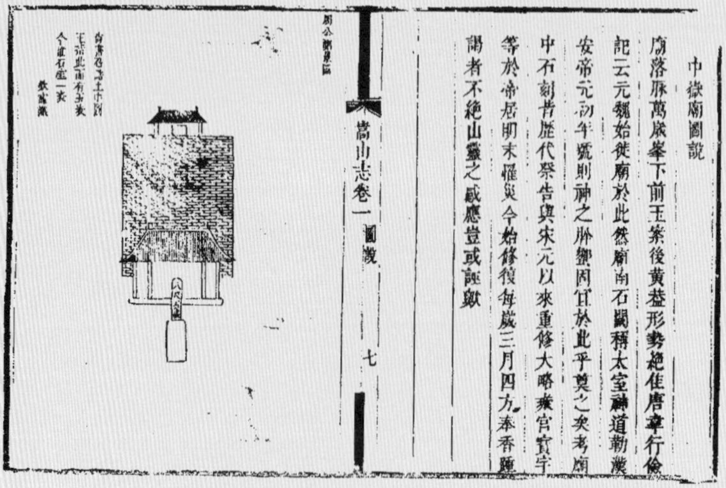
中嶽廟圖說

廟落豚萬歲峯下前玉案後黃蓋形勢絕佳唐韋行儉記云元魏始徙廟於此然廟南石闕稱太室神道勒漢安帝元初年號則神之將響固宜於此乎奠之矣考廟中石刻昔歷代祭告與宋元以來重修大略叙官實守等於帝居明末罹災今始修復每歲三月四方奉香麈謁者不絕山嶽之感應豈或誣歟

嵩山志卷一 圖說 七

图 1-10 康熙嵩山志·中岳庙图说(郑州嵩林书院供图)

以明吾不敢离成王。”[①]周公辅佐武王，致政成王，是贤忠皆备也。司马迁曾说：“学者皆称周伐纣，居洛邑，综其实不然。武王营之，成王使召公卜居，居九鼎焉，而周复都丰、镐。至犬戎败幽王，周乃东徙于洛邑。”[②]洛邑在西周时的陪都地位甚明。

到了东汉的时候，光武帝刘秀又择洛邑而建都。我们看看东汉人又是怎样看待洛邑这个地方的。《孝经援神契》：“八方之广，周洛为中。于是遂筑新邑，营定九鼎，以为王之东都。”[③]寥寥数言，看似讲周时新都洛邑为天下之中，实际上是在为东汉都于雒阳[④]寻找理论根据，附加雒阳所具有的政治意义与核心地位。为什么这么说？因为《孝经援神契》成书于东汉，其所载并非周人的洛邑为中观，而是东汉人的雒阳为中观。后汉王充在《论衡》上说：“洛阳，九州之中也。”[⑤]王充以为洛阳为天下之中的证据还不够充分，继续为洛阳的“中心”地位层累佐证材料。

北魏孝文帝在迁都洛阳之后，对洛阳的地理位置进行过一番测量。《隋书·天文志》：“后魏信都芳注《周髀四术》称，永平元年戊子，当梁天监之七年，见洛阳测影，又见公孙崇集诸朝士，共观秘书影。同是夏至日，其中影皆长一尺五寸八分。”[⑥]知者，只有与阳城在同一纬度的地点，夏至日影方得一尺五寸。洛阳与阳城纬度差23分，影长已有八分之差。可见，从地理角度来看，古阳城较之洛阳更为天地之中也。

开封一地也有为天地之中的记载，然而这则史料似乎多数人并不知道。宋周邦彦《汴都赋》：“惟是日月所会，阴阳之中。……而此汴都，禹画为豫，周

① 〔汉〕司马迁：《史记》，中华书局1982年版，第1522页。

② 〔汉〕司马迁：《史记》，中华书局1982年版，第170页。

③ 〔日〕安居香山、中村璋八辑：《纬书集成》，河北人民出版社1994年版，第961页。

④ 汉以火德王，忌水，故去水加隹，改洛为雒。

⑤ 〔汉〕王充撰，黄晖校释：《论衡校释》，中华书局1990年版，第478页。

⑥ 〔唐〕魏征等：《隋书》，中华书局1973年版，第525页。

封郑地。”①《天中记》卷十三亦引周赋曰:“汴都,日月所会,天地之中。禹画为豫,周封郑地。”②宋人认为开封是天地之中,这和东汉人以雒阳为中的思维何其相似乃尔。

由上我们可以看出,无论是东汉人所言雒阳为中,还是宋人所言开封为中,都是为政治需要服务的。至于洛阳、开封是否地理概念中的天中或地中并不重要,让它成为政治理念上的天下之中才是统治者的终极目标。

四、带有民族情怀的“中”国说

不仅我们中华民族从古至今以“中国”为名、以“中”国自居,“埃及和巴比伦也曾自命‘中央之国’”③。我国东晋高僧法显所撰《法显传》(又名《佛国记》)中还有印度之中天竺自称“中国”的记载:“乌苌国是正北天竺也,尽作中天竺语。中天竺所谓中国,俗人衣服饮食亦与中国同。”④魏晋时,其周边国家也认为中天竺居于天地之中。《梁书·中天竺国传》:“佛道所兴国也。……左右嘉维、舍卫、叶波等十六大国,去天竺或二三千里,共尊奉之,以为在天地之中也。”⑤

那么,我们“中国”得名的出处在哪里呢?上文提到何尊铭文里周成王追述武王的话:“余其宅兹中国,自之乂民。”中国,谓以伊洛为中心的中原地区。

---

① 〔清〕田文镜等修,〔清〕孙灏等纂:《河南通志》,《文渊阁四库全书》第538册,台湾商务印书馆1986年版,第383页。

② 〔明〕陈耀文:《天中记》,《文渊阁四库全书》第965册,台湾商务印书馆1986年版,第573页。

③ 萧兵:《中国神话里的世界中心——兼论周人“世界中心”之转移》,《淮阴师专学报》1995年第1期,第17页。

④ 〔晋〕法显撰,章巽校注:《法显传校注》,中华书局2008年版,第27—28页。中古时期,印度以方位分五个区域,中天竺、北天竺居其二。

⑤ 〔唐〕姚思廉:《梁书》,中华书局1973年版,第798—799页。

图 1-11　何尊
(郑州嵩林书院供图)

图 1-12　何尊铭文“中国”
(郑州嵩林书院供图)

《尚书·梓材》:“皇天既付中国民,越厥疆土,于先王肆。”[①]这里是说皇天将中国人民与疆土交付于先王。此先王谓周武王。要之,何尊虽为成王时器物,所载则追述武王祭告于天而言及中国;《梓材》虽亦成王时作,所记则追述皇天交付人民与疆土给武王而言及中国。那么,我们认为“中国”这一名称起于武王之时,应该没有大的误差。

还有一个疑问:中国为什么要叫“中国”,而非“东、南、西、北”四方之国呢?《说文解字》:“夏,中国之人也。”段注:“以别于北方狄、东北貉、南方蛮闽、西方羌、西南焦侥、东方夷也。夏,引申之义为大也。”[②]清王筠《说文解字句读》:“言中国者,于夷曰东,于羌曰西,于蛮及焦侥曰南,于闽曰东南,于貉曰北,皆据中国以指斥之。”[③]段、王二氏皆以中国处于四夷之中而得名,是重中央轻周边的传统习俗所致。有一点需要说明,西周以前,中国与四夷还没有成为并列关系,自东周以后,方可与南蛮、北狄、东夷、西羌相对而言。这是从方位来讲中国得名的第一个原因。

但我们觉得段玉裁与王筠的说法还不够充分,试为补之。《诗·大雅·民劳》:“惠此中国,以绥四方。”毛传:“中国,京师也。四方,诸夏也。”此所谓中国,乃周时京畿之所在;四方,乃周所统治的区域。郑笺:“京师者,诸夏之根本。”[④]国家之根本在于京师,而京师初名中国。古时帝王有择中立国的思想,京师居于地之中也。《汉书·地理志》云:“昔周公营雒邑,以为在于土中,诸侯蕃屏四方,故立京师。”[⑤]京师建于地中,又名中国,政治地位毋庸赘言。中国后为国家之名,乃取京师之政治意义也。这是中国得名的第二个理由。

“中国”一词在先秦文献中已广泛使用。《诗·小雅·六月序》:“《小雅》

① 〔汉〕孔安国传,〔唐〕孔颖达正义:《尚书正义》,北京大学出版社2000年版,第387页。

② 〔汉〕许慎撰,〔清〕段玉裁注:《说文解字注》,上海古籍出版社1988年版,第233页。

③ 〔清〕王筠:《说文解字句读》,中华书局1988年版,第191页。

④ 〔汉〕毛亨传,〔汉〕郑玄笺,〔唐〕孔颖达疏:《毛诗正义》,北京大学出版社2000年版,第1138页。

⑤ 〔汉〕班固:《汉书》,中华书局1962年版,第1650页。

尽废，则四夷交侵，中国微矣。”[①]《韩非子·孤愤》：“夫越虽国富兵强，中国之主皆知无益于己也。”[②]上二“中国”皆应周王朝而言。《庄子·田子方》：“吾闻中国之君子，明乎礼义而陋于知人心。”[③]此“中国”应鲁国而言。

这里也说一说“华夏”“中华”两个称谓。《尚书·舜典》：“蛮夷猾夏。”孔疏：“夏，训大也。中国有文章光华，礼义之大。”[④]《尚书·武成》：“华夏蛮貊。”伪孔传：“冕服采章曰华，大国曰夏。”[⑤]《左传·定公十年》：“裔不谋夏，夷不乱华。”孔疏：“夏，大也。中国有礼仪之大，故称夏；有服章之美，谓之华。华、夏一也。”[⑥]此“华夏”见于先秦典籍者。“中华”一词连用，先秦典籍不载，管见所及，其较早使用者，晋桓温《请还都洛阳疏》：“自强胡陵暴，中华荡覆，狼狈失据。”[⑦]《三国志·武侯传》裴注：“若使游步中华，骋其龙光，岂夫多士所能沉翳哉。”[⑧]本之于上，中者，中央之谓；华者，服章之美；夏者，大国之称。中华、华夏，皆美好、赞誉之言也。

五、中国独有的中心说

（一）豫州说

《释名·释州国》：“豫州，地在九州之中。”[⑨]东汉时已有九州之中为豫的

---

① 〔汉〕毛亨传，〔汉〕郑玄笺，〔唐〕孔颖达疏：《毛诗正义》，北京大学出版社 2000 年版，第 631 页。

② 〔清〕王先慎：《韩非子集解》，中华书局 1998 年版，第 81—82 页。

③ 〔清〕郭庆藩：《庄子集释》，中华书局 1961 年版，第 704 页。

④ 〔汉〕孔安国传，〔唐〕孔颖达正义：《尚书正义》，北京大学出版社 2000 年版，第 75—76 页。

⑤ 〔汉〕孔安国传，〔唐〕孔颖达正义：《尚书正义》，北京大学出版社 2000 年版，第 292 页。

⑥ 〔晋〕杜预注，〔唐〕孔颖达正义：《春秋左传正义》，北京大学出版社 2000 年版，第 1587 页。

⑦ 〔唐〕房玄龄等：《晋书》，中华书局 1974 年版，第 2573 页。

⑧ 〔晋〕陈寿：《三国志》，中华书局 1959 年版，第 911 页。

⑨ 〔汉〕刘熙撰，〔清〕毕沅疏证，〔清〕王先谦补：《释名疏证补》，中华书局 2008 年版，第 46 页。

说法。《元和郡县志》:“禹贡豫州之域在天地之中,故三代皆为都邑。”[①]在唐人的观念里,豫州已然是天地之中。《尚书·禹贡》:“禹别九州。”[②]九州何谓?冀、兖、青、徐、扬、荆、豫、梁、雍是也。[③] 此豫州之境,大抵与今之河南省行政区划重合。顾颉刚《尚书校释译论》言豫州:“南及荆山以北的鄂北,即西起竹溪,中经南漳,东及随县、麻城一线以北的湖北境,亦即以此线南与荆州分界;北则以西起潼关、东及浚县的黄河与冀州分界;东北以内黄、浚县、延津、封丘、曹县一线与兖州分界;东面北段以商丘、夏邑、永城、蒙城为境与徐州分界;东面南段以怀远以西之淮水及淮水以南之豫皖边界与扬州分界;西面北段以河雒之间的豫陕边界与雍州分界;西面南段以雒水以南的豫蜀边界延至鄂西竹溪之线与梁州分界。由于豫州处在九州之中心,除青州为兖、徐所隔外,与其余七州都接界。”[④]因古豫州为九州之中,所以豫州也称中州。《论衡·对作》:“建初孟年,中州颇歉,颍川、汝南民流四散。”[⑤]中州之谓亦始于东汉也。

《释名·释州国》:“豫州,地在九州之中,京师东都所在,常安豫也。”[⑥]《尔雅·释地》邢疏引李巡说:“河南,其气著密,厥性安舒,故曰豫。豫,舒也。”[⑦]前者从人文环境上考察,后者从生态环境上分析,言豫州一地因舒适、适宜而得名。然而丁山以为“禹贡九州之名谊,寓有种姓历史之背景”[⑧],而豫州之称豫,缘于西周时申伯所辖之谢邑。试陈丁说。《仪礼·乡射礼》:“豫则

① 〔唐〕李吉甫:《元和郡县志》,《文渊阁四库全书》第468册,台湾商务印书馆1986年版,第195页。

② 〔汉〕孔安国传,〔唐〕孔颖达正义:《尚书正义》,北京大学出版社2000年版,第132页。

③ 此九州之名据《禹贡》。《周礼》增幽、并,而无徐、梁。《尔雅》增幽、营,而无青、梁。《吕览》增幽,而无梁。

④ 顾颉刚、刘起釪:《尚书校释译论》,中华书局2005年版,第673—674页。

⑤ 〔汉〕王充撰,黄晖校释:《论衡校释》,中华书局1990年版,第1181页。

⑥ 〔汉〕刘熙撰,〔清〕毕沅疏证,〔清〕王先谦补:《释名疏证补》,中华书局2008年版,第46页。

⑦ 〔晋〕郭璞注,〔宋〕邢昺疏:《尔雅注疏》,北京大学出版社2000年版,第189页。

⑧ 丁山:《九州通考》,《齐鲁学报》1941年第1期,第7页。

钩楹内。”郑注:“豫者,谓州学也。读如‘成周宣谢灾’之谢。”[①]此“豫”音“谢”,去声。《诗经·大雅·崧高》:“亹亹申伯,王缵之事。于邑于谢,南国是式。”毛传:“谢,周之南国也。”[②]申伯(姜姓,谢氏。谢氏始祖),周宣王时勤勉的忠臣,宣王令申伯去谢地营建新都,持其政教,施其法度,以统理周之南国。《国语·郑语》:“(桓公问于史伯)曰:‘谢西之九州,何如?’对曰:‘其民沓贪而忍,不可因也。唯谢、郏之间,其冢君侈骄,其民怠沓其君,而未及周德,若更君而周训之,是易取也。”[③]是西周之末,言南国者,必称谢邑,谢之险厄,可见一斑。《潜夫论·氏姓篇》据“于邑于谢”言“申城在南阳宛北序山之下”[④]。《水经注·比水》:“(谢水)出谢城北,其源微小,至城渐大;城周回侧水,申伯之都邑。……谢水又东南迳新都县,左注比水。”[⑤]谢邑附近,有序山有谢水,而史伯所谓“谢、郏之间”,与《禹贡》“荆、河惟豫州”[⑥]说大体相当。故丁氏言豫州之得名源于谢邑。顾颉刚、刘起釪皆以丁说为是。

我们谈论豫州,中原是不能回避的概念。中原一词最早见于《诗经》。《诗经·小雅·小宛》:“中原有菽,庶民采之。”毛传:“中原,原中也。”[⑦]《诗经·小雅·吉日》:“瞻彼中原,其祁孔有。”[⑧]然此中原者还不是地理区域的概念,其意为原野之中,而逐渐被用为地域范围的代称。如《左传·僖公二十三年》记载晋公子重耳为报答楚成王之言:“晋、楚治兵,遇于中原,其辟军三

---

① 〔汉〕郑玄注,〔唐〕贾公彦疏:《仪礼注疏》,北京大学出版社 2000 年版,第 196 页。“成周宣谢灾”,详《公羊》经宣公十六年。

② 〔汉〕毛亨传,〔汉〕郑玄笺,〔唐〕孔颖达疏:《毛诗正义》,北京大学出版社 2000 年版,第 1210 页。

③ 徐元诰:《国语集解》,中华书局 2002 年版,第 469—470 页。

④ 〔汉〕王符著,〔清〕汪继培笺,彭铎校正:《潜夫论笺校正》,中华书局 1985 年版,第 405 页。

⑤ 陈桥驿校释:《水经注校释》,杭州大学出版社 1999 年版,第 520 页。

⑥ 〔汉〕孔安国传,〔唐〕孔颖达正义:《尚书正义》,北京大学出版社 2000 年版,第 151 页。

⑦ 〔汉〕毛亨传,〔汉〕郑玄笺,〔唐〕孔颖达疏:《毛诗正义》,北京大学出版社 2000 年版,第 744 页。

⑧ 〔汉〕毛亨传,〔汉〕郑玄笺,〔唐〕孔颖达疏:《毛诗正义》,北京大学出版社 2000 年版,第 658 页。

舍。”[①]这也是退避三舍的典故。中原,狭义而言,指今河南一带;广义而言,指黄河中下游地区,也主要是河南。诸葛亮《出师表》:“当奖率三军,北定中原。”陆游《示儿》:“王师北定中原日,家祭无忘告乃翁。”这里的中原已与今义相同,皆蕴含着一种家国情怀。

(二)汝南说

汝南,春秋为沈、蔡二国之地,战国在楚、魏二境之交。秦属颍川郡。汉置汝南郡,魏晋因之。刘宋元嘉中,因洛阳司州陷于魏,侨立司州于此,号其城曰悬瓠。北魏置豫州。东魏置行台。北周置总管府,后改舒州,寻复豫州,其后以洛州为豫州,以此为溱州,又改蔡州。隋初仍曰蔡州,大业初改汝南郡。唐初置豫州,天宝初改汝南郡,乾元初复豫州,宝应初又改蔡州。宋仍曰蔡州,金因之。元仍蔡州,至元三十年改汝宁府,明清因之。1913 年废府,改汝南县。1924 年,置河南省第八行政督导专员公署于此。1950 年建汝南市。1965 年设驻马店地区,汝南县来属。

宋刘敞《公是集·天台山记》:“汝阳地理书有天台山,在今县北三里所,其高尺余,传自古至今莫有能损者,其上土其下石也,亦曰天中山。以为豫州于四方最中,汝南故刺史治于豫州亦最中,是山于汝南又最中,盖处天地三万里之极。自古考日景、测分至者,皆莫正于此。以是名之。”[②]刘敞,北宋人,与其弟刘攽并称二刘,著名经学家、史学家、散文家。曾以大理评事通判蔡州(治所在今汝南),有《刘氏春秋传》《公是集》等行世。隋朝时汝南郡领县十一,郡治在今汝南,时名汝阳。故刘敞谓“汝阳地理书”者。

《明一统志》卷三十一:“汝南……四方最中。《元志》:‘豫州于四方最

① 〔晋〕杜预注,〔唐〕孔颖达正义:《春秋左传正义》,北京大学出版社 2000 年版,第 412 页。

② 〔宋〕刘敞:《公是集》,《文渊阁四库全书》第 1095 册,台湾商务印书馆 1986 年版,第 708 页。

中，汝南于豫州又最中。’”①

明陈耀文《天中记》卷七：“天中，宋刘敞云：‘豫州，天地之中，而汝南又为豫州之中。’故汝宁北三里有山名天中，一名天台。云自古测影植圭，莫准于此。”②陈耀文所言汝宁，即时汝宁府府治所在，今之汝南县城。今天的汝南辖18个乡、镇、街道，汝宁街道居其一，县城所在地。唐德宗建中三年(782)，淮西节度使李希烈叛唐，颜鲁公奉旨招抚，遭李挟持，至死不从，后被软禁于蔡州(今汝南)，在此期间，写下“天中山”三字，碑刻至今尚存。

明方以智《通雅·方域》：“汝阳之天中山，天之中也。舆地以河南为中，而汝宁又居河南之中。故汝阳县北三里，有山曰天中，云测影植圭莫准于此。”③

清顾祖禹《读史方舆纪要》：“天中山，在城北三里。亦名天台山，高止尺余，上土下石，以在天地之中，故名。自古考日影测分数，以此为正云。”④

《(乾隆)大清一统志》卷一百六十八：“豫州居四方之中，汝南又居豫州之中。《元统志》。”⑤此《元统志》与上《明一统志》所谓《元志》，谓始修于元世祖时，成书于元成宗时的《元一统志》。

《(嘉庆)汝宁府志》：“天中山，在府城北三里，一名天台山，高丈余。自古考日影测分数，莫正于此。”⑥

本诸上述，我们可以得出几点结论：汝南为天地之中说的产生，不晚于唐，此其一。汝南中心说与豫州为九州之中说密切相关，此其二。汝南天中山与登封周公测景台一样，为古时天文测量的遗迹，此其三。

---

① 〔明〕李贤等：《明一统志》，《文渊阁四库全书》第472册，台湾商务印书馆1986年版，第780页。

② 〔明〕陈耀文：《天中记》，《文渊阁四库全书》第965册，台湾商务印书馆1986年版，第320页。

③ 〔明〕方以智：《通雅》，《文渊阁四库全书》第857册，台湾商务印书馆1986年版，第311页。

④ 〔清〕顾祖禹：《读史方舆纪要》，中华书局2005年版，第2359页。

⑤ 〔清〕和珅等：《大清一统志》，《文渊阁四库全书》第477册，台湾商务印书馆1986年版，第390页。

⑥ 〔清〕德昌修，〔清〕王增纂：《(嘉庆)汝宁府志》，汝南县志编纂委员会1983年校印，第18页。

图 1-13　颜真卿书天中山碑

图 1-14　天中山

刘禹锡的《陋室铭》也和天中山有些关系。刘禹锡任监察御史期间，为反对宦官和藩镇势力，参与了“永贞革新”，革新失败，刘氏被贬，几经波折，任安徽和州（今和县）通判。他赴任途中，慕颜鲁公之名游历了天中山。至和州后，地方官因其为贬官并未按照标准给予工作用房，刘禹锡有感而发，写下了“山不在高，有仙则名；水不在深，有龙则灵。斯是陋室，惟吾德馨”的千古名篇《陋室铭》。此山即应“天中山”而言。汝南民谣亦谓：“天中山，三尺三。来到天中山，一步可登天。”此则又暗合于仙山中心说也。

在汝南县城内有一座悟颖塔，乃唐代僧人悟颖所建。相传夏至中午此塔无影，又名无影塔。这件事情也和汝南为天地之中的说法很有关系。

由此看来，汝南之为天地之中，有实物证据，有文献记载，有口耳之传，构成了一个完整的证据链。

图 1-15　悟颖塔

（三）南阳盆地说

明丘浚《大学衍义补》卷三十五言晋时羊祜、杜预二人“所垦之田，其遗迹在今湖广之荆襄、河南之唐邓。古称洛阳为天下之中，臣以今日疆域观之，则此三郡实为我朝天下之中也。天下之田，南方多水，北方多陆。今此三郡，盖兼水陆而有之也”①。丘浚所言荆襄、唐邓大致是今地理学所言之南阳盆地，

① 〔明〕丘浚：《大学衍义补》，中州古籍出版社 1995 年版，第 487 页。

也称南襄盆地。它主要包含了南阳盆地与襄阳盆地一带。南阳盆地位于秦岭、大巴山以东,桐柏山、大别山以西,其北是秦岭的东端,其南是大巴山的东端。秦岭挡住了北方的沙尘与冷空气,大巴山阻隔了南方的潮湿与炎热。南阳盆地在中国版图上,具有东南西北四方之中的特殊地位。

我们再通过一个典故来说明南阳的中心位置。“三顾频烦天下计,两朝开济老臣心。出师未捷身先死,长使英雄泪满襟。”南阳古今名人恐无出武侯之右者。他在南阳居草庐而躬耕,定天下以三分,难道是偶然的吗?考虑到诸葛之多智,他躬耕于南阳肯定有深意。首先,南阳一地,沃野百里,气候温润,无饥寒之忧。其次,也是最关键的,南阳居四方之中,交通便利,信息畅通,便于观摩时局,而知天下之事。《汉书·地理志》:“宛,西通武关,东受江、淮,一都之会也。”①此宛即故南阳郡治,也就是今天的南阳市。

六、“天地之中”的地域界定

综上所述,关于天地之中,有些带有神话色彩,昆仑山、都广山、须弥山是其例;有些带有祭祀色彩,牛河梁遗址的女神庙与五冢一坛、浙江良渚文化的瑶山祭坛、古埃及的卡那克神庙等是其例;有些带有宗教色彩,耶路撒冷、瓦拉纳西是其例;有些带有政治色彩,洛阳、开封是其例;有些带有家国情怀,中天竺国、中国、中华是其例;还有基于地理角度的豫州、中州、阳城、南阳、汝南诸说。

这其中又以登封阳城说与洛阳说影响最大,此二说皆与周时择都有关,前者侧重于地理意义,后者侧重于政治意义。《史记·封禅书》:“昔三代之

① 〔汉〕班固:《汉书》,中华书局 1962 年版,第 1654 页。

居，皆在河洛之间，故嵩高为中岳，而四岳各如其方。”①黄帝都轩辕（新郑），鲧都崇（嵩县），禹都阳翟（禹州），启都夏邑（禹州）、黄台（新密），太康、仲康都斟鄩（巩义），商汤都郑亳（郑州）、西亳（偃师），这些地方如众星拱月般围绕在嵩岳周围，嵩岳之外的其他山岳都不具备这样的条件与地位。朱熹讲浑天说时言道：“其术以为天半覆地上、半在地下……北极出地上三十六度，南极入地下亦三十六度，而嵩高正当天之中。”②故本书所言“天地之中”，其核心区域即是古阳城所在的嵩岳地区。同时，豫州、中州、洛阳、阳城、开封、南阳、汝南诸中心说无一不和河南有关，故本书所言“天地之中”，从广义来讲是河南所在的中原地区。由于历史上行政区划的变革引起的幅员伸缩，兼之考古学概念里的中原与地理学上的中原并不完全等价，故后文所言天地之中或中原的地域范围将以今河南行政区划为基础而辐射至周边地区。

七、魏晋以前宇宙观略说

知者，地球表面是没有中心的，地球的中心在地心；宇宙也是没有中心的，它朝着各个方向无限延展。东汉以前，人们对于天地的主流认识谓之盖天说。盖天何谓？北齐时敕勒族民歌描绘得很是形象，“天似穹庐，笼盖四野”，一语中的。盖天说主张天是圆的，像一口倒扣的大锅；地是方的，苍天笼罩着大地。北京的圆形天坛与方形地坛，是此说很好的映射。盖天说大致诞生于殷周之际，《周髀算经》记载了周公和商高的对话，商高言道：“方属地，圆属天，天圆地方。”③林林总总的天地之中即是基于此说的推算。既然天是圆

---

① 〔汉〕司马迁：《史记》，中华书局 1982 年版，第 1371 页。

② 〔清〕李光地等：《御纂朱子全书》，《文渊阁四库全书》第 721 册，台湾商务印书馆 1986 年版，第 392 页。

③ 〔汉〕赵君卿注，〔北周〕甄鸾重述，〔唐〕李淳风注释：《周髀算经》，《文渊阁四库全书》第 786 册，台湾商务印书馆 1986 年版，第 12 页。

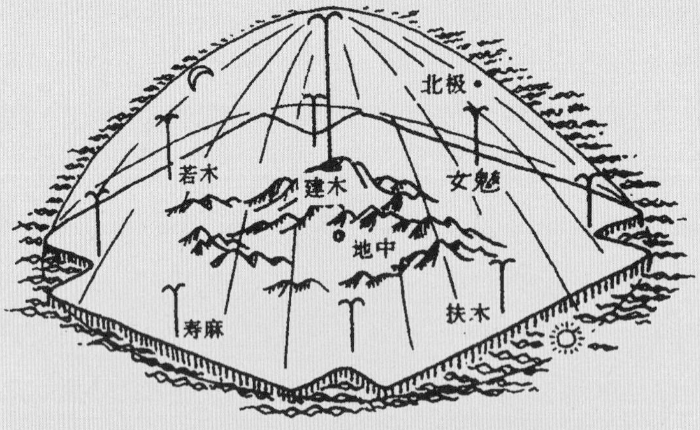

图 1-16　盖天说示意图(郑州嵩林书院供图)

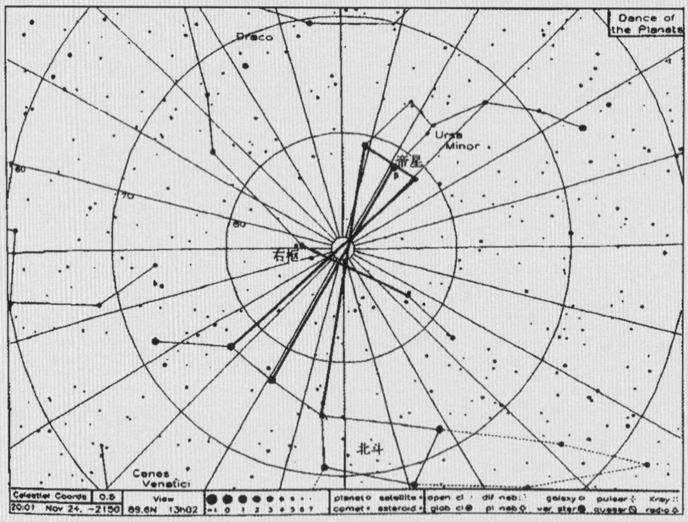

图 1-17　北极星图(郑州嵩林书院供图)

的,那它应该有一个中心。《晋书·天文志》:“北极之下为天地之中。”[①]北极,谓北极星。北极星几乎正对地轴,从北半球来看,其位置基本不变,古人以为天中。

关于浑天说的起源,众说纷纭。一般认为是东汉的张衡最早将浑天说理论化,他在《浑天仪注》中指出:“浑天如鸡子,天体圆如弹丸,地如鸡中黄,孤居于内,天大而地小。天表里有水,天之包地,犹壳之裹黄。天地各乘气而立,载水而浮……天转如车毂之运也,周旋无端,其形浑浑,故曰浑天也。”[②]其大意是,天地的形状浑圆如鸡蛋,天之包地,就像蛋壳包裹蛋黄一样。人们对于大地的认识从方形到球形的转变,是人类了解宇宙的一次质的飞跃。浑天说对日月星辰的升落、昼夜的交替与四季的循环等给予了更好的解释。

东汉秘书郎郗萌还传授了一种关于宇宙结构的宣夜说,云:“天了无质,仰而瞻之,高远无极,眼瞀精绝,故苍苍然也。……日月众星,自然浮生虚空之中,其行其止,皆须气焉。”[③]宣夜说认为宇宙无一定的形状,也非物质构成的。空间是虚空的、无限的,日月星辰在无限高远的空间里,浮于“气”之上自由运动。宣夜说把人们引向了一个遥远广阔的宇宙。从观测天体的角度来看,宣夜说不如浑天说价值大,特别是在修订历法方面,浑天说有着更重要的实际作用,宣夜说仅仅具有理论意义。

盖天、浑天、宣夜三说,是中国古代谈天者最主要之三家。后二者系统说明了地之为方、地有四至的观点是错误的。而实际上,在战国时期,这种相对科学的地理观已经开始萌芽,只是还处于想象阶段,没有科学的论证罢了。

惠施,战国时期宋国(今河南商丘)人,名家代表人物,与庄子至交,“学富五车”即典出此人。他是当时著名的辩论家、哲学家与政治家,努力钻研宇宙

---

① 〔唐〕房玄龄等:《晋书》,中华书局 1974 年版,第 278 页。

② 〔清〕洪颐煊辑:《经典集林》,《续修四库全书》第 1200 册,上海古籍出版社 2002 年版,第 437 页。

③ 〔唐〕房玄龄等:《晋书》,中华书局 1974 年版,第 279 页。

的构成原因,并且形成了自己的观点。现在所能看到的他的学说,只剩下收录在《庄子·天下篇》中的十个命题了。他言道:“我知天下之中央,燕之北、越之南是也。”①燕国是当时最北的诸侯国,在今河北省北部和辽宁省南部一带,越国是当时最南的诸侯国,在今浙江一带。他的这两句话似乎已经超出了地平的假设,燕之南、越之北为有穷,而燕之北、越之南为无穷,只有无穷方可得出燕之北、越之南为天地之中的论断。应该说,惠施开启了中国科学宇宙观的先河,给予了战国、秦汉间谈天者很大的启发。

稍后于惠施的齐人驺衍,其大九州说或许就受到了惠施的影响。《史记·孟子荀卿列传》:“(驺衍)以为儒者所谓中国者,于天下乃八十一分居其一分耳。中国名曰赤县神州。赤县神州内自有九州,禹之序九州是也,不得为州数。中国外如赤县神州者九,乃所谓九州也。于是有裨海环之,人民禽兽莫能相通者,如一区中者,乃为一州。如此者九,乃有大瀛海环其外,天地之际焉。”②简言之,驺衍认为中国只是一个名叫赤县神州的大州,像这样的州还有八个,合起来谓之大九州。可以看出,驺衍已经突破了旧说天下四至的认识,千年而后的人们方知地球上确有其余大州存在。惠施与驺衍的先知先觉着实令人惊叹。

以上诸说是我们的先祖关于宇宙结构的认识,站在今天科学的角度去看,它们有很大的局限性。但这是在两千年前探索自然得到的结论,并且在很长一段时间内处于世界领先的地位。作为华夏儿女的我们理当为祖国曾拥有如此璀璨的文明而自豪。

---

① 陈鼓应注译:《庄子今注今译》,中华书局 1983 年版,第 887 页。

② 〔汉〕司马迁:《史记》,中华书局 1982 年版,第 2344 页。

第二章

『天地之中』文化肇端于远古初备于三代

“近四旁惟中央，统泰华衡恒，四塞关河拱神岳；历九朝为都会，包伊瀍洛涧，三台风雨作高山。”这是河南登封嵩山嵩阳书院正门的一副楹联。透过这副楹联，我们可以感受到作为“天地之中”的嵩岳地区扑面而来的悠久历史内涵和深厚文化底蕴。

“天地之中”文化肇始、形成和丰富发展于华夏文明起源和传承的核心区域中原地区。嵩岳地区是“天地之中”的核心地域，嵩岳文化也是“天地之中”文化的核心组成部分之一。“天地之中”文化圈是中国最早产生国家和形成城市的典型区域，“天地之中”文化是展现华夏文明源头和地域文化核心的典型文化。在整个历史发展进程中，“天地之中”文化表现出了有别于其他地域文化的鲜明特色。“天地之中”文化在中华文化和华夏文明成长的各个时期都有不同的历史呈现。“天地之中”文化肇始于史前，形成于三代①，春秋战国之后得到了不断的丰富和发展。

图 2-1 嵩阳书院（郑州中华之源与嵩山文明研究会供图）

① 本书所述的“三代”主要是指夏、商及西周这一历史时段。

第一节 “天地之中”文化解读

中华文化的主体是华夏文明,华夏文明的中心在中原地区,中华文化和华夏文明的核心在“天地之中”文化圈内。嵩岳地区是“中”文化的发源地。“中”文化是“天地之中”文化的核心内容,是中华文化传承与发展的重要脉络,是华夏民族向心力、凝聚力的动力源泉,是民族振兴和国家统一之重器。从“天地之中”宇宙观的起源到哲学观的形成与发展,“天地之中”文化经历了数千年的发展演变,已经成为一种文化元素和哲学理念,影响到中国社会、文化、历史、科技、生活等各个方面。随着时代的发展,“天地之中”文化将伴随着中华文化的繁荣和提升而不断发展完善,展现出更为强大的影响力和生命力。

一、“天地之中”文化的概念

前文论述了“天地之中”的地域范围是以嵩岳为核心地域的中原地区,囊括了今河南省的全部。“天地之中”地域是史前中国人类活动的中心区域之一。从史前考古发现中可以看出,这一区域自然因素适宜,社会文明因素不仅起源早,而且不断从低级阶段向高级阶段发展,生产工具不断地变化更新。

这一地域地理位置适中,便于吸收周边地域文化中的先进因素,取长补短,并进行文化交流,相互影响,促进“天地之中”地域范围内的文明因素向前发展,从而最早迈入文明社会。

早在旧石器时代中晚期,“天地之中”的地域范围内就有了人类活动。在旧石器时代晚期与新石器时代早期,新密李家沟就有原始先民居住、生产和生活的痕迹。这一地域已发现170余处裴李岗文化时期遗址,耜耕农业取代刀耕火种成为主流的生产方式。“天地之中”地域范围内已发现的遗址中以仰韶文化中期遗址(有的学者称之为大河村文化类型)为最多。稍后,原始先民在郑州西山版筑夯土筑城,郑州西山仰韶文化晚期古城遗址是目前这一地域发现的最早的城址。从某种意义上说,郑州西山古城开启了古国文明时代。河南龙山文化时期,这一地域文化遗存较多,规模较大,文明程度较高,并先后发现了10余座河南龙山文化时期的古城址。到龙山文化晚期,“天地之中”的地域范围内就建立了中国历史上第一个统一的王朝——夏,之后建立了强大的商、周王朝。从此,这一地域成为我国古代政治、经济、文化和社会活动的中心。

“天地之中”文化植根于中原地区,与同样植根于中原地区的河洛文化、嵩岳文化等地域性文化有着千丝万缕的联系。要探讨“天地之中”文化的概念,首先要了解一下中原文化、河洛文化、嵩岳文化等几个相关地域文化名词。

中原文化有广义和狭义之分,广义的中原文化是指以河南为中心的黄河中下游地区的文化,狭义的中原文化是指河南文化。本书所述的中原文化是指狭义的中原文化,即河南文化。中原文化是中华民族文化的重要组成部分。在中国地域文化中,中原文化长期处于领先地位。在中华民族文化形成和发展过程中,中原文化长期起着骨干作用。“天地之中”文化是中原文化的核心组成部分之一。

河洛文化是以伊洛盆地(亦称为洛阳盆地或洛阳平原)为中心的区域性古代文化。河洛文化产生于黄河中游洛河流域,西至潼关、华阴,东至荥阳、

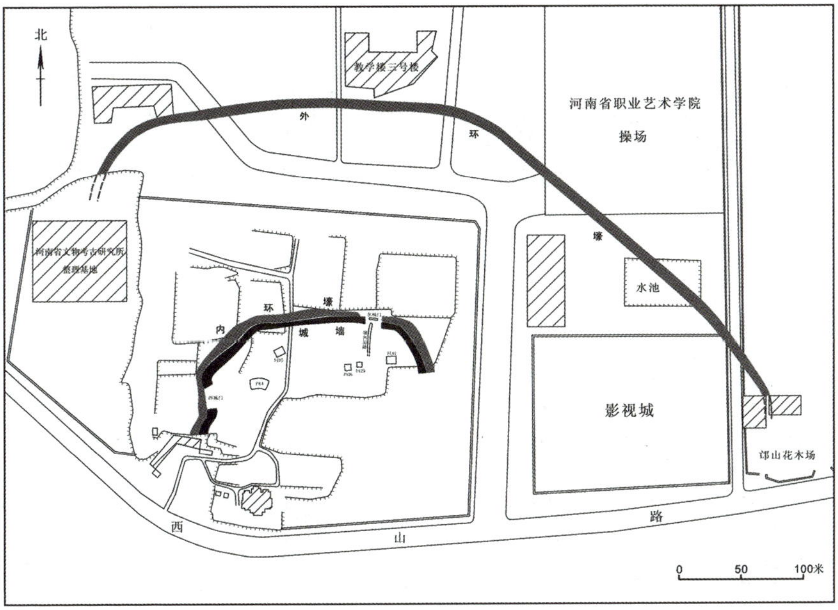

图 2-2 西山遗址平面分布图

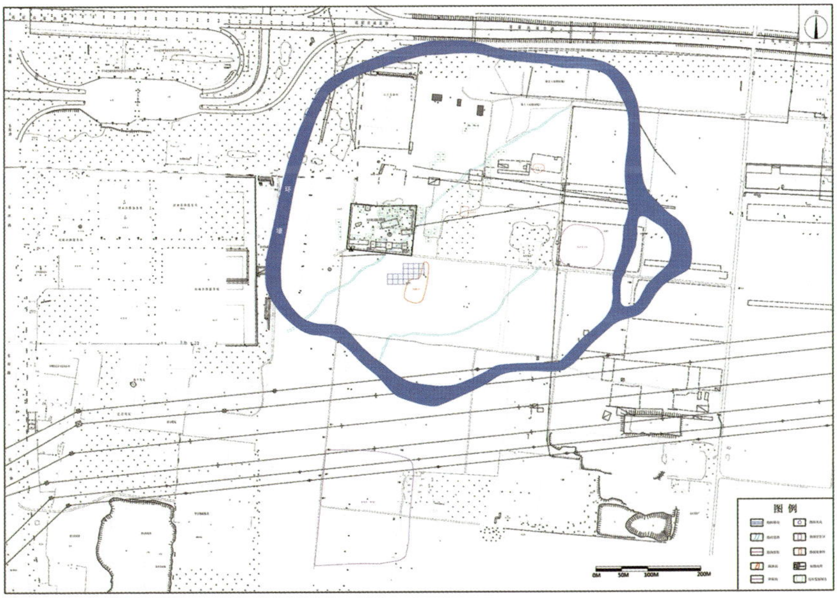

图 2-3 大河村遗址

图 2-4 嵩山景色

开封，南至汝颖，北跨黄河至晋南、济源一带。河洛文化是我国五千年华夏文明的源泉与主脉，是中华文化的重要源泉和中原文化的重要分支之一。河洛文化中的根源文化、都城文化等是“天地之中”文化的重要组成部分。

嵩岳文化又称嵩山文化，是以登封为中心的区域性山岳文化。嵩山是华夏文化的根脉圣山，天地之中、祖源之地是嵩岳文化的核心。嵩岳文化是“天地之中”文化的有机组成部分，是对中原文化的丰富和补充。

“天地之中”文化是中华文化和华夏文明的源头。狭义的“天地之中”文化是指以嵩岳地区为中心的区域性文化，广义的“天地之中”文化是指以源于嵩岳地区的区域性文化为中心，涵盖嵩岳文化、河洛文化等在内的河南地域文化集合体，是中原文化的核心组成部分。本书所论述的“天地之中”文化主要是广义的“天地之中”文化。

二、“天地之中”文化的内涵

“天地之中”文化植根于中原地区,是中原文化的核心内容之一。“天地之中”文化圈与中原地域文化的范围基本重合。“天地之中”文化是包含自然、社会、政治、历史、人文、科学、宗教、神话等在内的综合性的内涵丰富的文化概念。综合起来看,“中”文化、根源文化、都城文化以及汉字文化等是“天地之中”文化的核心内涵。

“中”文化是“天地之中”文化的核心内容。“天地之中”文化源远流长,“中”渗透到人们的语言行为和日常生活之中。河南自古就有“中州”“中原”“中土”“中夏”“中华”等称谓,这些称谓符合“天地之中”的地理范畴和社会特征,被作为河南的代称延续至今。由“中”文化延伸而出的大一统思想根深蒂固,是中华民族传统的民族基因之一。从聚落、部族、古国、王国到帝国,几千年来,大一统思想一以贯之。天人合一、中庸尚和、兼收并蓄、有容乃大的文化基因在“天地之中”文化中得到充分的体现。

根源文化是“天地之中”文化最为显著的特征。“天地之中”文化所包含的根源文化主要是指“天地之中”文化是中原文化和华夏文明的源头。树大根深的根文化是“天地之中”文化一大特点,有许多文明源头都在这一地区。古国—王国—帝国的发展序列十分清楚。中华文明探源工程选取了6处遗址作为探源的重点,其中灵宝西坡遗址、登封王城岗城址、新密新砦遗址、偃师二里头遗址以及郑州大师姑遗址就处在“天地之中”区域之内。诞生在该区域的“河图”“洛书”和《易经》等文化被誉为传统文化和中华礼制文化的源头。姓氏文化在三代时期基本定型,据有关研究统计,人口排序在前100的大姓中,有78个姓氏的祖根或其中一支祖根起源于这一区域。“天地之中”文化地域成为文化溯源和后裔寻根的向往之地。

都城文化是“天地之中”文化的重要组成部分。“天地之中”文化区域内

图 2-5 黄帝像(郑州嵩林书院供图)

产生了中国历史上最早的城、最早的都和最早的国。在古国时期,黄帝都有熊,颛顼都帝丘。夏、商、周王国时期,夏都阳城、阳翟、黄台之丘、斟鄩、原、老丘,商都亳、相、殷,周都洛邑。在帝国时代,西汉至北宋的诸多朝代普遍建都洛阳、开封等中原城市。问鼎中原、定都天中,成为华夏先民的共识。几千年的都城史,形成了具有极大影响的占有统治地位的都城文化,是其他的地域文化无法比拟的。

汉字文化是“天地之中”文化形成的标志之一。汉字是华夏文化的重要纽带之一,是判断中国进入文明时代的重要依据。距今 8000 多年的贾湖遗址中出土的龟甲上的契刻符号,与殷墟甲骨文有着一脉相承的关系,其中个别符号形体已与安阳殷墟出土的商代甲骨文字形相近或基本一致。比贾湖契刻略晚出现的陶文,已经不单单是一种原始符号形的文字,而是一种会意字。以具茨山为代表的中原岩画是早期人类发展的象征性体系中的重要符号,是早期人类精神生活的重要载体和组成部分。岩画的古老性,已经超出文字记录的时代。岩画的解释应当与汉民族早期历史与文化紧密联系起来。安阳殷墟甲骨文以及大量青铜器铭文(金文)被发现及解读,由甲骨

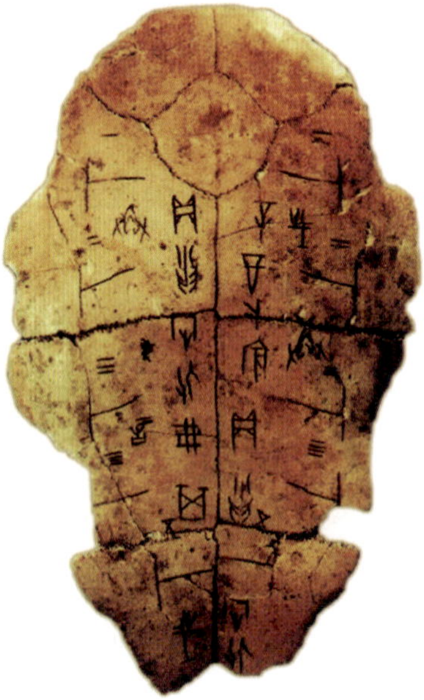

图 2-6 殷商甲骨文
(郑州嵩林书院供图)

文、金文发展为大篆、小篆、楷书，最后由许慎的《说文解字》进行了规范，为研究源远流长的华夏文明史和早期国家与社会形态的发展演变提供了第一手资料。

三、“天地之中”文化圈

文化圈是社会学与文化人类学描述文化分布的概念之一，它涉及的地域范围比文化区和文化类型更为广泛。文化圈的概念是由德国文化人类学家弗罗贝纽斯、德国民族学家格雷布内尔和奥地利民族学家施米特等学者先后提出并加以系统阐述的。文化圈是指“具有相同的文化特质、文化丛的众多文化群体所构成的区域”①。文化圈是一个空间范围，在这个空间范围内分布着一些彼此关联、相互联系的文化丛或文化群。一般意义上认为，文化圈是指具有相同文化特征或者相同文化要素的地域范围。

学术界关于文化圈的研究较多。有以山命名的文化圈，如嵩山文化圈、太行山文化圈等；有以水域命名的文化圈，如河洛文化圈、皖江文化圈等；有以地域范围命名的，如中原文化圈、闽台文化圈等；有以文化名词命名的，如汉字文化圈、华语文化圈等；有以宗教命名的，如佛教文化圈、基督教文化圈等……凡此种种，不一而足。

本书提出的“天地之中”文化圈这一概念，是将“天地之中”这一地域范围和文化内涵相结合而做出的理论推断。“天地之中”是中国历史上最早出现人类文明的区域，被公认为是中华民族灿烂悠久文化和文明的滥觞和发源地。在“天地之中”这一地域范围及其边缘区和影响区，凡是具备“天地之中”文化内涵特征的区域，皆可纳入“天地之中”文化圈的地域范围，都是“天地之中”文化圈的研究范畴。

---

① 林艺、刘涛：《区域文化导论》，清华大学出版社 2015 年版，第 3 页。

“天地之中”文化最为显著的文化特征是“天地之中”理念或者“中”文化普遍而广泛地植根于该地域,“天地之中”文化最为核心的文化要素是“中”、根源、都城、文字等。上述文化特征和文化要素是圈定“天地之中”文化圈的地域范围的依据。笔者根据“天地之中”文化圈中各地域的文化特征、文化要素、文化关联程度及地域距离,将“天地之中”文化圈大致分为三个层区,即核心区、交会融合区、辐射联动区。

“天地之中”文化圈核心区是指嵩山周边完全具备“天地之中”文化特征和文化要素的“天地之中”文化核心区域。其地域范围为西至洛阳、东到开封、北至黄河、南达沙颍,大致相当于今天郑州地区的全部,洛阳、开封、许昌、平顶山、三门峡等地区的部分区域。“天地之中”文化圈核心区的新石器文化对中华文明的萌发及形成起到了相当重要的作用,中华早期文明产生于“天地之中”文化圈核心区,夏王国定鼎于嵩山脚下,文明的活力和文化的生机由此勃发九州,华夏文明最终成为中国文化的根基和主体。“天地之中”文化在

图 2-7　嵩山七十二峰图(郑州嵩林书院供图)

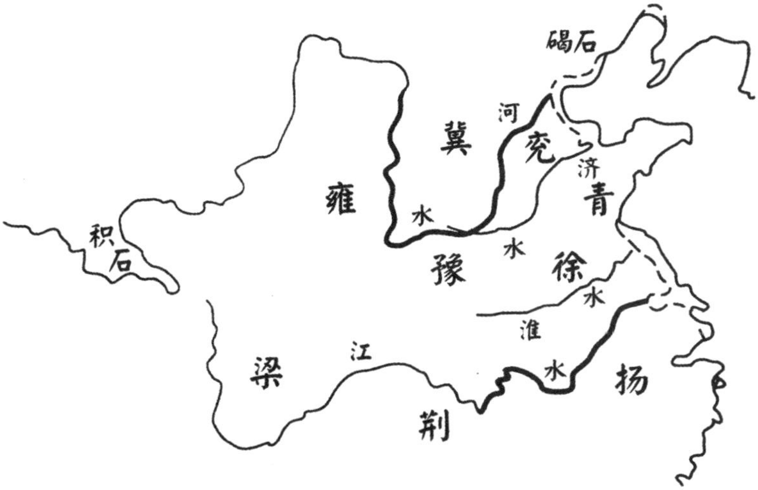

图 2-8 禹时期黄河与古代中国九州示意图(郑州嵩林书院供图)

某种意义上是新石器时代在“天地之中”文化核心区先后萌发的古文化的统称。

“天地之中”文化核心区的自然环境十分独特,中部及西南部耸立嵩山、伏牛山、熊耳山等形成高峨之势,是双洎河、贾鲁河、颍河、沙河、汝河、伊河、洛河等河流的发源地,四周相对低缓,西部边缘有崤山、中条山,北部有邙山和滔滔黄河及北岸的太行山,东部、南部比较开阔但有淮河流域众多支流贯穿在平原、丘陵之间,并且直面广阔的黄淮平原,属我国二级地势向三级地势的过渡区。多山、河网密布、地貌类型多样是其三大地貌特征。自古以来,黄淮平原与西部山地之间形成纵向交通轴线,依黄河沿岸横贯东西的水系交通在此交会,成为古代中国东西南北的交通中枢,地理位置十分优越。“天地之中”文化核心区东部、南部为浅山平原,西部有群山环绕的洛阳盆地,这种半开放半闭合的地势,既有利于各种文化的交流传播,又有利于权力中枢的安全及各类信息的开发、储存,为我国文明的起源和发展搭建了一个极其完美的天然大舞台,为华夏文明的萌发形成和持续发展提供了无尽的动力和资源保证。

“天地之中”文化圈核心区分布着众多古代文化遗存,旧石器时期遗址有荥阳织机洞、登封君召、新密灵崖山、许昌灵井和巩义洪沟等,新石器时期遗址有裴李岗文化时期的新郑裴李岗、新密莪沟、长葛石固、舞阳贾湖等,仰韶文化时期遗址有荥阳秦王寨和点军台、郑州大河村、郑州西山、登封胥店等,龙山文化时期遗址有登封王城岗、汝州煤山、新密古城寨、禹州瓦店、洛阳王湾、登封南洼等,夏商时期遗址有新密新寨、偃师二里头、荥阳大师姑、郑州早期商城、郑州小双桥、偃师商城等。这里有我国八大古都中的三个,它们是早商古都郑州,东周、东汉、曹魏、西晋、北魏、隋、唐、后梁、后唐等朝古都洛阳,战国魏、后梁、后晋、后汉、后周及北宋、金等朝古都开封。此外,许昌为三国魏五都之一。如果把二里头遗址视为夏都,或视偃师商城也为古都,嵩岳地区五千年来古都或具古都意义的地点有6处。这些重要遗址和历史悠久的古都构成了“天地之中”文化圈的主体,在中华早期文化中具有核心作用。中华文明起源和发展就充分利用了“天地之中”文化核心区的人文、地理因素,最终在嵩岳地区立定根基,演绎了中华文化历史发展的东方传奇。

“天地之中”文化圈交会融合区是指基本具备“天地之中”文化特征和部分文化要素的“天地之中”文化区域,与“天地之中”文化圈核心区在文化上交会融合为一个有机整体。其地域范围包括“天地之中”文化圈核心区之外的洛阳、开封、许昌、平顶山、三门峡、焦作、新乡、周口、驻马店等地区。“天地之中”文化交会融合区是“天地之中”文化与河洛文化、黄河文化等中原地域文化交流频繁、关系密切的地区,是地域文化的活跃地带。

“天地之中”文化圈辐射联动区是指存在某个或某几个“天地之中”文化要素并且与“天地之中”文化圈交会融合区毗邻的文化区域。该区域与“天地之中”文化圈核心区和交会融合区在文化上存在辐射联动的密切关系。其地域范围是指核心区和交会融合区之外的整个河南地区,也就是狭义的中原地区。中原,本义为“天下至中的原野”,是华夏文明和中华文化的发祥地,是华夏民族的摇篮。“天地之中”文化圈辐射联动区是大致区分的模糊范围，“天地之中”文化与周边地域文化的辐射联动、影响传播和兼收并蓄是没有明确界限的。其中，信阳、南阳等地市的部分地区与荆楚文化区域毗邻，三门峡、南阳等地市的部分地区与秦文化区域毗邻，三门峡、济源、焦作、新乡、安阳等地市的部分地区与晋文化区域毗邻，安阳、濮阳等地市的部分地区与燕赵文化区域毗邻，濮阳、新乡、开封、商丘等地市的部分地区与齐鲁文化区域毗邻，商丘、周口、驻马店、信阳等地市的部分地区与安徽的淮河文化区域毗邻。

物质是可分的，也是有核心的，文化亦然。生发于“天地之中”文化圈的“天地之中”文化是中原地域文化中的骨干文化，在中华民族文化形成和发展过程中起着重要作用，非一般地域文化可比。“天地之中”文化具有非常强大的融合力和辐射力，对中国江南、东北、西北、西南、岭南、闽台等地域和周边国家都产生了巨大影响。“天地之中”文化圈是中原文化和中华民族文化的核心组成部分，“天地之中”文化是“天地之中”文化圈内的自然因素和社会因素综合作用的产物，也得益于与“天地之中”圈内其他地域文化以及周边地域文化的交流融合、辐射联动。中华民族文化是多元的、统一的，也是有核心的。正因为有“天地之中”文化在中原文化中起核心作用，中华民族文化才能既多样又统一。所以，“天地之中”文化对中华民族文化形成有核心的多元一统或有核心的多元一体的文化特征发挥了举足轻重的作用。

四、“天地之中”文化的主要特征

“天地之中”文化亘古亘今，历久弥新，内涵丰富，博大精深，概括起来主要有四个方面的特征。

（一）根深叶茂，源远流长

伴随着原始农业的产生和技术的进步，人类对自然环境的适应和改造能力得到不断提升，人类社会文明程度得到不断发展。在旧石器时代，“天地之中”文化圈内涌现出许昌灵井、荥阳织机洞、郑州老奶奶庙、栾川孙家洞等诸多古文化遗存。在新石器时代，“天地之中”文化圈内孕育了裴李岗文化、仰韶文化、河南龙山文化等远古文化类型。从“盘古开天”“女娲造人”“三皇五帝”“河图洛书”等神话传说，到李家沟、大河村、王城岗等文化类型，都流传或发生在“天地之中”文化圈内。三皇、五帝和夏、商、周，被视为中华民族血缘与文脉的渊薮，同样发端于“天地之中”文化圈内。中华民族的人文始祖、人文初祖，诸如伏羲、女娲、燧人、炎帝、黄帝、祝融、共工、少昊、颛顼、帝喾、尧、舜等都诞生于或主要活动于“天地之中”文化圈。有据可考的 4820 个姓氏

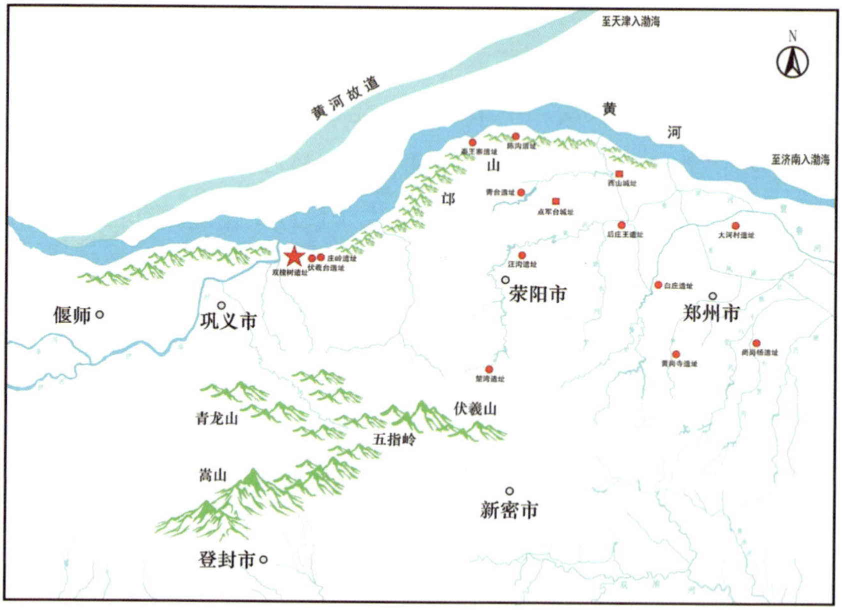

图 2-9 “天地之中”地区仰韶文化重要遗址及城址分布图（郑州市文物考古研究院供图）

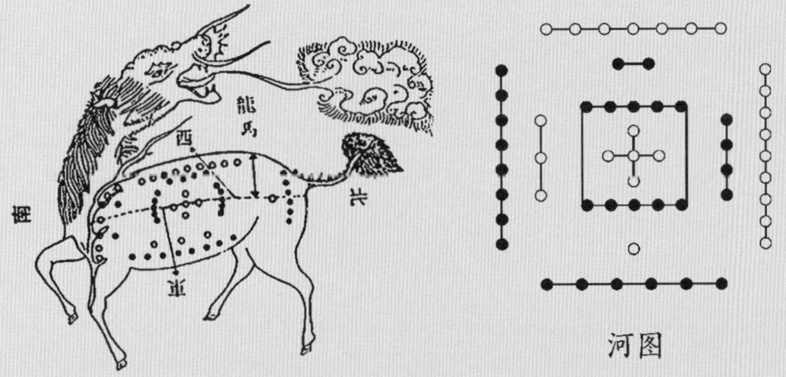

图 2-10 龙马献河图(郑州嵩林书院供图)

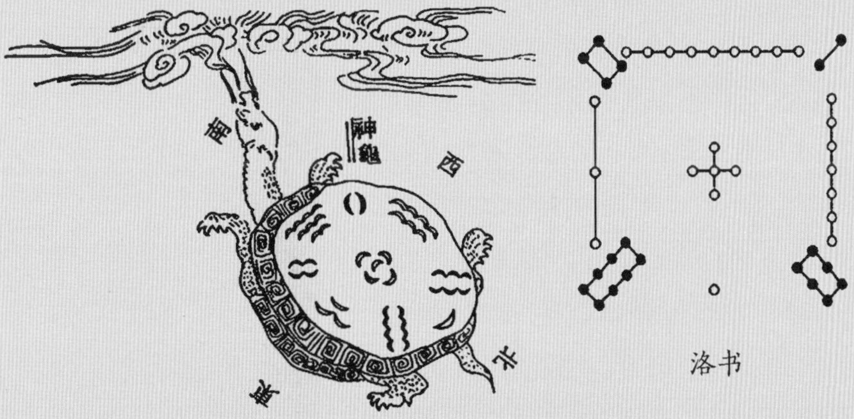

图 2-11 神龟献洛书(郑州嵩林书院供图)

中，起源于“天地之中”文化圈的有 1834 个。“天地之中”文化圈是中华民族的血脉之根，是海内外华夏儿女魂牵梦萦的寻根谒祖圣地。

“自从盘古开天地，三皇五帝到如今”，“天地之中”文化圈内人文荟萃，群星灿烂。河图洛书、周易八卦、殷墟甲骨、《说文解字》、活字印刷术等中华文化史上的标志物大都出自“天地之中”文化圈；中国传统思想的代表儒家、道家和释家均发端于“天地之中”文化圈。从某种意义上说，中华文化的文脉根在中原，在“天地之中”文化圈内。“天地之中”文化前连后继，一脉相承，显示出在早期中国文明起源、形成和发展过程中的重要意义，为灿烂的华夏文明谱写了辉煌的篇章。“天地之中”文化圈适中的地理位置、优越的自然环境为华夏文明起源成长于斯、中华文化发达传承于斯提供了良好的条件。“天地之中”文化在整个中华文化体系中具有发端和母体的地位。

（二）文明原创，文化骨干

“天地之中”文化对构建整个中华文化体系发挥了筚路蓝缕的文化原创作用，“天地之中”文化在中华文化系统中处于无可替代的文化骨干地位。“天地之中”文化的核心内容，如“中”“大同”“和”“合”等，都成为中华文化的核心思想。“天地之中”文化中的诗书礼仪、和谐诚信等，都成为中华民族价值观的重要内容。《易经》《道德经》《黄帝内经》对宇宙、社会、人生的独特发现，极大地影响了中国人的民族文化心态。黄帝“都有熊”置百官和李斯提出的郡县制，确立了中国几千年的王朝基本制度模式。张仲景的《伤寒杂病论》、张衡的浑天

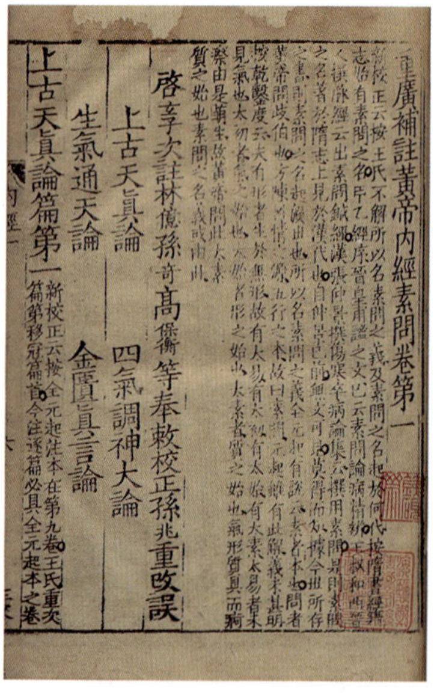
重廣補註黃帝內經素問卷第一
啓玄子次註林億孫奇高保衡等奉敕校正孫兆重改誤
上古天真論　四氣調神大論
生氣通天論　金匱真言論
上古天真論篇第一

图 2-12　郑州图书馆藏明嘉靖顾从德刻本《黄帝内经》

仪等,都在中国历史乃至世界历史上占据着举足轻重的地位。

“天地之中”文化在中国传统文化的形成发展演变中起着无可替代的主导作用,在中华文化史上居于重要地位。汉字在约8000年前的裴李岗文化时期就初现雏形,殷墟甲骨文字是迄今发现的最早的成熟汉字,前后6000余年的演变中,汉字的产生和成熟伴随着“天地之中”文化的萌发与形成。周易八卦、河图洛书发端和成熟于“天地之中”文化圈核心区,由此而成的《易经》被尊为“群经之首”,成为中国传统文化的重要组成部分。周公制礼乐、老子作《道德经》、程朱创理学等,使儒道文化成为中华民族灵魂最深处的文化情结。儒释道共存共生,三教合流,成为“天地之中”文化圈核心区的标志性文化景观。

在与其他文化不断的融合交流中,“天地之中”文化自身的内涵和外延在兼收并蓄中不断丰富,并由此推动了中华文化的发展繁荣。考古学家严文明认为,中原以外的文化区都紧邻或围绕着中原文化,很像一个巨大的花朵。这些外围的文化区是花瓣,而中原文化是花芯。正是花芯的不断绽放,才形成了中华文化这朵绚烂的文明之花。① “天地之中”文化作为中原文化的核心组成部分,如同中华文化绚烂之花的花蕊一样,创造出了独一无二的灿烂文明,支撑起了文化的主干和传承。

（三）接续发展，异彩纷呈

“天地之中”文化长期处于接续发展的状态中,持续发展,高潮迭起。从南召猿人的化石到安阳小南海的石器和灰烬,从裴李岗的石磨盘到仰韶村的彩陶、房基,从贾湖骨笛到殷墟甲骨,从西山古城到禹都阳城,从二里头夏都到商都郑州,从未中断。自春秋战国开始两千多年的时间,中国存在过30多个王朝,在“天地之中”文化圈内定都的就有20个,诸如九朝古都洛阳、七朝

① 严文明:《中国文明起源的探索》,《中原文物》1996年第1期,第10页。

古都开封、六朝古都安阳以及商都郑州，作为长期的政治中心，对“天地之中”文化的发展起到了促进作用。全国性的文化机构和场所多汇聚于都城，全国的最高学府也开办在这里，文人墨客云集于此，诸多流传后世的文学、艺术等文化精品诞生在这里。都城所在地，自然成为当时的政治、经济、文化中心。从史前文明到北宋帝国的完结，“天地之中”文化一直持续快速丰富和发展，长期表现出兴旺发达的气象，这种长期性、接续性在国内外区域文化发展史上都是十分少见的。

“天地之中”文化圈是中华文化的核心。“天地之中”文化内容丰富，领域繁多，异彩纷呈，全面发展。五行思想、八卦学说、百家争鸣、魏晋玄学、宋明理学等思想文化，天文星象历法、农学、医学、数学等先进科技文化，佛教、道教等和谐共生的宗教文化，《诗经》、诗词歌赋、散文等文学成果，绘画、书法、雕塑、音乐、舞蹈、戏曲等艺术成就，道圣李耳、墨圣墨翟、科圣张衡、医圣张仲景、诗圣杜甫、画圣吴道子等历史巨擘……凡此种种，无不为“天地之中”文化的持续发展、繁盛绵延提供了不竭的动力和源泉。

图 2-13　五行相生相克图
（郑州嵩林书院供图）

（四）兼收并蓄，辐射远播

文化要发展，除了依靠自身不断创造新文化，还要不断吸收和借鉴外来新文化。本书所述的“天地之中”文化就包含了诸多地域和民族的文化成分。“天地之中”文化把其他地域、民族和国家的优秀文化成果吸收融合在自己的内涵里，使自身得到不断发展创新，而又不磨灭自身特性。考古发掘及研究表明，大约 20 万年前，华夏大地不同的地域文化就交汇在“天地之中”文化圈。进入新石器时代，华夏地域文化交流更加频繁，文化融合更加深化，如大汶口文化就是东夷地区的海岱文化和中原文化交流融合的结果。郑州大河村遗址中出土的具有山东大汶口文化特征的陶器、河南仰韶文化遗址中有湖北屈家岭文化的遗物,说明“天地之中”文化从那时起就开始兼收并蓄周边地域文化的成果。胡服、胡食、胡乐、胡舞等异域文化自汉朝开始不断传入中原地区,都融入“天地之中”文化之中。世界其他地区的宗教基本都具有排他性,作为外来宗教的佛教传入“天地之中”文化圈,却被本土的儒道文化所接纳包容,成为“天地之中”文化的重要组成部分。[①] “天地之中”文化发展快、成就高的一个重要原因,就是“天地之中”文化圈一直是各种文化的交流汇聚中心。

在裴李岗文化时期,周边地区存在着诸多考古学文化,东有后李文化,西有老官台文化,南有彭头山文化,北有磁山文化,“天地之中”文化的中心位置和发展繁盛决定了它与周边文化不可避免地发生这样那样的联系。如岭南文化、闽台文化以及客家文化,其核心思想都来源于“天地之中”文化。“天地之中”文化中的一些基本礼仪、民俗和规范常常被统治者作为范本推广到其他地域社会生活的各个方面,从而达致千里同俗、万里同风、天下大治的社会效果。秦汉以降,以“天地之中”文化为核心的中原文化通过陆路和海上交通方式向世界各地广泛传播,不仅影响了朝鲜、日本、东南亚诸国的古代文明,而且开辟了延续千年的陆上和海上丝绸之路。班超出使西域、玄奘西天取经、鉴真东渡扶桑等历史记载,都书写了“天地之中”文化传播的壮丽画卷。从北宋开始,“天地之中”文化凭借当时最发达的航海技术,远播南亚、非洲各国,开辟了世界文明海路传播的新纪元。[②] “天地之中”文化对其他国家和地区的文化有巨大的渗透、影响和辐射作用,丰富了世界文化的内容,并带动其共同发展。

---

① 孙宏典等:《中国传统文化导论》,河南人民出版社 2007 年版,第 319—320 页。

② 孙宏典等:《中国传统文化导论》,河南人民出版社 2007 年版,第 320 页。

五、"天地之中"文化的发展序列

"天地之中"文化源远流长,影响深远。"天地之中"文化圈由于地处黄河中下游的中原地区,占天时,得地利。7000 多年前的裴李岗文化,7000—5000 年前的仰韶文化,4000 多年前的河南龙山文化,均在"天地之中"文化圈内,逐次展现了中原地区农耕定居生活水平和质量的不断提升。自夏以降,王朝、帝国多问鼎或定鼎于此,"天地之中"文化圈成为国家的政治、经济、文化中心,其文化也一直领先于周边区域,与历代王朝的发展几乎同步。自金元递至明清,政治、经济中心北上南下,文化中心也随之转移,但"天地之中"文化圈的传承和影响力仍不可忽视。

优越的自然、社会和人文环境孕育发展了丰富繁盛的人类文化。根据考古调查与发掘的实证资料,结合历史论证与研究的成果,我们构建起了"天地之中"文化发展序列,作为梳理和研究"天地之中"文化圈文化发展的标尺。

表 2.1 "天地之中"文化发展序列

进程	考古或神话传说	典型文化遗存
混沌初开期	旧石器时代(伏羲、女娲神话传说时代)	南召猿人、许昌人、灵宝孟村、渑池南村、新蔡诸神庙、新密灵崖山、安阳小南海等
肇端萌芽期	裴李岗文化、仰韶文化(炎帝、黄帝部族传说时代)	李家沟、裴李岗、沙窝李、莪沟、中山寨、丁集、铁生沟、仰韶村、石固、后冈、下王岗、王湾、秦王寨、大司空村、庙底沟、大河村等
雏形显现期	河南龙山文化(黄帝、颛顼、帝喾、尧、舜传说时代)	庙底沟、大河村、后冈、下王岗、王湾、煤山、三里桥、大师姑、古城寨、王城岗、二里头等

续表

进程	考古或神话传说	典型文化遗存
定型成熟期	三代(夏、商、周)	王城岗大城、新砦、二里头夏都、郑州商都、殷墟商都、周都洛邑等(“中”文化、根源文化、都城文化、汉字文化等形成)
发展演变期	春秋战国及以后	“天地之中”文化持续巩固发展,不断丰富完善

我国各个典型文化类型都有其独立的文化发展体系,各有其源流和发展脉络。不同地域文化相互交流、相互融合、相互影响,共同促进中华文化灿烂多彩,繁盛绵长。华夏文明的发端是多源的,“天地之中”的中原地区是最先看到文明曙光的地域。作为中原地区地域文化核心内容的“天地之中”文化,成为华夏文化的源头和地域文化的核心。“天地之中”文化圈具有优越和良好的地理位置、地域环境和气候条件,是原始人类活动、原始文明肇端、原始文化萌发的重要地区之一。“天地之中”文化圈是中国历史上最早出现人类文明的区域之一,被公认为中华民族灿烂悠久文化和文明的滥觞和发源地。

“天地之中”文化的混沌初开期大致相当于旧石器时代,处于伏羲、女娲等神话传说的时代。“天地之中”文化圈核心区内已经发现旧石器时代的遗存 400 余处,①从旧石器时代中晚期直到距今 1 万年之间的各时期遗址均有。部分遗存发现有经过精心加工的石磨盘、石磨棒、手斧及细小的打制石器,许昌灵井发现精巧的石制品和雕刻器等。“天地之中”文化圈内的原始人类采集植物果实和根茎、捕获野兽和禽类作为食物,逐步培育出农作物,并驯化动

① 张松林:《积厚流广 步月登云——郑州市文物考古研究院 50 周年献礼》,《郑州文物考古与研究》(二),科学出版社 2010 年版,前言第 1 页。

物，与周邻的各种文化进行交流。这些都说明这一时期原始人的工具制作水平和生存生活水平已经达到较高程度。“天地之中”文化圈内流传的伏羲和女娲神话、三皇五帝、衣皮革、作网罟、养六畜等传说和遗存，迄今仍或多或少地流传于民间，甚至可以看到相关遗迹。上古先民积累与丰富了制造工具、改变环境和解决衣食住等方面问题的经验，使社会在距今约 1 万年前后进入了新石器时代。

“天地之中”文化的肇端萌芽期大致相当于新石器时代的裴李岗文化和仰韶文化时期，处于炎帝、黄帝部族传说时代。在李家沟发现的陶片、磨制石器等从旧石器时代向新石器时代过渡的文化遗存说明在距今 1 万年前后，“天地之中”文化圈已经逐渐发展到新石器时代，早期李家沟文化、裴李岗文化、仰韶文化、大河村文化自成系列，后又与河南龙山文化接续，发展连续不断。在裴李岗文化时期，上古先民发明农业，种植谷物，饲养家畜；制造陶器，解决了人们所需的饮食蒸煮器皿；用天然麻类纺纱织布，制作衣服，使人们有了衣着，不再赤身裸体；同时又学会建筑住房，不再依赖山洞。这样，人们就以自己的双手进行艰苦的劳动，为人们不受限制地向不同地形、不同气候的广阔空间扩展创造了必要的技术条件。在仰韶文化时期，黄帝部族传说、婚姻家庭、锄耕农业、家庭畜牧业、多样的粮食作物、制陶手工业、纺织手工业、冶金术、石骨器等的产生和出现，体现了这一时期的生产水平和经济水平。

图 2-14 （清）郎士宁《瑞谷图》（郑州嵩林书院供图）

这一时期,“天地之中”文化圈的农业、手工业已达到一定的水平,为文明的起源奠定了基础。人们在长期的大自然生活中,已经认识到一些物质的物理和化学特性,原始的自然科学已经开始萌芽。雕塑、绘画等形象艺术早在上古时代就居于世界领先地位。在这一时期,已经出现了用刻画符号代替结绳记事的文字萌芽。在其他新石器时代文化地域,文化发展基本上存在自己的源流和脉络,各有其文化发展序列。“天地之中”文化圈对周邻地区有较强的影响。同时,不断与毗邻地域文化进行交流,不断吸收融合周边区域文化的优秀成分,促进本区域文化日新月异地发展,从而加快了“天地之中”文化的形成进程。

“天地之中”文化的雏形显现期大致相当于铜石并用的河南龙山文化时期,处于黄帝、颛顼、帝喾、尧、舜传说的时代。西山遗址发现的距今 5300 年至 4800 年左右的版筑城墙聚落,前后延续约 500 年,跨越仰韶、龙山两个时期。西山古城突破了氏族社会环壕式聚落形态,开启了版筑城墙的新时代,迈入了文明社会的门槛。文明的发展从来都不是一条直线,内部的调整变革面临着巨大的未知变数和风险。其与外部各文化区域间的斗争,有时

图 2-15 西山遗址的城壕、城墙

也攸关存亡。“轩辕之时,神农氏世衰,诸侯相侵伐,暴虐百姓,而神农氏弗能征。于是轩辕乃习用干戈,以征不享……诸侯咸归轩辕”①,而后“蚩尤作乱,不用帝命。于是黄帝乃征师诸侯,与蚩尤战于涿鹿之野”②。黄帝在与炎帝的阪泉之战和与蚩尤的涿鹿之战中都大获全胜。两场战争的胜利为黄帝部族在中原地区的发展壮大扫除了外部干扰和障碍。这一时期是中国原始社会大发展大变革大跨越的时代,社会成员贫富分化日益严重,社会阶层之间的矛盾日益尖锐,氏族公社逐渐瓦解,阶级产生,新的社会组织出现。“天地之中”文化圈内,早期城市、早期国家、原始宗教、原始商业、专设官职、大规模的战争等陆续出现和成型;木耒、蚌刀等耕作工具得到改进,农时历法雏形出现,酿酒和酒器出现,猪、狗、牛、羊、鸡等家畜大量饲养,制陶技术、纺织业、冶铜技术等不断提高;雕塑、绘画、音乐、舞蹈等文化艺术方面不断发展,家庭、家族、婚姻、饮食、服饰、房屋、丧葬习俗、神鬼和图腾信仰等社会文化方面不断进步。“天地之中”文化圈逐步成为史前中国人类活动的中心区域之一。上古时代三皇五帝的历史传说主要以“天地之中”文化圈为活动和传播中心。“天地之中”文化圈内发现和出土的大量文化遗存、青铜器的铸造和使用、汉字的出现和记事、城址的筑造和延续、古国的建立和运作等,都说明“天地之中”文化的雏形随着社会的发展进步而逐渐显现。“天地之中”文化圈以外的其他地域文化,有的也有较高的发展水平,有的已出现文明的曙光,并即将向文明社会的大门迈进,且曾对中原文化产生过较大的影响,此时却显得黯然失色,不知所终,唯独以“天地之中”为核心的中原文明社会如旭日升天,光芒四射,普照中原大地,大踏步地迈进文明社会。

“天地之中”文化的定型成熟期大致相当于三代的夏、商、西周时期。夏

① 〔汉〕司马迁:《史记》,中华书局 1982 年版,第 2 页。

② 〔汉〕司马迁:《史记》,中华书局 1982 年版,第 5 页。

部族是黄帝族后裔的一支，兴起于河南龙山文化时期，夏部族首领大禹治水，采取疏导的办法，三过家门而不入，前后历经13年努力成功治理洪水，建立了统一的有号召力的王国——夏，建都于登封阳城（即王城岗大城）。夏、商、西周都以中原地区为中心建立起比较强大的王国。《尚书·梓材》曰：“庶邦享，作兄弟，方来，亦既用明德。”①禹都阳城（王城岗大城）、启都黄台（新砦城址）、夏都斟鄩（二里头城址）、郑州商都、殷墟商都、周都洛邑等，都在“天地之中”文化圈内。三代之时，伴随着“中”文化的内涵和特征逐渐定型，根源文化逐渐稳固和丰富，都城文化从肇造走向完备，甲骨文和金文出现并日臻完备，“天地之中”文化也走向了定型和成熟。

图2-16　大禹像
（郑州嵩林书院供图）

“天地之中”文化的发展演变期相当于春秋战国及以后的历史时期。“天地之中”文化从原始社会起，经过夏、商、周时期的最初发展，在春秋战国秦汉以后得到持续发展，到唐宋时期达到了高峰。北宋以后，它的发展又趋于缓慢。“天地之中”文化在不同历史阶段各有其突出的内容，诸如春秋战国时期的思想文化、南北朝的佛教文化、唐代的诗歌文学、宋代的市民文化等等。“天地之中”文化在发展演变期内虽然有停滞和曲折，甚至大起大落，但其发展的总趋势是向上向好的。

递至当代，中华文化的发展日新月异，枝繁叶茂。以“天地之中”文化为核心的中原文化也走向新生，焕发出无限生机和活力。

① 〔汉〕孔安国传，〔唐〕孔颖达正义：《尚书正义》，北京大学出版社2000年版，第387页。伪孔传：“众国朝享于王，又亲仁善邻为兄弟之国，万方皆来宾服，亦已奉用先王之明德。”

第二节　“天地之中”文化发展源流考

中原地区发端、衍生和留存了“源”文化、“根”文化、“中”文化、都城文化等无数的“天地之中”文化景观。“天地之中”文化圈内星罗棋布的古代遗址像一本铺展于地下的史书，记载着中原文明从孕育、诞生到发展、辉煌的历程。许昌灵井出土的猿人头骨化石，掀开了中原人类发展史的首页。古拙简朴的石磨盘、石磨棒，反映了距今 7000 多年的裴李岗文化时期原始锄耕农业的发展成就。舞阳贾湖的刻字龟甲和七孔骨笛，说明了远古时代中原地区文化艺术的发展高度。仰韶文化的绚丽彩陶，西山古城的版筑城垣，新密古城寨、登封王城岗、淮阳平粮台古城展现了龙山时代的风云际会，昭示出中原文化正是中华文化这棵参天大树的根。在与大自然的抗争中，在人类社会自身发展的不断碰撞中，中原文化逐步摆脱蒙昧和野蛮，率先迈进文明社会的门槛。[①] 本节从历史发展和文化源流的角度，撷取“天地之中”文化圈内较有代表性的文化景观进行探源和述记，以期将“天地之中”文化的历久弥新、博大精深、多姿多彩和跌宕起伏较为完整地呈现出来。

---

① 河南省文物局编：《华夏文明的摇篮　中国·河南》，文心出版社 2012 年版，前言第 1 页。

一、混沌初开期

“天地之中”文化的混沌初开期大致相当于旧石器时代，处于伏羲、女娲等神话传说的时代，在距今约300万年至1万年之间，是以使用打制石器为标志的人类物质文化发展阶段。新中国成立以来，在河南省境内发现了400余处旧石器时代遗存，不仅出土了古人类化石，还发现小空山洞穴遗址、安阳小南海遗址、许昌灵井旧石器遗址等旧石器时代遗址。

（一）古人类化石

1. 淅川发现的古人类牙齿化石

1973年，在河南南阳市的中药材中发现1枚从淅川县收来的人上前臼齿。1973年9月，在南阳市和西峡县的药材仓库中发现12枚人的牙齿化石，这些也都是从淅川县收购的。鉴于此，中国科学院古脊椎动物与古人类研究所在淅川县进行了野外调查，发现一些第四纪哺乳动物化石。研究表明，淅川猿人牙齿化石可归属于猿人一类或分类上的直立人种。

2. 南召猿人化石

南召猿人化石是河南省发现的唯一地点清楚、层位可靠的直立人化石。1978年，在南阳地区南召县云阳镇杏花山，发现一批动物化石和1枚古人类牙齿化石，这枚牙齿化石为早期人类20多岁青年人的右下第二前臼齿。

3. 卢氏发现的古人类化石

1979年在卢氏县外贸部门准备上交的“龙骨”中发现2枚人牙、4块人类头骨碎片化石。2枚牙齿是左上第一前臼齿和右上第一或第二臼齿，4块头骨化石是人的枕骨碎片。这些古人类化石的形态与现代人很接近，一些学者认为这“很可能是晚更新世后期的智人化石”①。

（二）旧石器遗址

1. 小空山遗址

小空山位于南阳市南召县小店乡杜庄村南约500米处。小空山有上、下两个溶洞，两洞之间垂直距离为7米，水平距离为4.8米，下洞高出河床约40米。1980年6月，中国科学院古脊椎动物与古人类研究所和南阳地区文管会对下洞遗址进行考古发掘，出土石制品和石料122件。1987年，北京大学等单位对上洞遗址进行考古发掘，出土石制品153件；后在对下洞遗址的清理过程中，又发掘石制品55件和一批动物化石。

2. 安阳小南海遗址

1960年3月，采石工人在安阳小南海北楼山顶东麓发现一个洞口，并从中采集到少量的动物化石，其中有一块鹿牙化石。1960年4月，中国科学院考古研究所进行试掘，发掘石制器7078件，主要是人工打制的石片，经过进一步加工的石器有100余件。石材以燧石为主，石英次之，也有为数不多的石髓、石灰岩等。

3. 许昌灵井旧石器遗址

灵井旧石器遗址位于许昌市灵井镇，1965年被发现。在距地表10米深的灰色粉砂土和橘黄色砂土中发掘出石器、骨器、动物化石和人类化石。其中石制品1355件，有石核、石片、砾石石器和石片石器。遗址中发现用火的遗迹，有烧骨、烧石及炭块等。

---

① 季楠、牛树森：《河南省卢氏县发现的人类化石》，《人类学学报》1983年第4期，第399页。

二、肇端萌芽期

“天地之中”文化的肇端萌芽期大致相当于新石器时代的裴李岗文化和仰韶文化时期，处于炎帝、黄帝部族传说时代。较有代表性的文化遗存有李家沟、裴李岗、沙窝李、莪沟、中山寨、丁集、铁生沟、仰韶村、石固、后冈、下王岗、王湾、秦王寨、大司空村、庙底沟、大河村等。

（一）裴李岗文化

裴李岗文化，年代为公元前5600—前4900年，因1977年新郑裴李岗遗址的发现而得名，它属于新石器时代早期文化，是20世纪中原地区新石器时代考古重大发现之一。至今，河南省境内发现裴李岗文化遗址130余处，较有代表性的有以下几处：

1. 新郑裴李岗遗址

裴李岗遗址位于新郑市裴李岗村，总面积约2万平方米。1977年至1979

图2-17 裴李岗遗址（郑州中华之源与嵩山文明研究会供图）

年，先后三次发掘，共发现灰坑 22 个、陶窑 1 座、墓葬 114 座，出土石器 127 件、陶器 268 件。

2. 沙窝李遗址

沙窝李遗址位于新郑市龙湖镇沙窝李村西北，面积近 1 万平方米。1982 年春开始发掘，发掘面积为 850 平方米，文化堆积层分两层，上层厚 0. 80—1. 00 米，下层厚 0. 45—0. 65 米；发现灰坑 20 个、墓葬 32 座。

3. 长葛石固遗址

石固遗址位于长葛市石固村东 1. 5 千米处，遗址面积约 10 万平方米。1978 年冬至 1980 年，河南省文物工作队先后进行四次发掘，发掘面积 2145 平方米，发掘出房基 3 座、灰坑 189 个、墓葬 69 座；出土器物 450 余件。葬品中的陶器主要有陶壶、三足钵、深腹罐、碗等，石器主要有斧、铲、镰、凿等。

4. 舞阳贾湖遗址

贾湖遗址位于舞阳县北舞渡镇贾湖村东，1983 年河南省文物研究所进行试掘，发掘面积 50 平方米。1984 年至 1987 年，又进行五次发掘，发掘面积达 2355 平方米，发现房基 30 多座、灰坑 300 个、陶窑 10 余座、墓葬 300 多座。随葬品有陶器、石器、骨器、牙器和龟甲等，骨器居多。贾湖遗址中最重要的发现是契刻符号和骨笛。在龟甲上刻的符号，如曰、日等；在石柄上刻有亻、彳、刂等。10 余支骨笛用鹤类肢骨制成，其中 M282：20 骨笛被认为“音阶结构至少是六声音阶，也有可能是七声齐备的、古老的下徵调音阶”①。这是目前我国发现最早的发音准确的骨笛。

5. 汝州中山寨遗址

中山寨遗址位于汝州纸坊镇中山寨村，遗址面积达 15 万平方米。1979 年和 1982 年汝州市博物馆分别做了两次调查，收集到裴李岗文化和仰韶文化遗物百余件。1984 年秋，中国社会科学院考古研究所河南一队对该遗址进行

---

① 黄翔鹏：《舞阳贾湖骨笛的测音研究》，《文物》1989 年第 1 期，第 17 页。

发掘,并在仰韶文化层下发现裴李岗文化的遗存。1985 年和 1986 年春,又进行两次发掘,发掘面积 515 平方米,发现灰坑 9 座、墓葬 4 座。随葬品以陶器为主,个别墓发现楔蚌和榧螺。

6. 新密莪沟北岗遗址

莪沟北岗遗址位于河南省新密超化镇莪沟村北,1975 年被发现。1977 年河南省文物工作队同密县文化馆进行两次发掘,发掘面积 2747 平方米,发现房基 6 座、窖穴 44 个、墓葬 68 座,出土的一件陶塑人头像是目前发现最早的陶塑人像。

从裴李岗文化遗址的发掘资料来看,这个时期已经形成了聚落,裴李岗先民过着定居生活。从发掘出的遗物来看,裴李岗文化的经济生产已有多种成分,包括农业、家畜饲养、渔猎和采集。从已经出土的手工业产品和生产工具来看,裴李岗文化时期的手工业主要有制陶、制石、制骨和纺织等。陶器是裴李岗文化遗址数量最多的遗物。石器主要是生产工具,如石斧、石铲、石刀等,少数为装饰品。另外,诸多的墓葬遗址说明当时已有葬俗葬制存在。

（二）仰韶文化

仰韶文化最初发现于河南渑池县仰韶村,仰韶文化因此得名。仰韶文化是我国新石器时代重要的考古文化,距今约 7000 年到 5000 年,主要分布于黄河中下游地区。河南是仰韶文化分布较为集中的省份之一,“有仰韶文化遗址 540 余处,其中经过试掘的遗址就有近 100 处”①,具有代表性的有以下几处:

1. 渑池仰韶村遗址

仰韶村遗址位于渑池县城北仰韶村南台地上,遗址面积近 30 万平方米,

① 李昌韬:《试论河南地区的仰韶文化》,《论仰韶文化》,中原文物编辑部 1986 年版,第 83 页。

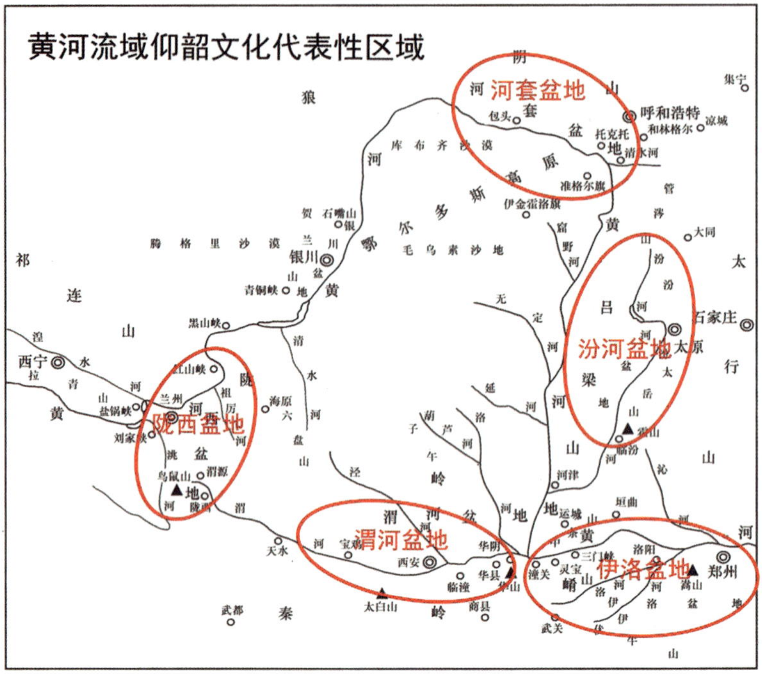

图 2-18　黄河流域仰韶文化代表性区域分布图(郑州市文物考古研究院供图)

文化层厚 2—4 米。1921 年,瑞典人安特生曾进行考古发掘。1951 年,中国科学院考古研究所对该遗址再次发掘,证明仰韶村遗址除了存在仰韶文化外还存在龙山文化的因素。它的文化层相叠压,自下而上依次是仰韶文化中期、仰韶文化晚期、龙山文化早期、龙山文化中期。在仰韶文化层中发现房子 4 座、窖穴 30 多个。

2. 郑州大河村遗址

图 2-19　大河村遗址房屋复原示意图
(郑州嵩林书院供图)

大河村遗址位于郑州市东北郊大河村西南,遗址面积约 40 万平方米。1964 年被发现,1972 年至 1985 年连续进行了八次发掘,是河南省考古工作的重大发现。它的文化层堆积厚度为7.0—12.5米，包括仰韶文化、龙山文化的文化遗存。其中仰韶文化层内涵最为丰富，发掘出不同时期的房基22座、窖穴101个、墓葬106座，各种遗物多达1500件。“大河村面积之大，文化层堆积之厚，文化内涵之广泛，遗迹遗物之丰富等为我国古代遗址中所罕见。”①

图2-20 大河村彩陶双连壶（郑州中华之源与嵩山文明研究会供图）

图2-21 大河村白衣彩陶盆（郑州中华之源与嵩山文明研究会供图）

① 杨育彬：《关于河南地区仰韶文化的两个问题》，《论仰韶文化》，中原文物编辑部1986年版，第77页。

图 2-22　大河村白衣彩陶钵(郑州市文物考古研究院供图)

图 2-23　大河村彩陶罐(郑州中华之源与嵩山文明研究会供图)

3. **下王岗遗址**

下王岗遗址位于淅川县盛湾镇河扒村东北,遗址面积约 6000 平方米,文化层厚 2.0—3.5 米。1971 年至 1974 年由河南省博物馆文物工作队、长江流域规划办公室文物考古队河南分队对该遗址进行发掘。根据文化层的叠压关系及遗物特征分析,下王岗仰韶文化可分为三期:一期文化层厚 0.10—0.85 米,已发掘主要遗存有房基 6 座、墓葬 124 座、灰坑 37 个;二期文化层厚 0.20—0.95 米,已发掘主要遗存有房基 4 座、灰坑 72 个、陶窑 2

座、墓葬472座；三期文化层厚0.05—1.20米，已发掘主要遗存有房基33座、灰坑8个。

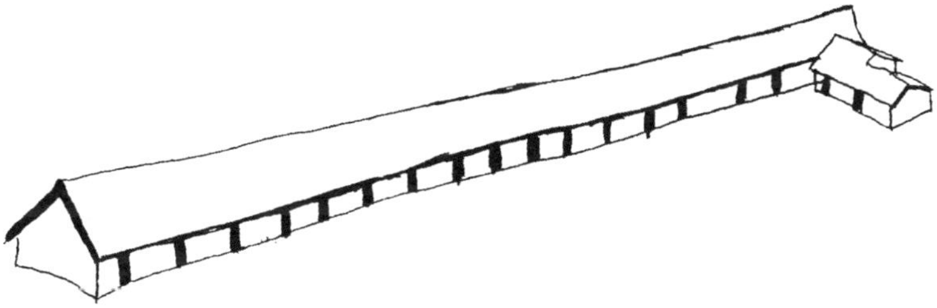

图2-24 下王岗遗址三期长屋示意图

4. **陕县庙底沟遗址**

陕县庙底沟遗址位于陕县庙底沟的青龙涧南岸，发掘出仰韶文化遗存房基2座、窖穴168个。陶器是庙底沟遗址中最具特色的遗物，已经复原的有690余件。

图2-25 仰韶文化庙底沟类型彩陶阳文鸟纹

图2-26 仰韶文化庙底沟类型彩陶阴文鸟纹

5. **汝州阎村遗址**

阎村遗址位于汝州市纸坊镇阎村东，面积约25000平方米。该遗址发现了一些墓葬，出土了一些较为完整的陶器和石器，其中陶缸10件，另外还有鼎、钵、碗等，打制过的石斧2件。

6. **濮阳西水坡遗址**

西水坡遗址位于濮阳县城西南隅。1987年6月，濮阳市文物管理委员会、濮阳市博物馆、濮阳市文物工作队对该遗址进行了大面积发掘，发掘有房子、窖穴、墓葬和蚌壳摆塑的动物图案等。其中，用蚌壳摆塑的龙，是我国发现最早的龙形图案之一，被誉为“中华第一龙”。

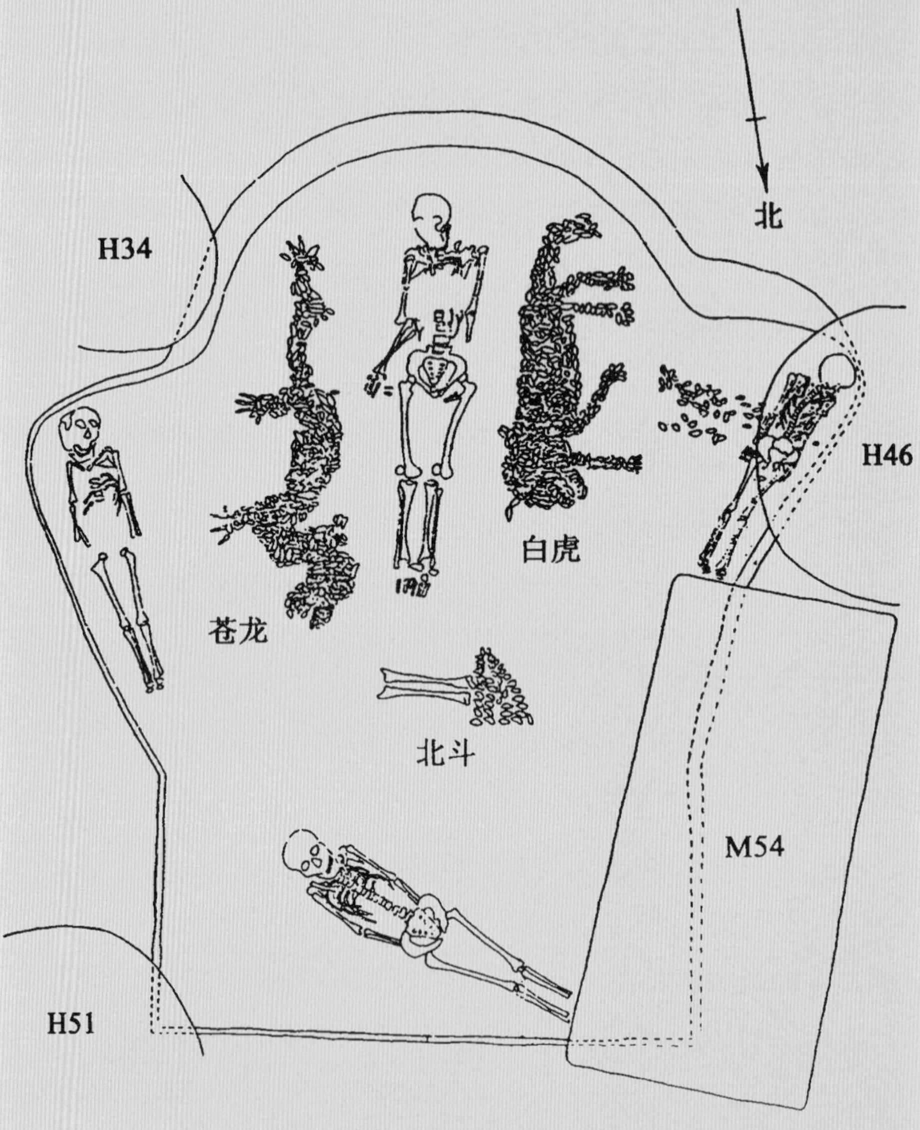

图 2-27　濮阳西水坡 45 号墓平面图(郑州嵩林书院供图)

7. 洛阳王湾遗址

王湾遗址位于洛阳西郊王湾村西一处土岗上，约 800 平方米。1959 年至 1960 年，北京大学考古实习队先后两次发掘。其文化层堆积有 3 米，发掘出房基 9 座、窖穴 179 个、墓葬 119 座。

仰韶文化时期，生产力水平较为低下，人人平等，氏族公社集体劳作，平均分配劳动成果，被称为“原始共产主义”社会。仰韶文化的先民沿大河谷地居住，过着日出而作、日落而息的安居生活。“仰韶文化是一个从事农业的部族创造出来的文化，迄今，在它的全部遗址中未发现牧畜部族所具有的任何迹象。”①河南地区仰韶时期的粮食作物主要是粟（小米），用于农耕的工具主要有石斧、石锛、石铲、骨铲、石刀、石镰等。仰韶文化遗址多临近河流湖泊，所以渔猎在生产活动中也占有重要地位。原始农业的发展推动了手工业的发展，而手工业中最具有代表性的就是制陶业。仰韶遗址出土的陶器器形精美、花纹多样、色泽艳丽，所以仰韶文化也称为彩陶文化。

三、雏形显现期

“天地之中”文化的雏形显现期大致相当于铜石并用的河南龙山文化时期，处于黄帝、颛顼、帝喾、尧、舜传说的时代。龙山文化因 1928 年发现的山东龙山镇城子崖遗址而得名。20 世纪 30 年代初，在河南安阳后冈发现的灰陶饰具有绳纹、篮纹、方格纹，而山东龙山文化遗址所出以磨光黑陶为主，二者颇有不同，考古学界称前者为“河南龙山文化”。河南龙山文化代表性遗存如下：

1. 永城王油坊遗址

王油坊遗址位于永城市王油坊村，1977 年，商丘地区文管会和中国社会

---

① 李绍连：《仰韶文化社会形态初探》，《论仰韶文化》，中原文物编辑部 1986 年版，第 184 页。

科学院考古研究所洛阳队对永城王油坊遗址进行发掘。遗址面积约 1 万平方米,文化层多在 3 米以上。发掘房基 11 座、灰坑 23 个,出土了陶器、骨器、蚌器等,还发现大量蚌壳、螺壳。

2. **王城岗遗址**

王城岗遗址位于登封市告成镇西的台地上。其龙山文化遗存十分丰富,有大城城墙、城壕、祭祀坑、灰坑等。城内面积达 34.8 万平方米。这是迄今为止在河南发现的规模最大的龙山文化晚期城墙遗址。出土陶器有鼎、罐、杯、缸、钵形盆、瓮等,石器有石料、砺石、铲、钻芯、石饰片等,骨器有锥、镞等。

图 2-28 王城岗位置图(郑州中华之源与嵩山文明研究会供图)

图 2-29 王城岗城址全景(郑州中华之源与嵩山文明研究会供图)

3. 汝州煤山遗址

煤山遗址位于汝州市北刘庄村西的土岗上,遗址南北长约 500 米,东西宽约 400 米。文化堆积层共四层:第一层为农耕土,发现少量龙山时期绳纹灰陶片;第二层为二里头文化层,出土有圆腹罐、深腹罐、瓮、刻槽盆、豆、器盖等陶片;第三层为龙山文化层,发现大量草木灰、红烧土粒及少量螺壳、兽骨等;第四层也为龙山文化层,发现物品与第三层基本一致。

4. 淮阳平粮台遗址

平粮台遗址位于河南东部周口淮阳区大朱庄,其遗存有城墙、城门、门卫房、陶排水管道、房基、陶窑、墓葬、灰坑等。城址呈正方形,城内面积 34000 多平方米。城墙的修建采用小版筑堆筑法。

5. 汤阴白营龙山文化遗址

白营龙山文化遗址位于豫北汤阴县白营村,文化堆积厚达 3—5 米,包括早期、中期和晚期的遗存。其早期文化层中发掘水井 1 座,井壁用井字形的木棍自下而上一层层垒叠而成,“此水井是目前我国中原地区发现最早的一口木结构水井”①。

① 方西生、孙德萱、赵连生:《河南汤阴白营龙山文化遗址》,《考古》1980 年第 3 期,第 193 页。

6. 新砦遗址

新砦遗址位于新密市东南 18.6 千米的刘寨镇新砦村，属于新石器时代至青铜时代遗址。该遗址包含了龙山文化、二里头文化过渡期和二里头文化时期遗存。新砦城址面积超过 100 万平方米，始建于龙山文化晚期末段，废弃于二里头文化早期；出土遗物有陶器、玉器、石器和骨器等。新砦遗址不仅是河南迄今为止面积最大的一处龙山文化城址，也是目前确认的唯一的新砦期城址。[①] 龙山至二里头过渡期文化因为该遗址的发现被命名为“新砦期文化”，或称“新砦类型”。新砦遗址对于重新认识夏文化早期的聚落形态、确定夏文

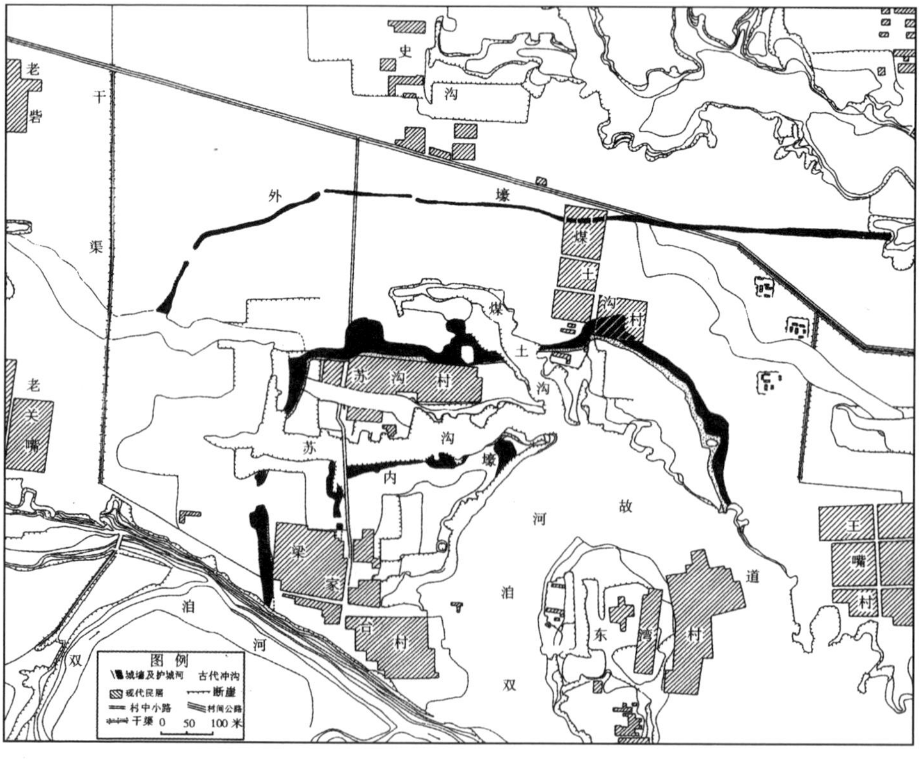

图 2-30 新砦遗址位置示意图(郑州中华之源与嵩山文明研究会供图)

① 河南省文物局编:《河南文物(上)》,文心出版社 2008 年版,第 2809 页。

化的上限和探索夏文明的诞生等具有重要的研究价值。

关于河南地区龙山文化时期的社会性质,考古界有不同的看法。一种观点认为河南地区的龙山文化属于原始氏族社会末期阶段,另一种观点认为属于奴隶制社会发展阶段。安金槐说:“确定某一古代文化的发展阶段和社会性质,主要应从该文化遗址中包含的各种遗迹和遗物所反映出来的古代社会发展状况与生产力发展情况来进行探讨。”①从出土遗物来看,河南地区的龙山文化已经进入了奴隶社会的初期阶段。一是中晚期遗址出现了夯土城,它是奴隶制社会的重要标志之一。二是中晚期遗址中发现了用奴隶进行奠基和随便掷埋奴隶的现象。三是河南龙山文化时期农业的迅速发展为原始氏族社会转入奴隶制社会奠定了基础。四是手工业的发展与分工,也反映了河南龙山文化的社会性变革。

四、定型成熟期

“天地之中”文化的定型成熟期大致相当于三代的夏、商、西周时期,较有代表性的文化遗址有王城岗大城、新密新砦、偃师二里头夏都、郑州商都、殷墟商都、周都洛邑等。这一时期,“中”文化、根源文化、都城文化、汉字文化等“天地之中”文化的核心基本形成。

(一)二里头文化

二里头文化遗存最早于1953年在登封玉村发现,1954年在郑州洛达庙、洛阳东干沟发现了同类遗存,1959年于偃师县西偏南约9千米的洛河故道北发现了二里头遗址。整个遗址包括二里头、圪垱头、四角楼、寨后村和辛庄五个自然村。二里头文化介于河南龙山文化晚期和郑州商代二里岗文化之间,

① 安金槐:《安金槐考古文集》,中州古籍出版社1999年版,第78页。

主要分布于以河南西部为中心的黄河中游地区。迄今为止，二里头文化已发现遗址500余处。根据出土陶器的不同，二里头文化可分为四期：一期的遗存有文化层、灰坑和墓葬，二期的遗存有大中型夯土建筑基址、小型房基、铸铜基址和墓葬，三期的遗存包含两座大型宫殿基址、一座大墓和一些中小型墓以及大型铸铜遗址，四期的遗存包括建筑基址和小型房基、灰坑、墓葬等。从考古发掘的资料来看，二里头一期文化是由河南龙山晚期文化发展而来，二里头三、四期文化则与郑州二里岗文化具有许多共性。二里头遗址是中国乃至东亚地区最大的城市遗址，它规模宏大，布局严整，是迄今为止可确认的中国最早的王朝都城遗址。目前学术界一般认为这是夏王朝晚期都城。①

（二）二里岗文化

二里岗主体文化的分布范围西越华山，东近豫鲁苏皖，北边以黄河为界，南至桐柏山，主体区域为郑洛地区。二里岗期是商文化形成并快速发展的时期。二里岗期的商文化以郑州商城和偃师商城为代表，另外还包括山西省垣曲商城、东下冯商城、河南省府城商城和湖北省盘龙城商城等等。其中，郑州商城、偃师商城、垣曲商城有比较完整的防御体系，城内既有大型夯土基址，也有一些中小型基址。

1. 偃师尸乡沟商城

偃师尸乡沟商城发现于1983年，北依邙山，南临洛河，城址覆盖在现今地面之下1—4米，是商代都城中年代较早的遗址，可能是太甲桐宫所在。偃师商城具有城和郭两重城垣，大城城墙之外有人工护城壕，城墙上有多个城门以及完整的给排水系统。城址南部以宫城为主体，分布有成片的大型夯土建筑基址。城址东北部发现大量制陶、制骨、铸铜等手工业遗存。遗址内发现了一些墓葬、房址和窖穴。出土遗物包括陶器、青铜器、骨角器、玉石器等，以

① ［澳］刘莉：《中国新石器时代：迈向早期国家之路》，文物出版社2007年版，第205页。

陶器数量最多。北城墙东端的路面上发现两道车辙印,证明我国商代前期的城市中已出现双轮车。宫城内从北向南依次为池苑区、祭祀区和宫室建筑群区。池苑区体现了早期人工水利的样貌。

2. 郑州商代遗址

郑州商代遗址位于郑州市城内及郊外,总面积达 25 平方千米,其年代为公元前 1500 年左右。文化遗存因在二里岗发现的最早,故称“二里岗期商文化”。郑州商城位于遗址中部,平面为长方形,中部有周长 6960 米的城垣,其中南墙与东墙各长约 1700 米,西墙长约 1870 米,北墙长约 1690 米。城墙采

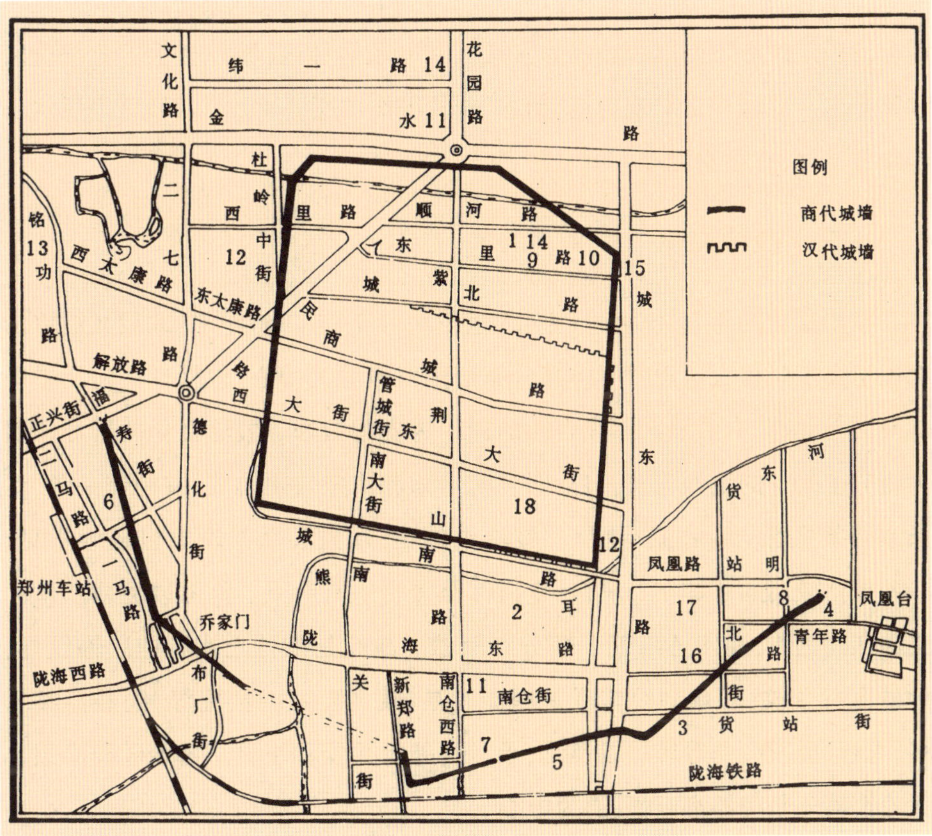

图 2-31 郑州商代遗址平面图(郑州中华之源与嵩山文明研究会供图)

图 2-32 郑州商城遗址(郑州中华之源与嵩山文明研究会供图)

用分段版筑法夯筑而成。城内为宫殿区和一般居住区,城外有手工业作坊区和墓葬区。商城周围发现铸铜、制陶、制骨等作坊遗址 4 处。宫殿区内供水设施非常发达,有蓄水池和大型水井。

(三)殷墟文化

殷墟文化的年代约为公元前 13 世纪中叶至前 11 世纪末,即殷墟被辟为都邑至商王朝覆灭这段时间。其分布范围以殷墟为中心,包括现在河北中南部及河南北部、中部地区。代表性的遗址为安阳殷墟。殷墟文化的居址一般为带夯土基址的地面建筑,包括四合院。墓葬作竖穴土坑式,有的带一条、两条或四条墓道。墓底流行腰坑,腰坑中殉狗,殉人和杀祭现象也较为常见。一些规格较高的墓葬在二层台、墓道甚至腰坑中有殉人。陶器以泥质灰陶和夹砂灰陶为主,晚期还出现了部分红陶器。绳纹是陶器上主要的装饰纹样,此外还有弦纹、三角划纹。日常用器有鬲、甑、簋、盆、豆、罐等,铜器器类繁多,有觚、爵、尊、鼎等容器以及戈、矛、钺、斧等兵器和工具。墓葬随葬品组合无论铜器还是陶器都以觚、爵为中心。

殷墟遗址位于安阳市西北郊,跨洹河两岸。此地在《史记 · 项羽本纪》以及《水经注》等文献中被称为“殷墟”。殷墟的商文化遗存是长时间堆积形成的,经历了由小到大、人口由少到多的过程,共分为四期。第一期面积只有4000平方米;第二期遗址范围扩大;三、四期时,宫殿宗庙区仍是遗址的中心,王陵区出现了多座大墓,铸铜作坊的规模明显扩大,并且出现了新的制骨作坊和玉石器制作场,居民点的数量增加并且规模扩大,整个殷墟的面积扩展到3万平方米以上,有复杂的道路系统将宫殿区、族邑和众多的手工业作坊相互连接。居民点散布于以小屯为中心的洹河两岸,典型的居址包括房址、灰坑、水井、道路、蓄水池等。

小屯宫殿宗庙区是商代晚期商王室的宫殿和宗庙区。从1931年春第四次发掘殷墟起,小屯宫殿宗庙区一直是发掘的重点区域,一共发掘54座夯土基址和复杂的排水沟网,自北向南分为甲、乙、丙三组。在宫殿宗庙区的外围,有用壕沟与洹河连通形成的封闭性的防御设施。一般认为,甲组基址是寝殿和享宴之所,乙组基址为宗庙,丙组基址为祭坛。妇好墓、54号墓和大部分甲骨文都发现于小屯宫殿宗庙区内。

西北岗是殷代的王陵区,坐落于洹水北岸,距小屯村2.5千米。1934年首次发掘,直至1984年冬告一段落,共发现大墓14座。墓地分东、西两区,西区有大墓9座,东区有大墓5座。墓内有大量的殉人。

商文化是商族或以商族为主体创造和使用的一种考古学文化,年代约为公元前16世纪到公元前11世纪末,分布范围在黄河中下游,围绕现在的河南省和邻近地区扩展或收缩变化,与文献记载的商王朝地域大致相符。商文化分为早商、中商和晚商三个阶段。早商文化也被称为二里岗期商文化,分布在今河南全境,山西、河北的南部和陕西关中地区以东,代表性遗址有河南郑州商城、偃师商城、东下冯商城等。中商文化包括商文化白家庄期和洹北商城期,分布范围扩大,东到泰沂山脉一线,西抵关中西部岐山、扶风,北面近抵长城,南逾长江,代表性遗址有小双桥遗址、洹北商城等。晚商文化又称“殷墟期商文化”,分布范围缩小,大约在今河南全境、河北南部和陕西中西部,代表性遗址即为殷墟。商文化代表着中国青铜时代鼎盛时期物质文化的最高水平,以甲骨卜辞为代表的文字体系和块范法青铜器铸造术为该时期的核心特征。规模宏大的城址、复杂的埋葬制度和墓葬等级,显示出以王权为核心的强大国家机器的存在。

五、发展演变期

“天地之中”文化的发展演变期相当于春秋战国及以后的历史时期。在这一时期,作为中原文化核心组成部分的“天地之中”文化,在漫长的历史长河中得到了不断的丰富完善和发展演变。“天地之中”文化圈内上演了一幕幕历史文化活剧。在中华文明五千余年的历史长河中,“天地之中”文化圈涌现出许多光耀千秋的历史人物,思想家老子、墨子,佛学家玄奘,诗人杜甫、白居易,文学家韩愈,画家吴道子,政治家范仲淹,抗金名将岳飞,教育家程颢、程颐,科学家李诫,音律学家朱载堉,书法家王铎等都是中华文化史上具有开创性、奠基性的风流人物。二十多个朝代、二百余位帝王生于此,长于此,都于此,葬于此。白马寺、少林寺、相国寺、龙门石窟、中岳庙、嵩阳书院等彰显着“天地之中”文化海纳百川的能力,汴绣、钧瓷、唐三彩、木版年画、豫剧、曲剧等浓缩着“天地之中”文化兼收并蓄的内涵。

大河之南,向称中华民族的摇篮、华夏文明的发祥地。河南的地下文物、馆藏文物、国家历史文化名城和全国重点文物保护单位的数量均居全国第一。① 一部河南史,半部中国史,这是祖先留给后人取之不尽、用之不竭的文化财富。② 本诸上述,以“天地之中”文化为核心的中原文化在中华文明发展史上做出了卓越的贡献,并且具有不可替代的作用。

---

① 李民主编:《中原文化大典·总论》,中州古籍出版社 2008 年版,前言第 1 页。

② 李民主编:《中原文化大典·总论》,中州古籍出版社 2008 年版,前言第 2 页。

第三节 “天地之中”文化初备于三代

中原地区是中华民族的发祥地,是华夏文明和中华文化的发源地。中原文化是华夏历史文明的主体,作为中原文化核心内容的“天地之中”文化是中华文化的源头和主干,在中华文化的发生、初成、发展和演进过程中曾经发挥过无可替代的作用。早期文献中有关中华民族的诸多传说以及人类学、考古学、历史学的实践和研究都表明,中华民族的祖先在文明出现之前就已经在中原地区繁衍生息,而狭义的中原地区就是本书所述的“天地之中”文化圈。从周公测景到巡祀封禅嵩山,“中”文化在“天地之中”文化圈内逐渐成型;从三皇五帝到姓氏摇篮,根源文化在“天地之中”文化圈内日臻成熟;从黄帝都有熊、夏禹都阳城到商都郑州、周都洛邑,国都文化和城市文化在“天地之中”文化圈内肇端并绵延数千年;从贾湖契刻、具茨岩画到殷商甲骨、青铜铭文,中国最早能够完整地记录语言的成熟文字在“天地之中”文化圈内发轫并形成。此外,从古国、王国到夏礼、殷礼、周礼,制度文化逐步在“天地之中”文化圈内建立并完善;从仰韶村的耜耕农业到小潘沟的犁耕和灌溉农业,中国农耕文化的基础在“天地之中”文化圈内奠定;从黄帝发明冶金术到殷商时期高度发达的青铜器,中国青铜文化在“天地之中”文化圈内发源并达到顶峰。可见,从文化形成与发展的角度看,“天地之中”文化肇端、发展和完善于中原地区,“天地之中”文化初备于三代。

一、“中”文化定型于三代

“中”孕育了中国。在古代中原地区为“天下之中”[①],中国、中原、中州、“天地之中”等皆出于此。华夏之“中”、五行之“中”等,皆是“中”文化的宇宙观。正日景求地中、祀于天室、问鼎中原等,皆是“中”文化的政治概念。尚“中”思想、“中”语言等,皆是“中”文化的社会理念。有关“中”和“天地之中”的政治思维、哲学理念、宇宙观等在第一章已经做了十分详尽的论述,这里仅选取部分典型内容对“中”文化的源流及内涵进行简单梳理。

(一)“中”文化的宇宙观

1. 华夏之“中”

《史记·五帝本纪》记载,黄帝巡游天下,“东至于海,登丸山,及岱宗。西至于空桐,登鸡头。南至于江,登熊、湘。北逐荤粥,合符釜山”[②]。东至海岱,西至甘青,南至潇湘,北至燕赵,东西南北,四至分明。从地理位置和行文描述可以看出,黄帝的活动轨迹是以中原地区为中心进行的。《史记·五帝本纪》记载,颛顼“北至于幽陵,南至于交阯,西至于流沙,东至于蟠木。动静之物,大小之神,日月所照,莫不砥属”[③]。这里的四至也是以中原地区为中心展开的。司马迁进行了广泛的察访,“西至空桐,北过涿鹿,东渐于海,南浮江淮矣”[④],写成《五帝本纪》,他在《五帝本纪》中谈到四至的中心也是中原地区。

---

① 〔汉〕司马迁:《史记》,中华书局 1982 年版,第 133 页。
② 〔汉〕司马迁:《史记》,中华书局 1982 年版,第 7 页。
③ 〔汉〕司马迁:《史记》,中华书局 1982 年版,第 12 页。
④ 〔汉〕司马迁:《史记》,中华书局 1982 年版,第 46 页。

先秦充满神奇色彩的地理类小说《山海经》,有学者认为其描述的时代为夏朝。其中,《五臧山经》以南、西、北、东、中为空间方位顺序,撰写了南山经、西山经、北山经、东山经和中山经等篇目。其中,《中山经》清楚地记述了中原地区的地理风貌和风土人情,特别是对嵩岳地区的山川、鸟兽、虫鱼、草木、矿藏记述得甚是详尽。可以看出,三皇五帝活动的中心地域在中原地区,大多史书描述四至的基点或者中心也是中原地区,中原地区在先秦上溯至三代甚至到更久远的三皇五帝时期,即被公认是华夏神州的中心。

2. 五行之“中”

“五行说”的源头可以追溯至夏商之际,经过西周和春秋时代的发展,“五行说”与“四方”“四国”等方位观念逐步走向结合。五行是指金、木、水、火、土。与地理方位对应的是金—西，木—东，水—北，火—南，土—中。东方为“木”,南方为“火”,西方为“金”,北方为“水”,“土”居其中。所以,中土称呼的含义,其实与中原、中国相同,即全国之中央。

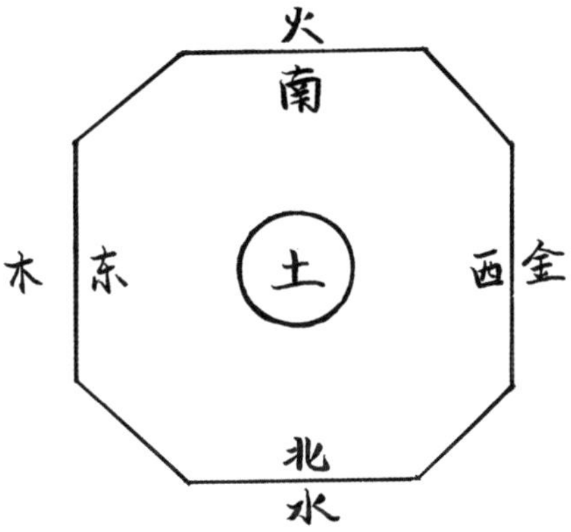

图 2-33 五行与五方的八卦方位示意图

《逸周书·小开武解》中记载:“五行:一黑,位水;二赤,位火;三苍,位木;四白,位金;五黄,位土。”[①]商代以来的五行方位观念在春秋战国时期进一步体系化,使五行学说发展成为一个比较完整的理论模式。上古以来,对应五行理论,中原地区还称“中土”。五行对应的五方天帝中,东方天帝是太昊伏羲氏,属神是句芒;西方天帝是少昊金天氏,属神是蓐收;南方天帝是炎帝神农氏,属神是祝融;北方天帝是颛顼高阳氏,属神是玄冥;中央天帝是黄帝轩

① 黄怀信等:《逸周书汇校集注》,上海古籍出版社 2007 年版,第 275 页。

辕氏，属神是后土。五行对应的五岳中，东岳是泰山，西岳是华山，南岳是衡山，北岳是恒山，中岳是嵩山。黄帝都有熊，居轩辕之丘，就在“天地之中”文化圈核心区的嵩岳地区。

表 2.2　五行的相关对应关系[①]

五行	木	火	土	金	水
五方	东	南	中	西	北
五祀	户	灶	中霤	门	井
五帝	太昊	炎帝	黄帝	少昊	颛顼
五神	句芒	祝融	后土	蓐收	玄冥
五色	青	赤	黄	白	黑
五岳	泰山	衡山	嵩山	华山	恒山
五季	孟春	孟夏	季夏	孟秋	孟冬
五音	角	徵	宫	商	羽
五律	太簇	仲吕	林钟	夷则	应钟
五数	八	七	五	九	六
五味	酸	苦	甘	辛	咸
五臭	膻	焦	香	腥	腐
天干	甲乙	丙丁	戊己	庚辛	壬癸

这里提到的五方、五帝、五祀、五神、五岳等都是依五行相配伍的，皆是四维围绕中心，而中心地区皆指向中原地区，是古代先民“中”文化的一种体现和“天地之中”的宇宙观的丰富。

（二）“中”文化的政治概念

1. 正日景求地中

“石表寓精心氤氲南北变寒暑，星台留古制会合阴阳交雨风。”这是嵩山

① 此据《礼记·月令》《吕氏春秋·十二纪》等。

图 2-34　阴阳太极演变（郑州嵩林书院供图）

图 2-35　阴阳（郑州嵩林书院供图）

脚下周公庙山门上的一副对联。庙内周公测景台是周公正日影、求地中的所在。《周礼·地官·大司徒》中记载，西周初年（约前 1037 年），周公在嵩山脚下的告成镇建造测景台，使用木表、土圭，立竿见影，垒土为圭，“正日景以求地中……日至之景，尺有五寸，谓之地中”①。唐开元年间（约 723 年），太史监南宫说仿周公旧制改建为石圭、石表。元代天文学家郭守敬以此地为中心建造了观星台。周公在“天地之中”利用圭表之法“测土深、正日景、求地中、验四时”②。周公庙内明代登封知县侯泰《重修测景台碑》记载，周公欲求土中，营王城，乃立王表，以土圭测日影。这说明周公测影的目的是

图 2-36　天气轻清，上升为阳；地气重浊，下降为阴（郑州嵩林书院供图）

---

① 〔汉〕郑玄注，〔唐〕贾公彦疏：《周礼注疏》，北京大学出版社 2000 年版，第 250—253 页。

② 张国臣：《神奥嵩山》，河南大学出版社 2003 年版，第 244—245 页。

寻找“天地之中”，营造王城，以便于统治四方。看来，在西周初年嵩岳地区即被视为“天地之中”。

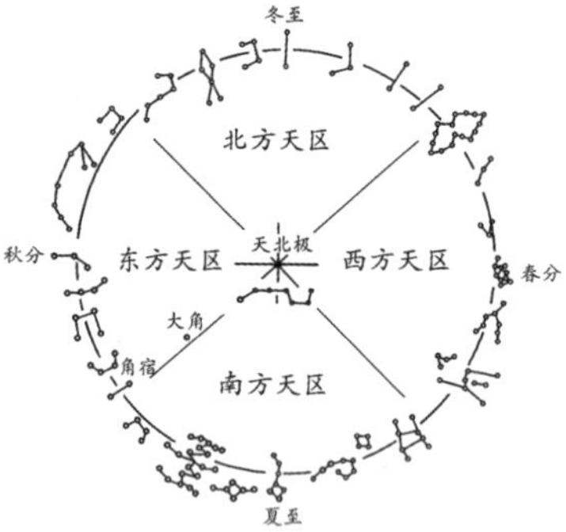

图 2-37　四时星空分布图
（郑州嵩林书院供图）

图 2-38　郭守敬创制的天体位置测量仪器——简仪（郑州嵩林书院供图）

2. 祀于天室

帝王巡祀封禅嵩山是嵩岳文化的核心内容，嵩山自古就是帝王巡狩、祭祀和封禅之地，是上古时代先民对河岳山川和“天地之中”原始崇拜的延续和升华。天亡簋①记载了周武王时期的政治、经济、文化、社会等诸多方面的史料。该器物铭文中的“王祀于天室”②，是指周武王在灭殷商之后在天室（即嵩山）举行封禅大典的史实。就是武王这次“祀于天室”，对“天地之中”的确立和巩固起到了引领作用。

祭祀岳渎是古代帝王的一项重大典礼，或登基，或征战大捷，或水旱灾荒，或重大事件，帝王都要巡狩、亲至、亲自或遣使望祭、遣使祭祀及封禅嵩岳。由于帝王祭祀嵩岳时间跨度长、祭祀活动频繁、史料散失等因素，笔者依

---

① 天亡簋是西周初期著名青铜器，又称“大丰簋”或“朕簋”，清道光年间出土于陕西郿县（今宝鸡市眉县），是研究西周早期历史的重要文物和西周铜器断代的标准器，现收藏于中国国家博物馆。

② 天亡簋铭文：“乙亥，王又大丰，王凡三方，王祀于天室，降，天亡又王。衣祀于王不显考文王，事喜上帝，文王德才上。不显王乍省，不肆王乍唐，不克，气衣王祀！丁丑，王乡，大宜，王降亡勋爵复觵。隹朕又庆，每扬王休于尊白。”天亡簋上的天室即太室山，就是嵩山。

据《登封市志》《嵩山古建筑群》等提供的线索，在二十四史及《左传》《说嵩》《登封县志》《中州金石目》《嵩岳志》《嵩书》等文献资料中进行核对、统计，发现历代帝王巡祀封禅嵩岳凡190多次，涉及73位帝王，其中春秋战国之前有8位。详见下表。

表2.3 历代帝王巡祀封禅嵩山一览表

序号	人物（次数）	时间	形式	备注
1	黄帝 (1)	上古	巡游	见《史记·封禅书》
2	唐尧 (1)	上古	巡狩	见扬雄《河东赋》
3	虞舜 (1)	上古	巡狩	见《史记·封禅书》
4	夏禹 (1)	夏代	巡狩	见《史记·夏本纪》
5	夏少康 (1)	夏代	巡狩	见《竹书纪年》《括地志》
6	周武王 (1)	西周初年	封禅	见“天亡簋”铭文
7	周穆王 (1)	西周中期	巡狩	见《穆天子传》
8	周幽王 (1)	西周末期	会盟太室	见《左传·昭公四年》
9	西汉武帝 (1)	元封元年 (前110)	巡游祭祀	见《史记·孝武本纪》

续表

序号	人物（次数）	时间	形式	备注
10	西汉宣帝（1）	神爵元年（前61）	遣使祭祀	见《汉书·郊祀志》
11	东汉光武帝（1）	建武九年（33）	巡幸	见《后汉书·光武帝本纪》
12	东汉章帝（1）	建初八年（83）	巡幸	见《后汉书·章帝本纪》
13	东汉顺帝（1）	阳嘉元年（132）	遣使祭祀	见《后汉书·顺帝本纪》
14	东汉灵帝（1）	熹平四年（175）	遣使祭祀	见《后汉书·灵帝本纪》
15	三国魏文帝（1）	黄初二年（221）	遣使祭祀	见《晋书·礼志》
16	三国魏明帝（1）	太和四年（230）	遣使祭祀	见《三国志·明帝本纪》
17	后汉刘渊（1）	永嘉二年（308）	遣使祭祀	见《晋书·载记第一》
18	东晋成帝（1）	咸和八年（333）	郊祀遥祭	见《晋书·礼志》
19	前秦苻坚（1）	建元十一年（375）	遣使祭祀	见《晋书·载记十四》

续表

序号	人物（次数）	时间	形式	备注
20	北魏明元帝（2）	泰常三年（418）	立庙遥祭	见《魏书·礼志》
		泰常八年（423）	遣使祭祀	见《魏书·太宗纪》《魏书·礼志》
21	北魏太武帝（1）	太延元年（435）	遣使祭祀	见《魏书·礼志》
22	北魏孝文帝（2）	太和十八年（494）	祭祀	见《初学记·嵩高山》
		太和二十年（496）	巡幸	见《魏书·高祖纪》
23	北魏孝明帝（1）	正光三年（522）	遣使祭祀	见《魏书·肃宗本纪》
24	北魏孝武帝（2）	永熙二年（533）正月	祭祀	见《魏书·武帝本纪》
		永熙二年腊月	巡狩	见《魏书·武帝本纪》《北史·孝武帝纪》
25	北齐文宣帝（1）	天保元年（550）	遣使祭祀	见《北齐书·文宣帝本纪》
26	隋文帝（1）	开皇十五年（595）	望祭	见《隋书·高祖本纪》
27	唐高祖（1）	武德年间（618—626）	郊祀遥祭	见《旧唐书·礼仪志》
28	唐太宗（1）	贞观年间（627—649）	郊祀遥祭	见《旧唐书·礼仪志》

续表

序号	人物（次数）	时间	形式	备注
29	唐高宗（6）	仪凤元年（676）	遣使祭祀	见《资治通鉴》卷二〇二
		调露元年（679）	遣使祭祀	见《旧唐书・高宗本纪》
		调露二年（680）	祭祀	见《旧唐书・高宗本纪》
		永淳元年（682）	遣使祭祀	见《旧唐书・高宗本纪》
		永淳二年（683）正月	巡游	见《旧唐书・高宗本纪》
		永淳二年冬月	巡游	见《旧唐书・高宗本纪》
30	武周武则天（7）	垂拱四年（688）	封神岳天中王	见《旧唐书・礼仪志》
		证圣元年（695）	尊神岳天中王	见《旧唐书・礼仪志》
		天册万岁元年（695）	封禅	见《旧唐书・礼仪志》
		圣历二年（699）	巡游	见《旧唐书・则天皇后本纪》
		圣历三年（700）	巡游	见《旧唐书・则天皇后本纪》
		久视元年（700）	巡游	见《旧唐书・则天皇后本纪》
		长安元年（701）	巡游	见《旧唐书・则天皇后本纪》

续表

序号	人物（次数）	时间	形式	备注
31	唐玄宗（5）	开元年间	年祭五岳礼	见《旧唐书·礼仪志》
		开元十八年（730）	增修嵩岳庙	见《新修嵩岳天中王庙碑记》
		天宝五载（746）	祭祀封中天王	见《旧唐书·礼仪志》
		天宝十载（751）	遣使祭祀	见《旧唐书·礼仪志》
		天宝年间每年六月	遣河南尹祭祀	见《旧唐书·礼仪志》
32	唐德宗（1）	贞元二年（786）	遣使祭祀	见景日昣《说嵩》、洪亮吉《登封县志》
33	五代晋少帝（1）	晋少帝年间（每年）	遣河南尹代祭	见《全唐文·晋少帝诏》
34	宋太祖（多次）	乾德元年（963）	遣使祭祀	见《宋史·太祖本纪》
		乾德二年（964）	遣使祭祀	见《宋史·太祖本纪》
		每年	遣县令祭祀	见《宋史·礼志》

续表

序号	人物（次数）	时间	形式	备注
35	宋太宗（2）	太平兴国五年（980）	望祭	见《宋史·礼志》
		太平兴国八年（983）	河南府年祭制	见《宋史·礼志》
36	宋真宗（3）	景德四年（1007）	遣使祭祀	见《宋史·礼志》
		大中祥符四年（1011）	封中天崇圣帝	见《宋史·礼志》
		大中祥符八年（1015）	祭祀	见《御制中岳醮告文》
37	宋神宗（1）	熙宁元年（1068）	遣使祭祀	见《宋史·礼志》
38	宋徽宗（1）	政和五年（1115）	望祭	见《宋史·礼志》
39	宋高宗（1）	绍兴七年（1137）	每年望祭	见《宋史·礼志》
40	金世宗（3）	大定四年（1164）	遥祭郊祀	见《金史·世宗本纪》
		大定四年	遣使祭祀	见《金史·礼志》
		大定十四年（1174）	重修中岳庙	见黄久约《重修中岳庙碑》

续表

序号	人物（次数）	时间	形式	备注
41	金章宗（3）	承安元年（1196）	望祭郊祀	见《金史·章宗本纪》
		承安四年（1199）	遣使望祭	见《金史·章宗本纪》
		泰和四年（1204）	遣使望祭	见《金史·章宗本纪》
42	金宣宗（1）	兴定二年（1218）	遣使望祭	见《金史·宣宗本纪》
43	金哀宗（1）	正大年间	遣使祭祀	见《元好问全集》
44	元世祖（3）	至元三年（1266）	遣使祭祀	见《元史·世祖本纪》
		至元十四年（1277）	遣使祭祀	见《嵩岳庙史》、李谦《祀嵩岳记》
		至元二十八年（1291）	封“中天大宁崇圣帝”，遣使祭祀	见《元史·祭祀》
45	元成宗（2）	元贞二年（1296）	遣使祭祀	见《中州金石目·祀中岳记碑》、王德渊《中岳投龙简记碑》
		大德十年（1306）	遣使祭祀投龙简	见《中州金石目·祀中岳记碑》、王德渊《中岳投龙简记碑》
46	元武宗（1）	至大元年（1308）	遣使祭祀	见《元史·武宗本纪》、杨英《投龙简玉册记事》

续表

序号	人物（次数）	时间	形式	备注
47	元仁宗（3）	皇庆元年（1312）	遣使祭祀	见《中州金石目·中岳祀香记》
		皇庆二年（1313）	遣使祭祀投龙简	见王德渊《中岳投龙简记碑》
		延祐四年（1317）	遣使祭祀	见《中州金石目·祀中岳记碑》
48	元泰定帝（1）	泰定三年（1326）	遣使祭祀	见吴律《代祀中岳记碑》
49	元顺帝（5）	后至元二年（1336）	遣使祭祀	见吴律《代祀中岳记碑》
		后至元五年（1339）	遣使祭祀	见王沂《代祀中岳记碑》
		至正九年（1349）	遣使祭祀	见《嵩岳志》《嵩书》
		至正十四年（1354）	遣使祭祀	见《嵩岳志》《嵩书》
		至正二十五年（1365）	遣使望祭	见《嵩岳志》《嵩书》

续表

序号	人物（次数）	时间	形式	备注
50	明太祖（6）	洪武二年（1369）	遣使祭祀	见夏子成《敕祀中岳之记》
		洪武三年（1370）	封中岳嵩山之神，遣使祭祀	见《明史·礼志》《嵩岳志》《嵩书·宸望》
		洪武十年（1377）	遣使祭祀	见《明史·礼志》《嵩岳志》《嵩书·宸望》
		洪武十二年（1379）	遣使祭祀	见《明史·礼志》《嵩岳志》《嵩书·宸望》
		洪武二十八年（1395）	遣使祭祀	见《明史·礼志》《嵩岳志》《嵩书·宸望》
		洪武三十年（1397）	遣使祭祀	见《明史·礼志》《嵩岳志》《嵩书·宸望》
51	明成祖（3）	建文四年（1402）	遣使祭祀	见《嵩岳志》《嵩书·宸望》
		永乐四年（1406）	遣使祭祀	见《嵩岳志》《嵩书·宸望》
		永乐五年（1407）	遣使祭祀	见《嵩岳志》《嵩书·宸望》
52	明仁宗（1）	洪熙元年（1425）	遣使祭祀	见《嵩岳志》

续表

序号	人物（次数）	时间	形式	备注
53	明宣宗（2）	宣德元年（1426）	遣使祭祀	见《嵩岳志》《嵩书・宸望》
		宣德十年（1435）	遣使祭祀	见《嵩岳志》《嵩书・宸望》
54	明英宗（3）	正统元年（1436）	遣使祭祀	见《嵩岳志》《嵩书・宸望》
		正统二年（1437）	遣使祭祀	见《嵩岳志》《嵩书・宸望》
		正统九年（1444）	遣使祭祀	见《嵩岳志》《嵩书・宸望》
55	明代宗（5）	景泰元年（1450）	遣使祭祀	见《嵩岳志》《嵩书・宸望》
		景泰四年（1453）三月	遣使祭祀	见《嵩岳志》《嵩书・宸望》
		景泰四年七月	遣使祭祀	见《嵩岳志》《嵩书・宸望》
		景泰五年（1454）	遣使祭祀	见《嵩岳志》《嵩书・宸望》
		景泰六年（1455）	遣使祭祀	见《嵩岳志》《嵩书・宸望》

续表

序号	人物（次数）	时间	形式	备注
56	明宪宗（5）	成化元年（1465）	遣使祭祀	见《嵩岳志》《嵩书・宸望》
		成化四年（1468）	遣使祭祀	见《嵩岳志》《嵩书・宸望》
		成化十三年（1477）	遣使祭祀	见《嵩岳志》《嵩书・宸望》
		成化二十年（1484）	遣使祭祀	见《嵩岳志》《嵩书・宸望》
		成化二十三年（1487）	遣使祭祀	见《嵩岳志》《嵩书・宸望》
57	明孝宗（4）	弘治元年（1488）	遣使祭祀	见《嵩岳志》《嵩书・宸望》
		弘治四年（1491）	遣使祭祀	见《嵩岳志》《嵩书・宸望》
		弘治六年（1493）	遣使祭祀	见《嵩岳志》《嵩书・宸望》
		弘治十年（1497）	遣使祭祀	见《嵩岳志》《嵩书・宸望》

续表

序号	人物（次数）	时间	形式	备注
58	明武宗（4）	正德元年（1506）	遣使祭祀	见《嵩岳志》《嵩书·宸望》
		正德四年（1509）	遣使祭祀	见《嵩岳志》《嵩书·宸望》
		正德六年（1511）	遣使祭祀	见《嵩岳志》《嵩书·宸望》
		正德八年（1513）	遣使祭祀	见《嵩岳志》《嵩书·宸望》
59	明世宗（8）	嘉靖元年（1522）	遣使祭祀	见《嵩岳志》《嵩书·宸望》
		嘉靖八年（1529）	遣使祭祀	见《嵩岳志》《嵩书·宸望》
		嘉靖九年（1530）	遣使祭祀	见《嵩岳志》《嵩书·宸望》
		嘉靖十一年（1532）	遣使祭祀	见《嵩岳志》《嵩书·宸望》
		嘉靖十七年（1538）	遣使祭祀	见《嵩岳志》《嵩书·宸望》
		嘉靖三十三年（1554）	遣使祭祀	见《嵩岳志》《嵩书·宸望》
		嘉靖四十年（1561）	遣使祭祀	见《嵩岳志》《嵩书·宸望》
		嘉靖四十三年（1564）	遣使祭祀	见《嵩岳志》《嵩书·宸望》

续表

序号	人物（次数）	时间	形式	备注
60	明穆宗（1）	隆庆元年（1567）	遣使祭祀	见《嵩岳志》《嵩书·宸望》
61	明神宗（2）	万历元年（1573）	遣使祭祀	见《嵩岳志》《嵩书·宸望》
		万历十五年（1587）	遣使祭祀	见《嵩岳志》《嵩书·宸望》
62	明熹宗（1）	天启元年（1621）	遣使祭祀	见《嵩山志》《登封县志·坛庙记》
63	明思宗（1）	崇祯元年（1628）	遣使祭祀	见《嵩山志》《登封县志·坛庙记》
64	清世祖（2）	顺治三年（1646）	遥祭坛祀	见《清史稿·礼志》
		顺治八年（1651）	遣使祭祀	见中岳庙《御祭文》碑、《登封县志·坛庙记》

续表

序号	人物（次数）	时间	形式	备注
65	清圣祖（12）	顺治十八年（1661）	遣使祭祀	见中岳庙《御祭文》碑、《登封县志·坛庙记》
		康熙六年（1667）	遣使祭祀	见中岳庙《御祭文》碑
		康熙十五年（1676）	遣使祭祀	见中岳庙《御祭文》碑、《登封县志·坛庙记》
		康熙二十一年（1682）	遣使祭祀	见中岳庙《御祭文》碑、《登封县志·坛庙记》
		康熙二十三年（1684）	遣使祭祀	见中岳庙《御祭文》碑、《登封县志·坛庙记》
		康熙二十七年（1688）	遣使祭祀	见中岳庙《御祭文》碑、《登封县志·坛庙记》
		康熙三十五年（1696）	遣使祭祀	见中岳庙《御祭文》碑、《登封县志·坛庙记》
		康熙三十六年（1697）	遣使祭祀	见中岳庙《御祭文》碑、《登封县志·坛庙记》
		康熙四十二年（1703）	遣使祭祀	见中岳庙《御祭文》碑、《登封县志·坛庙记》
		康熙四十八年（1709）	遣使祭祀	见中岳庙《御祭文》碑、《登封县志·坛庙记》
		康熙五十二年（1713）	遣使祭祀	见中岳庙《御祭文》碑、《登封县志·坛庙记》
		康熙五十八年（1719）	遣使祭祀	见中岳庙《御祭文》碑、《登封县志·坛庙记》
66	清世宗（1）	雍正元年（1723）	遣使祭祀	见中岳庙《御祭文》碑、《登封县志·坛庙记》

续表

序号	人物（次数）	时间	形式	备注
67	清高宗（13）	乾隆元年（1736）	遣使祭祀	见中岳庙《御祭文》碑、《登封县志·坛庙记》
		乾隆十三年（1748）	遣使祭祀	见中岳庙《御祭文》碑、《登封县志·坛庙记》
		乾隆十四年（1749）	遣使祭祀	见中岳庙《御祭文》碑、《登封县志·坛庙记》
		乾隆十五年（1750）	祭祀	见中岳庙《御祭文》碑、《登封县志·坛庙记》
		乾隆十七年（1752）	遣使祭祀	见中岳庙《御祭文》碑、《登封县志·坛庙记》
		乾隆二十年（1755）	遣使祭祀	见中岳庙《御祭文》碑、《登封县志·坛庙记》
		乾隆二十五年（1760）	遣使祭祀	见中岳庙《御祭文》碑、《登封县志·坛庙记》
		乾隆二十七年（1762）	遣使祭祀	见中岳庙《御祭文》碑、《登封县志·坛庙记》
		乾隆三十七年（1772）	遣使祭祀	见中岳庙《御祭文》碑、《登封县志·坛庙记》
		乾隆四十一年（1776）	遣使祭祀	见中岳庙《御祭文》碑、《登封县志·坛庙记》
		乾隆四十五年（1780）	遣使祭祀	见中岳庙《御祭文》碑、《登封县志·坛庙记》
		乾隆五十一年（1786）	遣使祭祀	见中岳庙《御祭文》碑、《登封县志·坛庙记》
		乾隆五十五年（1790）	遣使祭祀	见《清朝文献通考·郊社考》

续表

序号	人物（次数）	时间	形式	备注
68	清仁宗（6）	嘉庆元年（1796）	遣使祭祀	见《清朝文献通考·郊社考》
		嘉庆五年（1800）	遣使祭祀	见中岳庙《御祭文》碑
		嘉庆八年（1803）	遣使祭祀	见《清朝文献通考·郊社考》
		嘉庆九年（1804）	遣使祭祀	见中岳庙《御祭文》碑
		嘉庆十四年（1809）	遣使祭祀	见中岳庙《御祭文》碑
		嘉庆二十五年（1820）	遣使祭祀	见中岳庙《御祭文》碑
69	清宣宗（5）	道光元年（1821）	遣使祭祀	见中岳庙《御祭文》碑
		道光七年（1827）	遣使祭祀	见少林寺《重修嵩山少林寺碑记》
		道光九年（1829）	遣使祭祀	见中岳庙《御祭文》碑
		道光十六年（1836）	遣使祭祀	见中岳庙《御祭文》碑
		道光三十年（1850）	遣使祭祀	见中岳庙《御祭文》碑

续表

序号	人物（次数）	时间	形式	备注
70	清文宗（2）	咸丰元年（1851）	遣使祭祀	见少林寺《观达摩面壁石赞》碑
		咸丰十年（1860）	遣使祭祀	见中岳庙《御祭文》碑
71	清穆宗（2）	同治三年（1864）	遣使祭祀	见《清朝文献通考·郊社考》
		同治四年（1865）	遣使祭祀	见中岳庙《御祭文》碑
72	清德宗（2）	光绪元年（1875）	遣使祭祀	见中岳庙《御祭文》碑
		光绪二十七年（1901）	遣使祭祀	见《清史稿·德宗本纪》
73	宣统帝（1）	光绪三十四（1908）	遣使祭祀	见《清史稿·宣统本纪》

3. 问鼎中原

黄帝都有熊、居轩辕之丘在新郑，帝喾居亳在商丘，禹都阳城、阳翟在登封、禹州，启都夏邑、黄台在禹州、新密，太康、仲康居斟鄩在巩义，夏桀都河南在偃师，商汤都郑亳、西亳在郑州、偃师，西周都成周、东周都洛邑在洛阳。上述三代及之前不同时期的国都，特别是三代开国之都，皆分布在“天地之中”核心区及其周边地区。

（三）“中”文化的社会理念

尚“中”思想、“中”语言等皆是“中”文化社会理念的重要内容。上古先民尚“中”,把“中”奉为最高行为准则,强调为人处世要遵循“中”的标准和规范,具体体现为执“中”理念、中庸之道等。河南方言里的“中”雅俗共赏,“中”的语言运用始于商代祀礼,兴于汉代民间,成为广泛的方言俗语。有关尚“中”思想、执“中”理念、中庸之道、“中”的形义等内容在第一章中已经进行了详细的阐释,这里不再赘述。行为规范之中庸之道、建筑理念的中轴线、中原方言里的“中”“真中”“可中”“咋不中”等,皆是“中”的社会理念的生动体现。“中”文化的社会理念起于五帝时期,成熟于三代。

“中”文化作为古代中国的宇宙观、政治思想和社会理念,萌发于三皇五帝时期,发展成熟定型于三代,在中华文化的形成和发展过程中发挥了十分重要的作用。由“天地之中”理念而生发出的“中”文化,不仅是中国传统文化的根脉,而且成为维系民族大一统的重要纽带。

二、根源文化成熟于三代

中原地区是华夏文明和中华文化诞生的源头,是华夏五千年文明的摇篮。根源文化在某种意义上可以称为“天地之中”文化的发端或基础。这里不仅是炎黄祖先繁衍生息之“根”,更是华夏文明和中华文化发祥腾飞之“源”。在“天地之中”文化圈内,有内容丰富、广泛流传的三皇五帝、人文初祖的传说,有数量众多、遗迹广布的古人类文化遗存,有播迁繁衍、流布全球的华人祖根、老家河南的姓氏源头。“如果我们将中国传统文化比喻为一条波澜壮阔、气势磅礴、一泻千里的巨龙大江,那么倘若溯流追寻,其源头之一必定肇端于此。”①

① 张志孚、何平立:《中州文化》,辽宁教育出版社 1995 年版,第 1 页。

（一）三皇五帝与根源文化

“自从盘古开天地，三皇五帝到如今。”传说中的盘古、女娲、伏羲、炎帝、黄帝、颛顼、帝喾、尧、舜等被奉为中华民族的人文初祖。他们在中原大地上繁衍生息、征服四方、交流融合，是中华民族起源和形成的基础。

图 2-39 盘古（郑州嵩林书院供图）

位于桐柏山区的盘古山，传说是当年盘古开天辟地、繁衍人类、造化万物的地方。除此之外，太行山区、濮阳、豫西山区都流传着盘古创世的神话。传说中，河南西华是女娲古都，豫西灵宝有女娲陵，太行山（又名女娲山、皇母山）一带关于女娲的神话传说流传也很广泛，济源、沁阳、林州、淇县等地都有传说中女娲遗迹分布。传说中，伏羲通过正姓氏，明确氏族源流，确定个人的血缘关系，从而开始了中国姓氏以父传子的方式，伏羲也因此被称为中华民族的人文始祖。史载，伏羲建都陈（今周口淮阳），“作都于陈，故陈为太昊之墟”①；炎帝建都朱（今柘城），“都于朱，故号曰朱襄氏”②。传说炎帝采药至温县、修武、沁阳等地，留下了神农涧、神农庙等遗迹。另外，信阳、三门峡等地也有神农庙等遗迹。史载新郑、新密一带为黄帝活动的重要地区。不少文献都认为黄帝生活于新郑一带，并建都于此，因此，新郑也被人们称为黄帝故里。今新郑一带有始祖山、轩辕故里等与黄帝有关的遗迹。此外，新密、襄城、郏县等地亦有黄帝遗迹。河南西部灵宝是黄帝铸鼎祭天、奠定邦国、驭龙升天的地方，伏牛山、太行山等地亦有黄帝遗迹。颛顼活动中心在今濮阳一带，颛顼的葬地四周有城垣围绕，因此也被称为

---

① ［宋］郑樵：《通志·三皇纪》，中华书局 1987 年版，第 32 页。

② ［宋］罗泌：《路史·禅通纪》，《文渊阁四库全书》第 383 册，台湾商务印书馆 1986 年版，第 67 页。

图 2-40　新郑轩辕故里祠与轩辕桥

“帝丘城”或“颛顼城”，颛顼城内有颛顼庙，可见，豫北地区是颛顼的中心活动地域。帝喾最初分封地高辛在今商丘境内，后都于亳，今河南偃师。帝喾死后，葬于内黄。中原地区是帝喾活动的主要区域。尧活动的中心在豫西北一带，舜长期活动于濮阳一带，“虞舜生于姚墟”，其址在今濮阳附近。帝舜故里姚墟、负夏、历山、雷泽、河滨等地均在今河南濮阳境内，舜帝故里就在濮阳。①

三皇五帝的传说从一个侧面反映了根源文化在整个“天地之中”文化和中华文化中具有发端和母体的地位。

（二）考古发现与根源文化

疑古思想认为，古史传说时代越久远，作伪成分就越多，不足凭信。尹达认为：“从考古发掘中还发现了和‘传疑时代’的某些部族可能有相当关系的

① 朱绍侯：《帝舜故里负夏（瑕丘）考》，《洛阳工学院学报（社会科学版）》2001 年第 4 期，第 5 页。

各种不同的新石器时代的文化类型。从地望上,从绝对年代上,从不同文化遗存的差异上,都可以充分证明这些神话般的传说自有真正的史实素地,切不可一概抹煞。”①的确如此,人类学与考古学为中华民族起源的神话传说提供了佐证。

目前,河南境内已经发现旧石器时代遗存近百处,涉及河南的所有地域。进入新石器时代,中原先民学会了用火、制作工具,进而学会了磨制石器并烧造陶器,创造了丰富多彩、独具特色的新石器文化。目前,河南境内已发现裴李岗文化遗存150余处,南自潢川陈岗,北达安阳洪岩,东起项城后高老家,西至卢氏薛家岭,重点分布在豫西山地东部边缘的丘陵地带,以及豫中和豫南的黄淮平原地区,特别是嵩岳周边比较密集。这些发现与传说中的三皇活动区域基本吻合。新石器时代中晚期的考古文化代表是承袭裴李岗文化的仰韶文化。仰韶文化遗存遍布河南全境,目前,河南境内发现仰韶文化遗存1000多处。仰韶文化历史久远,文化内容丰富,按文化特征划分为以三门峡为中心的庙底沟类型、以嵩山为中心的大河村类型、豫北地区的后冈类型和豫西南地区的下王岗类型。新石器时代晚期仰韶文化发展为河南龙山文化,龙山文化遗存分布更为广泛,遍布河南所有地市。龙山文化时期,生产工具多用石、蚌、骨料制造;制陶业进步,大量使用轮制技术;人们已经熟练掌握了夯土技术,在聚落中心用夯土构筑城墙,淮阳平粮台遗址出现了高台建筑,同时发明了陶管道排污技术。

可见,河南龙山文化时期大体相当于传说中的炎黄尧舜时期。童恩正认为,河南龙山文化的历史,“已经可以与文字记载相印证。无论从活动时代和活动地域方面,中原龙山文化都与历史上‘五帝’的事迹相符合”②。

---

① 尹达:《衷心的愿望——为〈史前研究〉的创刊而作》,《史前研究》1983年第1期,第5页。

② 童恩正:《中国北方与南方古代文明发展轨迹之异同》,《中国社会科学》1994年第5期,第168页。

（三）姓氏与根源文化

河南是中国姓氏的重要发源地，无论是姓氏的萌芽、产生、发展，还是普及、定型，都与河南关系密切。姓氏肇始时期，河南是人类活动的重要地区；姓氏发展时期，河南是夏、商两代的国都所在地；姓氏普及时期，河南境内是众多诸侯的分封之地，在周朝的地位举足轻重。

中华姓氏起源于母系氏族社会时期。“姓，人所生也。古之神圣母感天而生子，故称天子。从女、从生，生亦声。《春秋传》曰：天子因生以赐姓。”[①]早期姓氏主要有姜、姬、妫、姒、嬴、姞、姚、妘等，均从“女”字，可以看出母系氏族社会的痕迹。氏大约出现于炎黄二帝时期开始的父系氏族社会。父系氏族时期，财产私有现象出现，部族联盟首领（天子）有裂土分财之权，其支族子孙可以继承和世袭财产，氏便由姓的母体中分出，另立门户，形成姓的分支，氏乃是由姓分离出去的家族的族号，《左传·隐公八年》说“胙之土而命之氏”[②]，即天子赐给有德之人土地并根据封地命名氏。

传说姓源于伏羲时代，人们逐渐认识到血缘近亲通婚不利于人类的繁衍，为此，伏羲创建了“制嫁娶，以俪皮为礼”[③]的制度，用来规范人们的社会行为和婚姻嫁娶。这是一种禁止血亲氏族内部通婚，只允许实行族外群婚的原始婚嫁制度。而要想实行族外婚，就需要“正姓氏”以区别血亲，从此，作为各氏族部落识别符号的图腾徽记，开始以“姓氏”的称谓确定下来，中国人的原始姓氏也由此产生。伏羲建都于陈（今河南周口淮阳），因此，姓氏起源于中原地区。

炎帝、黄帝在中华姓氏发展史上具有举足轻重的地位，几乎所有的姓氏

---

① 〔汉〕许慎：《说文解字》，中华书局1963年版，第258页。

② 〔晋〕杜预注，〔唐〕孔颖达正义：《春秋左传正义·隐公八年》，北京大学出版社2000年版，第118页。

③ 〔清〕马骕：《绎史》卷三《太皞纪》，中华书局2002年版，第19页。

都将其远祖追溯到炎帝、黄帝或他们的臣子。“四海之广，百氏之众，其初不过出于数十姓也。数十姓之初，不过出于数人也。数人之先，一人也。故今天下之受氏者，多尧舜三王之后，而皆始于黄帝。”①《国语·晋语四》：“凡黄帝之子二十五宗，其得姓者十四人，为十二姓，姬、酉、祁、纪、滕、箴、任、荀、僖、姞、儇、衣是也。”②这“二十五宗”，可能是25个氏族，“十二姓”即12个胞族，说明黄帝族是一个巨大的部落联盟。司马迁在《史记》中把中原地区不同时代居于统治地位的部族，如颛顼、帝喾、尧、舜以及夏、商、周的最高统治集团等，全都说成是黄帝的后裔。这些部族持续居于统治地位，历时久，势力大，占据地盘广，所以人丁极其兴旺。据秦嘉谟辑本《世本》，黄帝之子十二姓发展到101个属地（方国、诸侯国），派生出510个氏；其中的姬姓，相传为黄帝的嫡系，势力最为庞大，拥有61个属地，衍生出432个氏。黄帝族活动的主要地域基本上是在中原地区，这是众多姓氏源于中原地区的主要原因。

周朝是我国产生姓氏最多的朝代，姓氏基本上普及并相对定型，此后没有更大的发展，而河南是在这一时期起到关键作用的地区。周武王、周公旦、周成王先后设置71个诸侯国，其中，武王兄弟15人（一说16人），同姓（姬姓）40人，还分封了一些异姓诸侯。周王的子弟一般都得到了封地，立为大小诸侯，例如：文王之弟封于东虢、西虢，文王之子封于管、蔡、郕、霍、鲁、卫、毛、聃、郜、雍、曹、滕、毕、原、酆、郇，武王之子封于邘、晋、应、韩，周公之子封于凡、蒋、邢、茅、胙、祭。这些诸侯国中有不少封地都在今河南境内。到了春秋战国时期，多数诸侯国在大国争霸的战争中被兼并或消灭，从而形成一大批用国名命名的姓氏。同时，天子和诸侯的子孙又有许多人以爵位、谥号、官职、采邑、排行等为姓氏，因而源于中原地区的姓氏数量非常可观。③

---

① 〔明〕方孝孺：《逊志斋集》卷一《宗仪·重谱》，宁波出版社2000年版，第36页。

② 徐元诰：《国语集解·晋语四》，中华书局2002年版，第334—335页。

③ 以上部分内容参考了卫绍生：《华夏历史文明传承创新研究》，河南人民出版社2012年版，第41—43页。

研究表明,有据可考的4820个姓氏中,起源于河南的就有1834个。在按人口排列的120个大姓中,全部源于河南的即有52个,部分源头在河南的有45个。起源于河南的姓氏占全国汉族人口的85%以上。[①] 起源于中原的这些姓氏不断向外播迁繁衍,流布全国乃至世界各地,河南也因此成为客家人、闽台人、粤港人的祖根地。“天地之中”文化圈成为现在播迁在外之人特别是海外华人寻根拜祖、文化溯源的圣地。

无论是三皇五帝的传说、考古发现的实证,还是姓氏文化的繁衍流布,都充分体现了处于中原地区的“天地之中”文化圈是中华文化和华夏文明的源头。从“盘古开天”“女娲造人”“三皇五帝”“河图洛书”等神话传说,到早期的裴李岗文化、仰韶文化、河南龙山文化,都发生在“天地之中”文化圈。夏、商、周三代被视为中华文明的根源,同样发端于河南。作为全球华人凝聚力纽带的姓氏文化和根亲文化,也是在三皇五帝时期及三代不断发展的基础上成熟于“天地之中”文化圈。

三、都城文化肇造于三代

有学者从早期文明发展的角度出发,将仰韶文化和龙山文化所处的历史时期分为两个阶段:其一是大河村文化晚期,以郑州西山古城为标志的早期国家出现,是华夏文明的开端,开启了古国文明时代;其二是夏王国的建立,是王国和帝国历史的开端,开启了灿烂辉煌的三代王国文明。从古国到王国的历史进程中,都城文化逐渐产生、逐步完善。从郑州西山古城到登封王城岗大城、偃师二里头城址,从黄帝都有熊到夏都阳城、斟鄩,商都亳、殷,周都洛邑,从有熊、颛顼、陶唐、有虞等古国到夏、商、周王国,无不彰显了都城文化萌生于古国,完备于三代。

---

① 河南省文物局编:《华夏文明的摇篮　中国·河南》,文心出版社2012年版,前言第3页。

图 2-41 大河村遗址房址遗迹(郑州嵩林书院供图)

(一)文明初阶——城

城墙聚落、台基式建筑,特别是版块夯筑城墙技术的出现开启了城墙聚落的新时代。诸多史前城址的发现,是河南考古的重要收获之一。较有代表性的早期城址有仰韶文化晚期的郑州西山古城和淅川龙山岗 2 座城址,及龙山文化时期的郾城郝家台、淮阳平粮台、登封王城岗东西小城、安阳后冈、辉县孟庄、新密古城寨、平顶山蒲城店、温县徐堡、博爱西金城、濮阳高城与戚城、新密新砦等 12 座城址。

1. 郑州西山古城

西山古城位于黄河南岸、邙山余脉西山南麓的岗地上,是目前国内发现的唯一一座年代久远、建筑技术进步的仰韶文化晚期城址。西山古城是距今 5300—4800 年仰韶文化发生革命性变革的历史见证,版筑夯土的城墙聚落是聚落形态的高级形式,是目前发现最早的史前“雏形城市”。西山古城的挖槽筑基和版筑技术开启了中国城垣建筑规制的历史先河,被誉为“中原第一城”。西山古城依照壕沟圈定的面积超过 38 万平方米,由大型环壕和城墙组成,环壕为人工所挖,城内附设有“影壁式”防御系统的城门,有大量建筑基址、墓葬、广场等遗迹，随之出土的还有大批陶器、石器、骨器、蚌器等遗物以及兽骨、种子等动植物遗骸，遗存展现了一幅丰富的生活画卷。西山古城是一处高度集权的军政文化中心，是新石器时代仰韶文化城址，也是迄今发现的我国长江以北地区年代最早、建筑技术最先进的古城遗址。[①] 西山古城开启了我国建造版块夯筑城墙聚落的新时代，标志着古国文明的开始。

2. **淅川龙山岗**

龙山岗遗址（又称黄楝树遗址）是始于仰韶文化晚期的城址，新石器时代遗存堆积范围约 14 万平方米。考古发现有城墙、壕沟、房址、灰坑、道路、沟、墓葬、火塘、陶窑、陶器、祭祀区等。龙山岗城址为南北两大史前文化系统交汇地带，对研究中原筑城技术、南北文化中介地带的聚落形态变迁及演变规律、文化面貌及性质都有着重要意义。

3. **郾城郝家台**

郝家台城址在今河南漯河郾城东，是一座长方形夯土城，面积约 3.29 万平方米。考古发现有夯土城墙、8 间相连排房、灰坑、陶窑、水井和墓葬等。该城始建年代为公元前 2600 年前后，是龙山文化时期年代较早的土城。

4. **淮阳平粮台**

平粮台城址位于今周口淮阳东南大朱庄的一块台地上，城垣版筑，呈正方形，面积约 5 万平方米。城墙用小版筑堆法筑成，木夯为四根木棍捆绑而成的“集束夯”。考古发现了城门、门卫房、陶制排水管道、土坯垒砌的排房、陶窑、铜渣等，说明这是一座拥有手工业作坊的防卫性土城。该城址始建于公元前 2600 年前后，与郝家台城址年代相近，对研究中国古代城市的起源和发展具有重要意义。

5. **登封王城岗东西小城**

王城岗东西小城址位于嵩山南麓颍河与五渡河交汇处，为东西相连的两

---

① 李颖：《郑州——中国城市的源起》，《郑州日报》2013 年 8 月 19 日。

座近方形小土城堡，东城大部分被河水冲毁，西城保存较好。考古发现多处夯土建筑基址、奠基坑、零散人骨和完整人骨架、青铜器残片、黑陶残片等。该城址始建于公元前 2500 年前后，稍晚于淮阳平粮台土城。

6. 安阳后冈

后冈城址坐落在安阳洹河河湾南岸的岗地上。考古发现有部分城垣、房址、灰坑、墓葬等。房屋为地上建筑，墙壁使用黄黏土、土坯或木棍夹黄泥筑成。居住面上抹白灰防潮，墙基外侧构筑散水，室外普遍使用擎檐柱等，反映出房屋建筑技术的提高和进步。该城址建筑年代在公元前 2700—前 2200 年之间，城墙较薄，很可能是一座与登封王城岗东西小城大小相仿的小土城。

7. 辉县孟庄

孟庄城址是一处多时代叠加城址。龙山时代城址始建于公元前 2000 年前后，平面略呈梯形，考古发现有部分城墙、夹板、护坡、房址、水井、墓葬等。城内面积约 16 万平方米，是河南龙山文化晚期规模较大的一座夯土城。该城址文化层丰富，为研究原始社会向阶级社会过渡及这一时期的建筑艺术、文化面貌等提供了重要资料。

8. 新密古城寨

古城寨城址位于溱水、洧水汇流处的古城寨村，呈东西长方形，面积 17.65 万平方米，至今地表尚耸立着 10 余米高的城墙和深陷的护城河。城址始建于公元前 2100 年。城墙采用方块版筑，南北两面辟有城门，城内发现有廊庑环绕的大型宫殿建筑基址，表明已具有区域政治中心功能。这是迄今发现的龙山文化时期面积最大、结构最复杂的宫殿式建筑城址，是龙山文化时期万国林立历史图景的真实写照。

9. 平顶山蒲城店

蒲城店城址位于平顶山市区东郊，面积约 20 万平方米，始建于公元前 2000 年左右。考古发现有龙山文化和二里头文化古城址各一座，发现了城墙、房址、壕沟、灰坑、墓葬、陶窑、水井、灶、陶器等遗迹遗址。龙山文化古城面积1.6万平方米,城内发现陶窑一座,保留窑室、火塘、工作面及灰坑等,对于研究豫中南地区新石器时代晚期及二里头早期的社会结构、文化面貌、城池布局、制陶工艺等具有特别重要的价值。

登封告成镇的王城岗大城、新密新砦、偃师二里头、荥阳大师姑、辉县孟庄、平顶山蒲城店、新郑望京楼等城址,是目前发现的我国历史上较有影响的夏代城址,都是夏代较大规模、较为成熟的设防城市。商代,城市又有进一步的发展。商代早期亳都的郑州商城遗址、太甲桐宫的偃师商城遗址,中期中丁迁隞的荥阳小双桥遗址,后期的安阳殷墟,都是具有相当规模的城市遗址。而到了西周时期,城市发展逐步成熟,洛邑等规模较大的城市遗迹遗址广泛分布。

综上分析,中原地区早期的城由距今5300年左右仰韶文化晚期的数量少、规模小、择高而居、不规整、单一城垣等,到龙山文化时期的数量骤增、范围广、规模增大、有意识选址、城垣规整等,发展到三代的规模增大、数量和种类增多、范围不断扩大、规划布局分区和形制变化等。至此,由城到城市的建造、发展和完善等日臻成熟。

聚落形态是社会分化最显著的表征,城墙聚落的增多表明了社会的质变。距今5000年前后,各地纷纷构筑城池,各个文化区都以自己的方式建立了各具特色的文明,中原地区筑造了长江以北最早的城池——西山古城,其建筑方法、形制结构开启了中国城垣建筑规制的先河,成为中国城池文明的重要源头,开启了“城”的先河。城的出现是社会发展的客观需要,取决于两个重要条件:一是危险增加和防卫需要增加,二是建筑艺术上的巨大进步。[①]“《吴越春秋》曰:鲧筑城以卫君,造郭以守民,此城郭之始也。”[②]目前,中原地区所发现的史前古城址面积、规模等差别较大,但均为夯土方形土城,都具有

① 程有为、王天奖主编:《河南通史》(第1卷),河南人民出版社2005年版,第114页。

② 〔唐〕徐坚等:《初学记》卷二十四引《吴越春秋》,中华书局1962年版,第565页。

“卫君”“守民”的功能。一系列史前古城址的萌生和三代时期城市的发展成熟都说明了一个问题:作为文明初阶的城,最早在“天地之中”文化圈内大量出现,使用当时最先进的技术手段,产生最深远的文化影响。

(二)定鼎中原——都

都城文化之所以成为“天地之中”文化的重要组成部分,与中原地区自古国时代黄帝都有熊开始4000余年时间,特别是从王国时代夏禹都阳城至金都汴京的3300余年时间,长期作为历代政权定都之地是密不可分的。

古国时期的三皇五帝传说在被认为是与黄帝筑邑造五城有关的西山古城(有学者认为是某一时期有熊国国都)、黄帝都有熊的轩辕丘(新密古城寨古城遗址,一说新郑黄帝故里)、太昊之墟和神农故都宛丘(淮阳平粮台古城遗址)、祝融之墟(新密古城寨古城遗址)等的考古发掘中得到印证。

表2.4 夏商周定都“天地之中”文化圈一览表

<table>
<tr><th>王朝</th><th>首领/王</th><th>居地/王都</th><th>今地/考古印证</th></tr>
<tr><td rowspan="12">夏</td><td>鲧</td><td>崇</td><td>相传在今洛阳嵩县境内</td></tr>
<tr><td rowspan="3">禹</td><td>高密</td><td>相传在今洛阳新安县境内</td></tr>
<tr><td>阳城</td><td>登封王城岗大城遗址</td></tr>
<tr><td>阳翟</td><td>禹州瓦店遗址</td></tr>
<tr><td>启</td><td>黄台之丘</td><td>新密新砦遗址</td></tr>
<tr><td>启、太康</td><td>阳翟</td><td>禹州瓦店遗址</td></tr>
<tr><td>太康、仲康</td><td>斟鄩</td><td>巩义稍柴遗址</td></tr>
<tr><td rowspan="3">相</td><td>商丘</td><td>今商丘市睢阳区境内</td></tr>
<tr><td>帝丘</td><td>濮阳高城遗址</td></tr>
<tr><td>斟鄩</td><td>巩义稍柴遗址</td></tr>
<tr><td>羿</td><td>鉏</td><td>安阳滑县境内</td></tr>
</table>

续表

王朝	首领/王	居地/王都	今地/考古印证
夏	羿、寒浞	穷石	洛阳境内
	少康	纶城	商丘虞城县境内
		夏邑	商丘夏邑县境内
		帝丘	濮阳高城遗址
	予	原	济源庙街原城遗址
	予、槐、芒、泄、不降、扃	老丘	开封陈留镇
	廑、孔甲、皋、发	西河	安阳汤阴县西河境内
	桀	斟鄩	偃师二里头遗址
		河南	偃师二里头遗址
商	汤至中丁	亳	郑州商城遗址
	太甲	桐宫	偃师尸乡沟商城遗址
	中丁	隞（嚣）	荥阳小双桥遗址
	河亶甲	相	今安阳洹北
	祖乙	耿	今温县境内
	盘庚至纣	殷	安阳殷墟遗址
西周		东都洛邑	洛阳西周王城遗迹
东周		洛邑	洛阳东周王城遗址

夏、商、周三代的政治中心都在河南，“昔唐人都河东，殷人都河内，周人都河南。夫三河在天下之中，若鼎足，王者所更居也”①。《史记·封禅书》曰：“昔三代之居，皆在河洛之间，故嵩高为中岳。”②夏代都城迁徙不定，但 17 个帝王有 15 个建都河南，包括禹都阳城、禹都阳翟、启居黄台之丘、太康之都斟

① 〔汉〕司马迁：《史记》，中华书局 1982 年版，第 3262 页。

② 〔汉〕司马迁：《史记》，中华书局 1982 年版，第 1371 页。

鄩。后羿代夏(太康失国)发生后,夏迁都频繁,有帝丘、原、老丘、桀都斟鄩等地。商朝与夏朝相似,国都迁徙不定,但基本都在河南境内。商汤居亳,太甲居桐宫,中丁迁于隞,河亶甲居相,祖乙居耿,盘庚迁殷。西周定都镐京,同时在洛水之滨营建东都洛邑,形成了东西并峙的两大政治中心。平王东迁,东周以洛邑为唯一的都城。

春秋时,河南有诸侯封国 40 多个,其中主要有宋、卫、郑、陈等国,另外河南北境属晋国,南境属楚国。战国时,河南的诸侯封国主要有韩、魏、宋等国,楚国还曾一度把首都迁至陈(今周口淮阳)。位列“七雄”的韩国初都宜阳(今宜阳县)、阳翟(今禹州市),后迁都郑(今新郑市);魏国都大梁(今开封市)。东汉王朝定都洛阳,中原再次成为全国唯一的政治中心。东汉末年,汉王朝曾以许昌为都。三国时期,魏国以洛阳为都,并以许昌为五都之一。西晋王朝也以洛阳为都城。北魏孝文帝迁都洛阳。隋唐时期中原仍然是全国的政治中心之一。隋炀帝营建东都洛阳,并长期在东都处理政务。唐朝时期,洛阳不但保持着隋时的东都地位,甚至有时地位超过首都长安。武则天称帝后,改唐为周,把洛阳定为周的国都,长期在此居住。五代十国时期,后梁、后晋、后汉、后周均建都开封(称东都或东京),并以洛阳为西都,其中后梁开平三年(909)迁都洛阳;后唐则建都洛阳。北宋建国定都开封(东京),同时又在中原区域内设立西京(今洛阳市)、南京(今商丘市)等陪都。金朝后期迁都汴京(今开封市),后又迁商丘、汝南等地。此后,全国经济中心南移,中原地区不再具有全国性政权立都的条件。居于政治中心的中原文化对金代以前的封建王朝制度的建设、都城体系的完善、主流思想的形成都产生了重要影响;金代以后,全国的政治、经济、文化中心虽已不在中原,中原地区的文化发展速度也不再那么快,但中原文化已经深深地植根于人们的生活方式与思想观念之中。

登封王城岗大城遗址、新密新砦遗址、郑州商城遗址、偃师二里头遗址、偃师商城遗址、洛阳周代洛邑王城遗址等夏商周三代都城均位于以嵩岳地区为中心的“天地之中”文化圈内,奠定了“天地之中”文化圈所在的中原地区在中华文化和华夏文明史上的核心地位。

(三)万邦归一——国

城是聚落的高级形态、文明社会的物质载体。在我国上古时代,城是古国的标志。按照“国家出现文明就形成”的标准,郑州西山古城的出现,标志着中国上古文明的产生。“以郑州西山城址为标志,华夏文明已经初步形成,早期国家机构业已出现”[①]。西山城址开启了古国时代版筑城墙聚落的先河,拉开了中国古代文明的序幕。西山古城距今 5300—4800 年,最早用版筑法夯筑城墙,城外环护双重壕沟,城防完备坚固,城内有高台建筑并有高规格祭祀遗迹等,充分说明西山古城已经步入初期国家的事实。用版块夯筑技术打造聚落城墙在建筑史上尚属首次,具有划时代的意义,在文明史上应该是古国产生的标志。

早在传说中的五帝时代,考古学上的仰韶文化晚期及河南龙山文化早期,即距今 5000 年前后,“天地之中”文化圈内已经出现了早期国家。黄帝都有熊,标志着早期国家——古国的形成。传说中黄帝的后裔颛顼、帝喾、尧、舜先后在此建立早期的国家。据文献记载,黄帝、尧帝、舜帝时有“万国”“万邦”,可见当时古国之多。由于文明正在起源和发展状态,社会管理制度原始,这些古国的规模不会很大,局部地区或流域内大型或中级的聚落可能算是“国”了。考古上表现的聚落形态的变化,实质还是宗族制、私有制等社会因素发展的体现,地域、族别的概念更浓厚些,虽不一定是严格意义上的“国”,但称之为“国”更能深刻地表现出其社会属性。

夏、商、西周都以中原地区为中心建立起比较强大的王国。《尚书 ·梓

---

① 马世之:《中原史前城址与华夏文明》,《华夏文明的形成与发展》,大象出版社 2003 年版,第 141 页。

材》曰：“庶邦享，作兄弟，方来，亦既用明德。”①及至夏禹建立我国历史上第一个奴隶制王国——夏，形成了相对统一的国家政权，建立起一套相对完备的国家制度，并对后世产生了重要影响。传说夏朝先后在阳城、斟鄩、帝丘、原、西河等地建都，这些地方基本都在河南境内的黄河两岸。而龙山文化晚期，中原地区已出现我国最早的城市雏形——城堡和宫殿，如登封王城岗遗址、安阳后冈城址以及偃师二里头宫殿遗址等。《尚书·甘誓》《尚书·禹贡》以及《史记·夏本纪》都记述了夏王朝以及之前的国家制度。

夏朝建立了完整的国家制度，设置了官职，称百吏。在夏王之下有少量的高级贵族组成的执行机构，权力类似于后来的宰相，这些人被称为“三正”。其中，羲和掌管历法，太史掌管典籍，乐师掌管音乐。西周的“三公”制度可能是因袭“三正”发展起来的，但职能上已有了一些变化。除“三正”之外，还有“左右六人”，其地位低于三正，但也属重臣，是负责各方面政务的主官。另外，有许多负责具体事务的职官，如啬人（亦称啬夫）掌管贡赋，酋人掌管行令，官师掌管谏议，大理掌管刑法；还有许多专门为夏王和王室服务的官员，有专管车辆的车正，有专管膳食的庖正，有专管放牧的牧正等。夏王朝曾与四周各部落进行过长期的战争，已拥有专门从事征战的军队。夏王有多少军队史无明文，流亡中的少康尚“有众一旅”，可能是500人。夏启讨伐有扈氏的誓词云：“用命，赏于祖……弗用命，戮于社。”②夏代已有刑法，“夏有乱政，而作《禹刑》”③。“皋陶于是敬禹之德，令民皆则禹。不如言，刑从之”④。夏朝还有了专门的监狱，叫夏台，亦称钧台，商汤曾被夏桀囚禁在这里。夏代尊卑贵贱之分的等级制度已经形成，而且已有贡赋制度。《孟子·滕文公上》

---

① 〔汉〕孔安国传，〔唐〕孔颖达正义：《尚书正义》，北京大学出版社2000年版，第387页。

② 〔汉〕孔安国传，〔唐〕孔颖达正义：《尚书正义》卷七《甘誓》，北京大学出版社2000年版，第173页。

③ 〔晋〕杜预注，〔唐〕孔颖达正义：《春秋左传正义·昭公六年》，北京大学出版社2000年版，第1228页。

④ 〔汉〕司马迁：《史记》，中华书局1982年版，第81页。

云:“夏后氏五十而贡。”[①]《左传》也有“昔夏之方有德也,远方图物,贡金九牧,铸鼎象物”[②]的记载。由此可见,夏朝在政治、经济、军事、法律、文化等方面已经建立起来一套比较完善的国家制度。

夏实行的是奴隶制王国制度,保留了些许原始民主制的痕迹,政治制度存在着相互承继的关系,不断丰富发展与完善,对后世历代王朝产生了深远影响。

四、汉字文化发轫于三代

文字是人们沟通交流和记录日常生活的语言符号。早期汉字的产生是社会环境和文化交流的实际需要。早期汉字是目前发现的中国最古老的文字。“鹳鱼石斧图”“日历图”等会意性的原始记事文本为文字的发展奠定了坚实的基础。彩陶上的许多符号比较固定,反复出现,明显用于记事、表达思想情感,太阳纹、禾苗纹、鱼纹、格子纹等,性状稳定,具象性强,是“日”“禾”“鱼”“田”等字的雏形,是汉字的原始形态。文字的产生是一个复杂的过程,是古代占卜、刻符、算筹、绘画、民俗、语言等文化的高级载体。大河村文化晚期是我国文字形成的重要时期,早期汉字的出现是“天地之中”文化能够引领周边文化的原因之一。

(一)传说中的汉字

传说中汉字的起源,有结绳记事说、八卦说、仓颉作书说等。结绳记事说、八卦说,均与人文始祖伏羲有关。《周易·系辞下》曰:“古者包牺氏之王

---

① 〔清〕焦循撰,沈文倬点校:《孟子正义·滕文公上》,中华书局 1987 年版,第 334 页。

② 〔晋〕杜预注,〔唐〕孔颖达正义:《春秋左传正义·宣公三年》,北京大学出版社 2000 年版,第 602 页。

天下也,仰则观象于天,俯则观法于地,观鸟兽之文,与地之宜,近取诸身,远取诸物,于是始作八卦,以通神明之德,以类万物之情。”①包牺氏即伏羲,伏羲都陈,其活动区域主要在中原,因此,传说中与伏羲有关的汉字起源于中原地区。

传说仓颉为黄帝史官,有四目,能通神明,见鸟兽之迹而作书契,使天下之义理尽归于文字。《淮南子》记载:“仓颉作书而天雨粟,鬼夜哭。”②河南有众多与仓颉有关的文化遗存。《河南通志》称仓颉造字之处在洛宁县,“黄帝时,神龟出于永宁元沪水,仓颉则其文以制字”。当地有造字台遗址,“造字台,在永宁县西阳虚山,相传仓颉造字处”③。南乐县现存有仓颉冢和仓颉庙,“仓颉冢,在南乐县西三十五里,并有庙”④。虞城县有仓颉墓和仓颉祠,据《虞城县志·仓颉墓考》载:墓碑“正书‘古仓颉墓’”,仓颉“始创文字,为斯文开天之祖,葬于吾邑利乡亭。”⑤开封亦有仓颉墓,据明代李濂《汴京遗迹志》载:“仓颉墓在城北时和保,俗呼为仓王冢是也。”⑥南北朝《水经注》、宋《太平寰宇记》、东汉《陈留风俗传》等著作也有有关仓颉城和仓颉陵墓的记载。鲁山县现存有仓颉冢和仓颉祠,传说鲁山仓头是仓颉逝后埋葬之地,仓颉冢上有仓颉祠。新郑有仓颉造字台,后人为纪念仓颉造字之功,将仓颉造字的地方称作“凤凰衔书台”。诸多考古发现和历史研究印证,“仓颉作书”不是空穴来风,毕竟在彩陶契刻与甲骨文中间尚有 2000 多年的时空悬隔。

---

① 〔魏〕王弼注,〔唐〕孔颖达疏:《周易正义·系辞下》,北京大学出版社 2000 年版,第 298 页。

② 何宁:《淮南子集释》,中华书局 1998 年版,第 571 页。

③ 〔清〕田文镜等修,〔清〕孙灏等纂:《河南通志》,《文渊阁四库全书》第 537 册,台湾商务印书馆 1986 年版,第 140 页。

④ 〔明〕李贤等:《明一统志》,《文渊阁四库全书》第 472 册,台湾商务印书馆 1986 年版,第 122 页。

⑤ 虞城县志编纂委员会:《虞城县志》,生活·读书·新知三联书店 1991 年版,第 471 页。

⑥ 〔明〕李濂撰,周宝珠、程民生点校:《汴京遗迹志》,中华书局 1999 年版,第 137 页。

（二）器物上的汉字

结绳记事不是语言文字，也不是契刻符号。伏羲演八卦，与汉字可能会有那么一点联系。早期汉字的产生是一个十分漫长和渐进式的过程，不是某一个人创造出来的，不是某一时刻突然暴发出来的。距今 8000 多年的裴李岗文化时期的河南舞阳贾湖遗址出土的早期契刻符号最多，这些符号中部分与殷墟甲骨文极为相似。① 仰韶文化承继裴李岗文化，陆续出现了刻画纹饰和符号。汝州洪山庙、北刘庄等遗址出土刻画符号较多，三门峡庙底沟、郑州大河村等遗址出土的彩陶图案较为发达。② 河南龙山文化时代是发现纹饰和契刻符号喷发的时代。登封王城岗、禹州瓦店、汝州煤山、淮阳平粮台、汤阴白营、永城王油坊、淮滨赵集、济源苗店、淅川下王岗等文化遗存出土了一些刻有符号的器物。③ 特别是王城岗发现的三个符号，其形体与甲骨文极为相像。④ 二里头文化主要属于夏文化和夏商文化融合时期，在偃师二里头、伊川南寨、新密黄寨、洛阳皂角树、渑池郑窑、郑州大师姑等文化遗存中出土了大量的陶器契刻符号。⑤ 二里岗文化主要是早商文化遗存，在郑州商城遗址发现了陶器刻画符号和骨料刻画符号，偃师商城、柘城孟庄桥、郑州小双桥等遗址发现有商代前期的多种陶器刻画符号。⑥ 上述所见陶器符号具有明显的相互影响和承递关系，应该是演进中的早期汉字。商代前期的文字资料虽然比较零碎，但已公认是文字，应是甲骨文的源头所在。足够多的考古发现证明，早期汉字源于中原地区。

---

① 冯沂：《河南舞阳贾湖新石器时代遗址第二至六次发掘简报》，《文物》1989 年第 1 期，第 1 页。

② 袁广阔等：《河南早期刻画符号研究》，科学出版社 2012 年版，第 28 页。

③ 袁广阔等：《河南早期刻画符号研究》，科学出版社 2012 年版，第 63 页。

④ 李先登：《夏代有文字吗》，《文史知识》1985 年第 7 期，第 51—52 页。

⑤ 袁广阔等：《河南早期刻画符号研究》，科学出版社 2012 年版，第 73—84 页。

⑥ 袁广阔等：《河南早期刻画符号研究》，科学出版社 2012 年版，第 85—137 页。

图 2-42 大河村遗址出土仰韶时期彩陶上的太阳纹俯视图(郑州嵩林书院供图)

图 2-43 大河村遗址出土仰韶时期彩陶上的太阳纹侧视图(郑州嵩林书院供图)

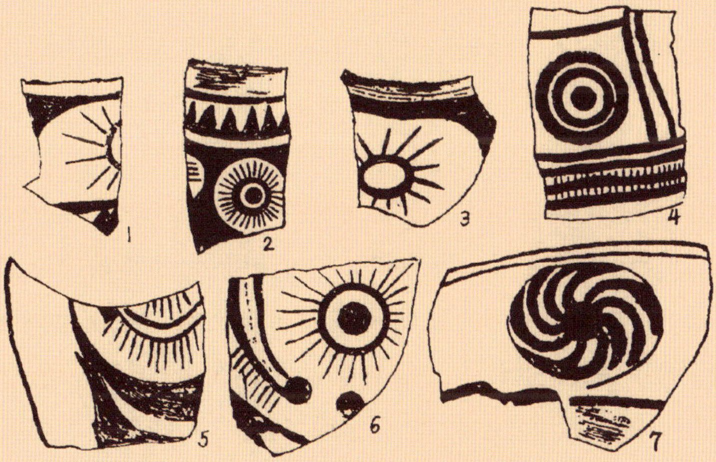

图 2-44 大河村遗址出土仰韶时期彩陶上的日珥图(郑州嵩林书院供图)

（三）甲骨上的汉字

安阳殷墟出土的刻在兽骨和龟甲上的文字称为甲骨文。甲骨文是距今3000多年的商代后期用于占卜祈祷的早期汉字，是我国迄今发现最早的成熟汉字。河南安阳小屯村是这些甲骨的发现地，小屯村就是盘庚迁殷的商代晚期都城——殷墟之所在。自19世纪末发现甲骨文至今，殷墟出土的甲骨卜辞已超过15万片，其中单字约有5000个，被识读的有1000多个。几代专家经过考鉴、类比和识读，发现甲骨文中既有象形字，也有指事字、会意字和形声字。这些发现说明在商代晚期，殷墟甲骨文已经有了比较系统与成熟的造字理论和造字规则，在字体结构上已经具备了后代汉字的某些规律。由此可见，殷墟甲骨文已经是一种相当成熟、具有一定规模、可识读、具备某些造字规则的早期汉字，是当代汉字的源头。2017年，我国申报的甲骨文顺利通过联合国教科文组织世界记忆工程国际咨询委员会的评审，成功入选《世界记忆名录》。甲骨文是我国迄今发现最早的文字形式和文献记录，有了从甲骨文一脉相承发展到今天的汉字，才使中华文明发展至今没有中断，为研究中国源远流长的灿烂文明史和早期国家与社会形态提供了独特而真实的第一手资料。

文字的诞生是人类告别蛮荒走向文明的标志。摩尔根在《古代社会》里说，文明社会“始于标音字母的发明和文字的使用”①；恩格斯也说，野蛮时代的高级阶段“由于拼音文字的发明及其应用于文献记录而过渡到文明时代”②。汉字是中华文化的载体，它的产生宣告了中华文明的开端。伏羲淮阳演八卦，形成中国最早的文字形式；仓颉作书在河南，开启了早期汉字文明；

---

① ［美］摩尔根著，杨东莼、马雍、马巨译：《古代社会》，中央编译出版社2007年版，第9页。

② 中共中央马克思恩格斯列宁斯大林著作编译局编译：《马克思恩格斯选集》（第四卷），人民出版社2012年版，第16页。

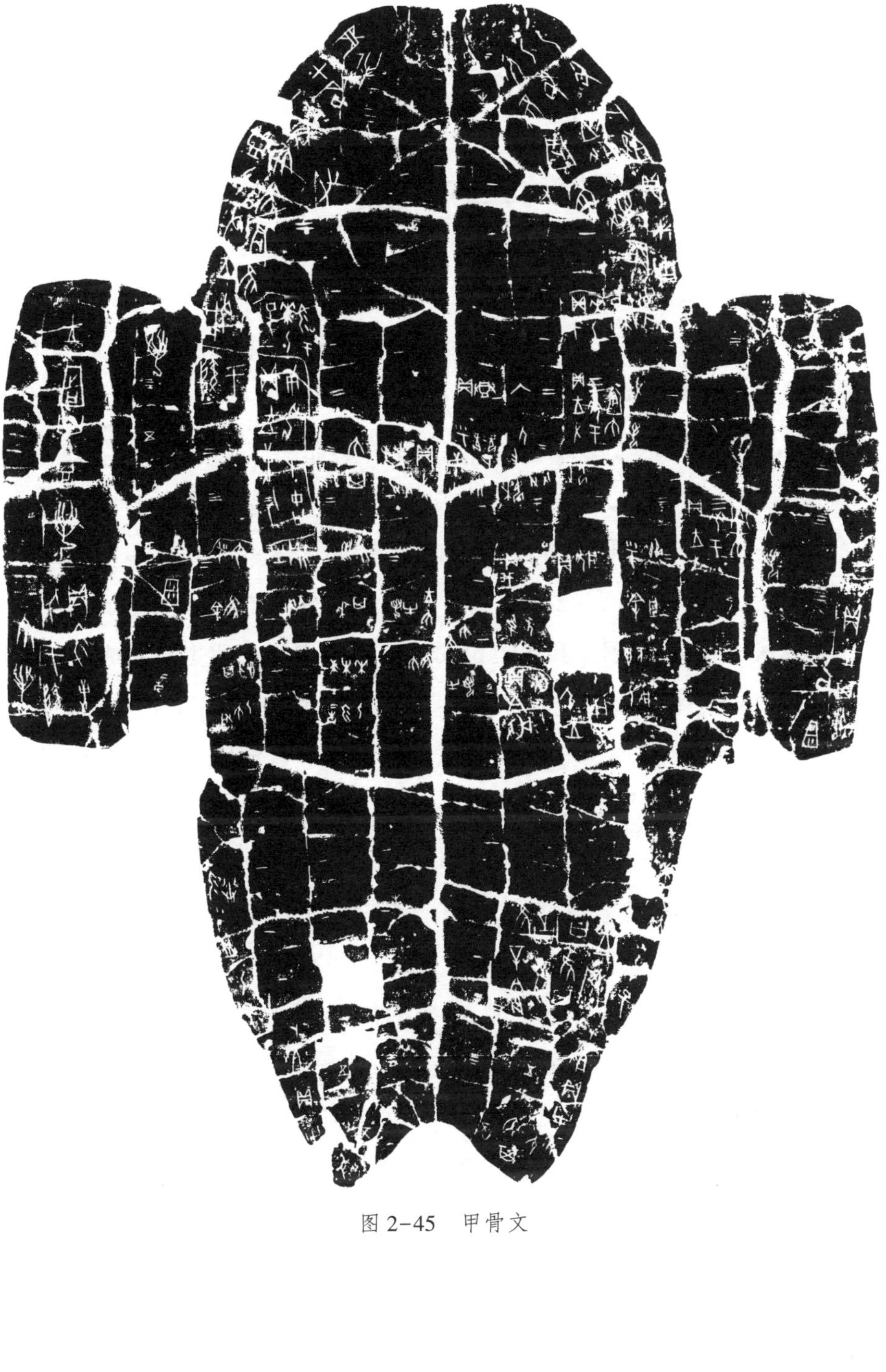

图 2-45 甲骨文

裴李岗、仰韶、河南龙山、二里头、二里岗等文化时代器物上的契刻符号,在河南全省范围内大量涌现;安阳殷墟出土的甲骨文是迄今发现的最为完善的汉文字系统。可见,汉字文化源起于史前,发轫和成熟于三代。

五、初领风骚的“天地之中”文化

有学者提出文明成长与形成的基本理论,认为“具备了基本的生存和发展能力,一个文明在其成长过程中才有可能逐渐形成真正的规模。形成了真正的规模,一个文明才能实现文化的精致化和深刻化,才能更合理、更有效地使用其人力物力资源,才能把数量巨大的个人的能动性和才智严密地整合在一个经济、政治和文化的大型的能量实体中。只有形成了真正的规模,一个文明方有可能实现广泛而又深度的精神和物质积累,或一种从信仰形态、思维方式、政治与经济制度到文字、文学、艺术、习俗等方方面面的规模性积累”①。这种成长论、积累论和规模论同样适用于文化的萌生与形成。“天地之中”之所以从一种意识观念发展成为一种文化理念,从一个政治现象发展成为一种文化认同,是因为其植根于深厚的中原文化沃土中,与中华文化和华夏文明同步成长。

本书提出“天地之中”文化初备于夏商周三代的观点,主要是基于以下几点判断:一是“天地之中”文化在三代时形成并具备了有别于其他地域文化的核心文化内容,诸如“中”文化、根源文化、姓氏文化、三皇五帝文化等。二是“天地之中”文化圈出现了早期的城、早期的都、早期的国,代表性的有郑州西山古城遗址、黄帝都有熊(新密古城寨遗址)、夏禹都阳城(登封王城岗大城遗址)、夏启都黄台(新密新砦遗址)等。三是社会文明及文化在三代时渐成规模、渐趋发达,例如从贾湖契刻到甲骨文的汉字文化、从古国“共”治到王国

① 阮炜:《文明的表现》,北京大学出版社2001年版,第4页。

“礼”治的制度文化、从耜耕到犁耕和灌溉的农耕文化、从冶金术到青铜冶炼的青铜文化等。四是彰显“天地之中”文化的成果灿若星河、接续不断,河图洛书、易经八卦、天文历法、科技地理等不胜枚举。

“天地之中”文化既有传承发展,又有创新变革,蕴含了勃勃生机。“天地之中”文化不仅具有原创性、根源性、接续性、创新性等优秀的文化品质,而且处在居中及适宜人类生存发展的自然环境中。这样人地兼优的优越条件必然成就了“天地之中”文化萌生、成长和形成,使得“天地之中”文化圈在华夏文明和中华文化形成过程中具有独特地位和作用,决定了“天地之中”文化成为地域文化中的翘楚。

学者邵望平认为龙山文化时期是“中国古代文明的奠基期”,“以中华两河流域为基地的中国古代文明既是多源的,又是以中原为中心的”。[①] 学者刘庆柱指出,二里头文化是中国古代文明形成与国家出现时期最为重要的考古学文化,青铜时代的夏、商、周文化创造者对中国古代历史的发展发挥着“主导”作用,处于“主导”地位。[②] 李学勤认为:“中国古代文明诚然是多源的、多区域的,然而也必须看到,不同时期、不同区域的文化发展是不平衡的……夏商周三代是中国文明兴起以致定型的重要时代,而其中心无不在黄河中下游地区,这是永远不可抹杀的。”[③]结合前文论述,我们不难看出,“天地之中”文化萌生于古国时代,主要形成于夏商周三代的王国时代。

与“天地之中”文化圈基本重合的中原地区自古以来就是主导整个华夏文明和中华文化发展的核心地域,是中国历史上绝大部分时间的政治、经济和文化中心所在地。作为中原文化核心组成部分的“天地之中”文化不像其

① 邵望平:《〈禹贡〉“九州”的考古学研究》,《考古学文化论集(二)》,文物出版社 1989 年版,第 28 页。

② 刘庆柱:《中原文化在中华民族形成与发展中的历史作用与地位》,《郑州大学学报(哲学社会科学版)》2006 年第 5 期,第 14 页。

③ 李学勤:《跨进文明的门槛》,《中华读书报》2004 年 9 月 3 日。

他大多数地域文化那样,在发展过程中或昙花一现、或无源之水、或断断续续,它自萌生之时起就一直接续不断。“天地之中”文化的萌生、成长、形成和完善成熟的过程展示了中华文化从弱小到强大、从古国文明发展到王国文明、从碎片文化发展到体系文化的历史进程,这也是中原文化乃至中华文化不断融合发展的历史轨迹。

第三章

多维度试析『天地之中』文化的成因

第一节 本地生态系统对于“天地之中”文明出现的触发

综观人类历史发展的进程,可以发现每个文明的诞生地都有着独特的自然环境,且每个文明的发展演变过程也都带着周围生态环境深深的烙印。作为“天地之中”文明的诞生地,早期中原地区具有无与伦比的自然地理环境、复杂多样的生态环境。

一、自然地理环境

(一)地形地貌

中原地区作为地理专指概念有着狭义和广义之分。《辞源》说:“狭义的中原,指今河南一带。广义的中原,指黄河中下游地区或整个黄河流域。”[①]作为一个区域性概念,其被赋予了三重解释,如徐光春言:“中原是一个以河南为主体的相对区域概念,一是泛指的大概念,包括整个黄河中下游地区;二是中概念,主要指黄河的中游地区,包括陕西、山西、安徽、湖北甚至山东的一小

① 商务印书馆编辑部:《辞源》,商务印书馆1979年版,第87页。

部分；三是小概念，仅指河南省。”[①]在这里，我们所论述的中原地区仅是狭义上的概念即河南地区。

当代中原地区的主要地形有平原、山地和丘陵，地势西高东低。平原主要分布在中东部地区，约占56%，山地和丘陵集中在西部南部地区，其中山地约占26%，丘陵约占18%。根据地形可以划分成五个区域：黄淮平原、豫北山地、豫西山地、南阳平原、豫南山地。当然，早期中原地区的古自然地理环境与当代中原地区的自然地理环境必然存在差异，但是现在分布在中原地区的山脉、河流，在旧石器时代早期的时候，大部分都已经形成，特别是到了旧石器时代晚期，河南的地理格局与气候变化已经和今天基本相同。[②] 考古资料也表明，这些地形地貌在旧石器时代早期已经基本形成，后来并没有发生巨大的变化。

在对中原地区早期人类文化遗址的考古发掘中，发现了大量野生动物遗存。如：安阳小南海遗址的洞穴中发现了方氏鼢鼠、刺猬、披毛犀、猩猩、洞熊、斑鹿、狗獾、野驴、普氏羚羊、豹、野猪、狍、水牛、狼及苏门羚、鸵鸟蛋等，[③]淅川下王岗遗址的动物有猕猴、狗、貉、犬科、黑熊、大熊猫、狗獾、水獭、豹猫、豹、苏门犀、亚洲象、野猪、家猪、麝、鹿、斑鹿、水鹿、轴鹿、狍、水牛、黄牛、苏门羚、豪猪及鲤属、鳖属、龟科和孔雀属，大河村遗址的动物有牛、羊、猪、鹿、赤鹿、麂、竹鼠等。[④] 披毛犀、野驴、斑鹿、普氏小羚羊等动物的存在，说明当时该地区不仅存在茂密的森林，还有广阔的草原；野猪、亚洲象的发现，说明当时在该地区存在着沼泽和稀疏的丛林；棕熊是生活在山区的一种食肉动物，在豫南地区的发现，表明该地区在当时就有较大山脉的形成和存在。

---

① 徐光春：《认真对待文化》，见李庚香：《中原文化精神》（上），河南文艺出版社2007年版，第1—2页。

② 周军、郭引强：《河南旧石器》，中州古籍出版社1992年版，前言第2页。

③ 王星光、张强、尚群昌：《生态环境变迁与社会嬗变互动》，人民出版社2016年版，第10页。

④ 刘有富、刘道兴：《河南生态文化史纲》，黄河水利出版社2013年版，第26页。

图 3-1 启母阙驯象图(郑州嵩林书院供图)

水牛、鱼类、龟、蚌、螺蛳等大量水生动植物化石表明,早期中原地区河流纵横交织,湖泊星罗棋布,水域十分广阔。豫西三门峡附近的“三门湖”①东起三门峡,西到西安附近,南到秦岭,北到山西芮城、平陆一带,地跨今陕西、山西、河南三省。② 除了三门湖以外,豫东地区、豫南地区和南阳盆地也有较大湖泊存在。

此外,《河南生态文化史纲》中对早期中原地区地理环境的论述也认为,自有人类以来,河南的地理地貌并没有发生巨大的变化。③ 由此我们可以推断,早期中原地区的地形仍以平原、山地和丘陵为主。

(二)气候环境

气候环境对人类文明的产生发展有着至关重要的作用,在一定程度上甚至决定着文明生存与发展的命运。气候环境的变化宏观上主要体现在温度与湿度两个方面。从温度变化来看,中国气候大体上呈现出由温暖转向凉爽的变化趋势,但在不同时期不同地区的表现幅度不同,而且有过多次反复变

① 新生代时期黄河中游地区发育的一古代湖泊,距今二三百万年,总面积 2.3 万平方千米。

② 周军、郭引强:《河南旧石器》,中州古籍出版社 1992 年版,第 33 页。

③ 刘有富、刘道兴:《河南生态文化史纲》,黄河水利出版社 2013 年版,第 12 页。

化；从湿度变化来看，距今五六千年前的新石器时代既是温暖期也是湿润期，但随后气候逐渐变得干燥，到了2500年前转而变得较为湿润，之后再次变得干燥。①

图3-2　“四方风”甲骨：殷人独立的四季体系（郑州嵩林书院供图）

就中原地区来说，上古时期气候温暖湿润，年平均气温及1月平均气温比现在要高2℃—3℃，到处分布着亚热带的植物和动物。② 中原地区的一系列考古发现也从侧面证实了当时的气候环境十分适合人类文明的产生与发展。更新世中期在河南境内发现的旧石器时代遗存有河南三门峡地区旧石器文化、南召猿人文化，更新世晚期的旧石器时代遗存有河南安阳的小南海文化，③ 全新世时期在河南境内发现的新石器时代遗存有渑池仰韶文化、新郑裴李岗文化等。

更新世时期旧石器时代遗址中发现了烧骨、烧土块、炭粒等用火痕迹，说明冬季较为干燥寒冷，人们已经选择进入山洞中进行御寒。到了更新世末期，在豫东地区及河南郑州均发现面积大且厚的黄土沉积，以及喜干旱气候的动物化石，说明黄河中下游地区的气候已经由湿热逐渐转为干冷。

全新世早期中原地区的气候，从总体上来说，有一个阶段性交替变化，也就是从寒温期（裴李岗文化前段）—温暖期（裴李岗文化后段）—温暖湿润期（仰韶文化前段）—寒温期（仰韶文化后段）—温暖期（龙山文化和二里头文化

---

① 孟建安、苏文兰：《中国文化概论》，暨南大学出版社2016年版，第57页。

② 毛继周：《河南经济地理概论》，测绘出版社1988年版，第6页。

③ 刘有富、刘道兴：《河南生态文化史纲》，黄河水利出版社2013年版，第39页。

早期)—寒温期(二里头文化晚期到商代早期和中期)—温暖湿润期(商代晚期)。[①] 其中,“仰韶温暖期”是一个比较突出的时段,年均气温比现在要高2℃左右,在国外学界被称为“气候最适宜期”,也就是最适合人类生存的时期。“仰韶温暖期”的时间跨度大约是距今8500—3000年,按照时间的顺序可以把整个仰韶温暖期分为四个阶段,即仰韶温暖期早期、仰韶温暖期中期、夏代和商代。其中距今4500—4000年前,也是考古学上的龙山文化及二里头文化时期,为仰韶温暖期的中晚期。在这个时期,中原地区的人类早期文明获得了长足的发展,表现为聚落变大、数量增多,农业范围扩大。据赵春青对郑洛地区聚落遗址的统计,这时期的龙山聚落遗址总数已达516处,比仰韶后期的357处增加了159处……若取相同的时间段,则龙山时期的聚落总数应是仰韶后期聚落总数的2.5倍左右。[②] 尤其需要指出的是,到了龙山文化时期,黄河中下游地区甚至上游地区都已分布有城池这一新的聚落形式。[③] 此外,河南省汝州市李楼遗址中发现的水稻也说明原始农业在该时段有了很大的发展。[④]

表3.1 地质年代与考古分期对应表

地质年代	早更新世	中更新世	晚更新世		全新世
绝对年代	181万年前→	100万年前→	20万年前→	4万年前→	1万年前→
人类不同阶段	猿人阶段		古人阶段	新人阶段	现代人
考古时代	旧石器时代早期		旧石器时代中期	旧石器时代晚期	新石器时代

① 周锋:《全新世时期河南的地理环境与气候》,《中原文物》1995年第4期,第114页。

② 赵春青:《郑洛地区新石器时代聚落的演变》,北京大学出版社2001年版,第140—156页。

③ 钱耀鹏:《中国史前城址与文明起源研究》,西北大学出版社2001年版,第9—13页。

④ 吴耀利、陈星灿:《汝州发现4000年前炭化稻米》,《中国文物报》1992年7月26日。

二、多样的生态环境

（一）植被类型

早期中原地区气候温暖湿润，植物茂盛，种类繁多。通过孢粉分析可以发现，在平原地区，早全新世（距今10000—7500年）植被类型属针叶林-草原型，草本花粉占20%—35%，木本花粉含量达42.9%—69.9%（其中针叶占84%—88%）；中全新世（距今7500—2500年）属针叶阔叶混交林-草原型，草本花粉占20%—40%，木本花粉达43.7%（其中针叶占70%—76%，阔叶明显发展，有栎、桦、栗、榆、椴等属）。[①] 在西部山区，早全新世木本主要以松为主，与臭椿、栎、鹅耳枥属、漆属混交；中全新世针阔混交，以栎属为主，有臭椿、桦木、松、榆、胡桃等。

对现存的石器时代文化遗址考古发掘表明，石器时代中原地区的主要植被类型有阔叶林、竹林、灌木丛、草甸。中原东部的尉氏椅圈马遗址中草本植物花粉占总孢粉量的3/4以上，蕨类植物孢子约占10%，乔木及灌木植物花粉占总孢粉量的1/7左右。可见，椅圈马遗址在仰韶时期的孢粉组合以草本植物花粉含量最高，植被是以莛草、蒿、藜为主，而木本的栎、冬青均生长在温暖潮湿的环境，以葎草—蒿—藜—栎—冬青—松—石松构成的孢粉组合反映当时气候温暖湿润，代表以草原为主的针阔叶混交林草原植被景观。[②] 大河村遗址中孢粉组合既有木本植物花粉，又有一定数量的草本植物花粉，且常常前者较多，可见当时周围既有森林又有草原，属于森林-草原植被类型。[③] 此

① 刘有富、刘道兴：《河南生态文化史纲》，黄河水利出版社2013年版，第14页。

② 李民：《中原文化大典·总论》，中州古籍出版社2008年版，第57页。

③ 麦学舜：《大河村遗址的孢粉分析》，《郑州大河村》，科学出版社2001年版，第675页。

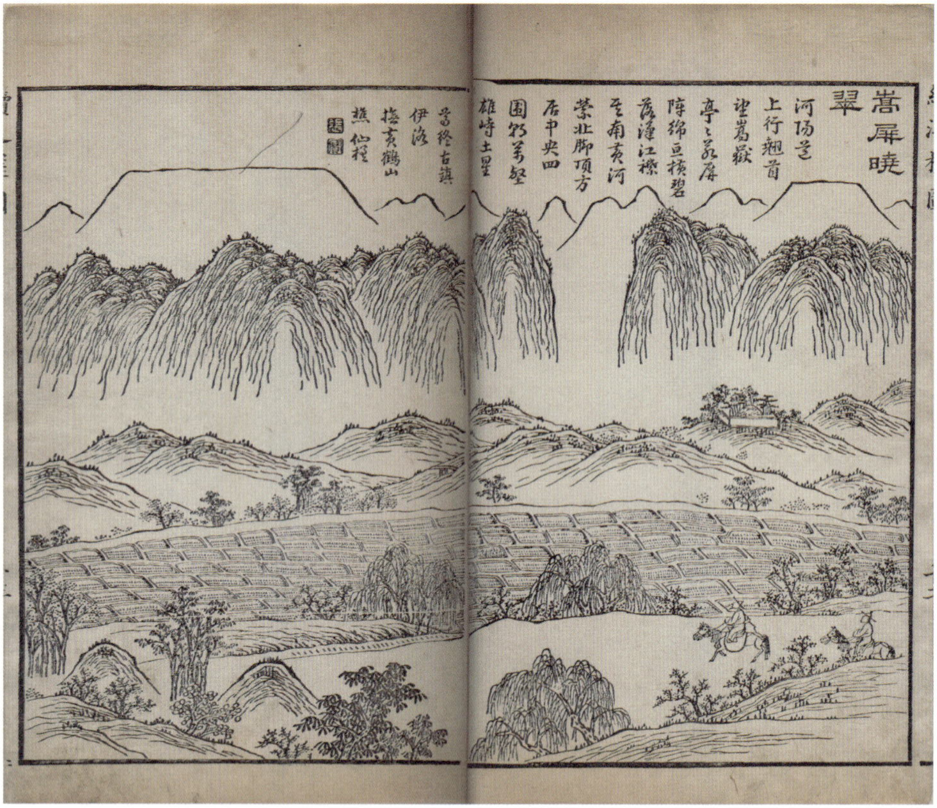

图 3-3　郑州图书馆藏清嘉庆刻本《泛槎图》之“嵩屏晓翠”图

外，裴李岗遗址中发现的栎、榛、白榆、野胡桃、梅、酸枣等植物遗存，淅川下王岗遗址中的竹炭和竹编植物遗痕，也反映了当时中原地区阔叶林竹林繁盛的植被类型。

（二）动物种群

随着早期中原地区气候的变化、植被类型的改变，动物种群也在发生着变化。中原地区旧石器时代遗存安阳小南海洞穴遗址中发现了 18 种动物化石，有猩猩、豹、野猪、野驴、披毛犀、狼、最晚鬣狗、斑鹿、普氏羚羊、洞熊、狍、水牛、苏门羚、鸵鸟等。现在已经绝灭了的有安氏鸵鸟、洞熊、最晚鬣狗和披毛犀 4 种，占全部动物群的 22%，其余各种都是现生种，占全动物群的 78%。① 许昌灵井遗址出土的哺乳动物化石有啮齿目 1、啮齿目 2、宽吻灵猫、棕熊、中国鬣狗、诺氏古菱齿象、梅氏犀、披毛犀、普通马、蒙古野驴、李氏野猪、獐、轴鹿、马鹿、河套大角鹿、鹿亚科（属种未定）、普氏羚羊、原始牛，已绝灭种类占 44.4%。② 新石器时代的仰韶文化遗址中哺乳类的野生动物有大熊猫、豹猫、苏门犀、黑熊、亚洲象、鹿、水鹿、猕猴、轴鹿、貉、猪獾、斑鹿、水獭、虎、野猪、狗獾、麝、豪猪等，鸟类动物有孔雀，爬行类动物有鳖属、龟科，鱼类有鲤属。③ 裴李岗文化遗址发现的野生动物至少有 20 种，主要有麋鹿、小麂、獐、貉、紫貂、狗獾、野猪、豹猫、野兔等哺乳动物，鸟类有丹顶鹤、天鹅、环颈雉等，鱼类有鲤鱼、青鱼等，爬行类有龟、鳖、扬子鳄等，瓣鳃动物主要有蚌类、蚬，腹足动物主要有螺类，家畜类或可能是家养的动物有猪、狗、羊、黄牛、水牛、鸡等。④

三、生态环境与文明诞生

（一）对生产方式的影响

地理环境、生态环境和早期人类文明的出现具有很强的关联性。人类产生之初，改造自然和利用自然的能力十分有限，自然环境在文明的产生与发展中发挥着决定性的作用。地理环境决定着物质生产方式的类型，是文化形成与发展的基础。农业最早出现并得到发展是在能够为农作物的生长提供充分的热能和水分的暖温带和亚热带地区；游牧经济的出现和发展是建立在

---

① 周本雄：《河南安阳小南海旧石器时代洞穴遗址脊椎动物化石的研究》，《考古学报》1965 年第 1 期。

② 李占扬：《中原文化大典 · 文物典 · 古人类 · 旧石器》，中州古籍出版社 2008 年版，第 215 页。

③ 李民：《中原文化大典 · 总论》，中州古籍出版社 2008 年版，第 57 页。

④ 李民：《中原文化大典 · 总论》，中州古籍出版社 2008 年版，第 56 页。

草原地区广阔的草场资源之上;滨海地区的工商业之所以能够首先发展起来,是因为其拥有鱼盐之利和交通之便。

中原地区西高东低的地貌格局,山地、平原、丘陵、盆地等复杂多样的地貌类型,为生物的种群多样性发展提供了可能,丰富的动植物资源为人类的生存发展提供了充足食物来源,有利于人类族群的维系和聚落的扩大。温暖湿润的气候环境、多层次的植被结构,对土壤的形成和农作物的培育生产都起着促进作用,为早期人类的生存提供了客观条件。发达的水系,为早期人类聚落的发展提供了生活用水,也为农业发展提供了灌溉水源。大面积的黄土覆盖和中原西部发育的黄土地貌,为人们提供了赖以生存的土地。由黄土构成的土壤,与北方由碎石和沙粒构成的沙漠相比,在结构上均匀、细小、松散、易碎,能有效地保持水分;与南方由重黏土构成的水田相比,则疏松柔和,黏着性不强,利于草本植物的生长,适于用最简单的农具(如掘土木棒)进行耕作。[①] 东部大平原的土壤含有丰富的腐殖质和各种植物生长所需要的元素,自然肥力高,土层深厚,适宜种植小麦、黍、谷、粟、稻谷,是发展农业的理想之地。[②]

图 3-4 谷穗图(郑州嵩林书院供图)

(二)对文化活动的影响

特定的文化与特定的地理环境、特定的空间区域密切相关,文化必然要打上地理环境因素的烙印。空间区域是地理环境的重要内涵,人类物质生活都需要一定的空间区域,由人类生活衍生出的各种文化现象、文化活动也都要借助

① 刘成纪、杨云香:《中原文化与中华民族》,河南人民出版社 2012 年版,第 38 页。

② 李民:《中原文化大典 · 总论》,中州古籍出版社 2008 年版,第 55 页。

于空间区域而存在。文化必须在一定的地理空间区域产生、发展，不同文化活动的开展也需要有不同的地理环境作为重要前提，需要提供必要的空间区域。

河南境内已发现的旧石器文化遗存有150余处，构成了完整的发展序列。旧石器时代早期的主要有三门峡水沟、会兴沟、张家湾、侯家坡仙沟、三岔沟、赵家湾旧石器遗址等，在南召和淅川遗存中发现了旧石器时代早期的南召人、淅川人牙齿化石；旧石器时代中期的有灵宝孟村旧石器遗址、荥阳织机洞旧石器时代遗址、洛阳凯旋路遗址、渑池南村旧石器遗址；旧石器时代晚期的有安阳小南海遗址、舞阳大岗旧石器遗址、南召小空山遗址、许昌灵井遗址等。

图3-5　织机洞遗址地层
（郑州中华之源与嵩山文明研究会供图）

从这些发掘出的旧石器时代遗址分布点可以看出，中原地区的早期文明发生地有一个以山区天然洞穴为主逐步往河湖阶地及山前平原地带迁移的变化过程，史前早期聚落也在这个迁移的过程中逐渐产生，在此过程中文明的要素如城址、宗教、文字逐渐开始出现。通过比较可以发现，生态环境对文化活动的空间影响，在早期人类文明产生过程中主要是以改变人类的居住环境和组织结构来实现的。

由此可见，“天地之中”文明在中原地区的出现，早期中原地区优越的生态环境起着直接的推动作用。适宜的气候环境为早期人类的生存创造了机会，山地、平原等地形条件为人类的进化——从穴居走向聚落创造文明提供了空间，多样性的动植物类型为人类的发展提供了食物保障，也为文明的发展提供了创作素材。

图 3-6　织机洞遗址远景(郑州中华之源与嵩山文明研究会供图)

图 3-7　织机洞遗址(郑州中华之源与嵩山文明研究会供图)

第二节　本地早期文明对“天地之中”文化形成的推动

通过对本地早期文明的梳理，可以清楚地看到不同文化之间的相互交流、相互影响。“天地之中”文化作为这些早期文明的后续文化，毫无疑问必然会受到它们的影响。

一、经济发展形式

在早期文明中，人类处于发展的初期阶段，人类活动主要以维持生存需要为目的，作为衡量社会发展水平指示器的生产工具，就成为判断当时社会生产水平、社会经济状态的重要依据。从旧石器时代的织机洞文化到新石器时代的仰韶文化，生产工具在不断地小型化、复杂化，再到青铜时代的夏商文化，生产工具由石器变成青铜，原料发生了质的变化，其背后是人类经济发展形式的变化。

旧石器时代织机洞、小南海遗址中刮削器、砍砸器的大量使用，说明当时的经济形式以狩猎为主；到了新石器时代，磨制工具的大量出现，表明经济形式已经发生了转变。李家沟文化遗址发现的磨制石斧、石磨盘等，表明原始农业开始产生，人类的经济形式由采集渔猎过渡到了刀耕火种时代。裴李岗文化遗址出土了砍伐森林的石斧，翻耕土地的石铲，收割谷物的石镰，加工谷物的石磨盘、石磨棒，生产工具相对李家沟文化时期更为齐全，农作物既有旱田的粟和黍，也有水田的稻，可见裴李岗时期农业取得了相当的进步，农业已渡过刀耕火种时期，进入耜耕时期。此外，伴随农业的产生，不仅有了家畜饲养，还有了制陶业、纺织业。饲养家畜的最早原因，可能是为了利用粮食作物的根、茎等人不食用的部分，陶器的烧制也与需要器皿煮熟谷类的粮食有关。

仰韶文化期生产工具的形制又有所改进，数量也随之增多，如带把石铲、心形石铲、骨铲、长方形有孔石刀、陶刀、蚌刀，制作陶器的陶轮盘、陶拍、骨抿，制作石器的各式各样的砺石、凿、钻等。不过这种进步仍是有限的，农业的收获尚不足以满足人们对食物的需要，渔猎采集仍占重要地位。在仰韶文化遗址中，早期出土了较多的石网坠、骨镞等渔猎工具。石网坠是利用河卵石，在扁平体的两侧各打一个系绳用的缺口而成，系于渔网的网口周边，捕鱼撒网后使网沉落水中以便网着鱼；拉起网时，网坠又起着拉紧网口的作用，使网中之鱼不至于落水游走。① 用网捕鱼是一种简单实用的方法，也是捕鱼诸手段中最有效的一种，沿用至今。

到了仰韶文化中晚期，农业有了较大的发展。在农业工具的制作技术方面，几乎所有农具都是磨制的，刃部比较锋利，工具制作技术有很大提高，农业工具的数量和型式也成倍增多。农业已经居于主导地位，粟成为种植的主要作物，除了粮食作物之外还有蔬菜种植。仰韶文化时期，手工业有了很大的发展，不仅种类增加，而且技艺也有很大提升。

制陶业和纺织业发展很快。制陶业已经成为专门的手工业，有更多的人从事。陶器制坯技术有很大的提高，陶器已由单一的炊煮饮食器皿，发展到有多种用途的陶器，陶器的造型和装饰也更加丰富，具有美感。

龙山文化时期，农业得到进一步发展，效率较高的掘土翻土农具的使用

---

① 程有为、王天奖：《河南通史》第1卷，河南人民出版社2005年版，第65页。

促进了耕种面积的扩大、农耕技术的进步，使得粮食产量获得了提升。手工业仍以制陶和纺织为主，冶铜业和酿酒业得到了发展。制陶工艺有了新的进步，在制坯成型工艺中，采用陶轮制作，不仅提高了制作效率，在形制上也更加美观；在制作复杂器物时，采用了“分制接合成型法”。这两种方法一直被后世陶业工匠沿用至今。纺织业发展体现在纺织品数量的增加和染色技术的出现上。

夏商时期，社会经济发展进入初步繁荣期，农业和手工业仍是社会经济的主要基础。农业生产工具的材质出现了新的变化，青铜生产工具开始得到应用。夏代，铜器已用于制造生产工具，出现了铜镞、铜鱼钩，还有铜锥、铜凿、铜锛等，但主要是用于狩猎、捕鱼和手工工具，并未在农业生产中使用。石器、骨器、蚌器、木器仍在农业生产工具中占主体地位。偃师二里头遗址中发现了大量的石斧、石镰、石刀、石铲、蚌镰、蚌刀、蚌铲、骨铲及其他骨制工具，其中以石器最多，如用来挖土、翻地的石铲，用来收割的石镰、石刀，用来砍伐林木、辟土种植的石斧。蚌器有蚌铲、蚌镰、蚌刀等，主要用于除草和收割。骨器大多为骨铲，用途与石铲同。木器主要是耒耜，用于松土、翻地、挖掘。由于木器易朽难保存，仅发现一些遗痕。

商代的农具已经开始使用青铜铸造，种类包括铲、锛、锸、镢等，但数量还不太多。甲骨文“男”字作以耒耕田之形，“藉”字作人执耒而耕之形，“力”字作单齿木耒之形，这些都说明耒是商代主要的农业生产工具。① 商代的农田大都是从田猎区发展而来，这可以从商王的一些重要农业区看出，如京、敦、画等最初都是用于田猎的，种植的谷物以禾、黍、麦、稻为主。卜辞中的“肖田”“尊田”“蓐田”都与中耕除草和给禾苗培土有关，甲骨文“采”字作用手摘取禾穗之形，还有一个作收割谷物秸秆状的字被释为“刈”，说明商代已经比较重视田间管理，农业已经脱离了低级粗放阶段，形成了由多种生产环节组

① 晁福林：《中国古代史（上）》，北京师范大学出版社 1994 年版，第 100 页。

成的系统生产过程。①

图 3-8　春耕图
（郑州嵩林书院供图）

手工业中产生了酿酒、石玉器、木漆器、青铜铸造等新的行业。农业和手工业的繁荣促进了商业的发展，商业的发达又进一步推动了与周边地区的文化交流，保证了中原地区文化的先进性。

中原地区早期居民发明农业种植谷物，驯化动物饲养家畜，解决了人类食物来源问题；制造陶器、纺织麻布，解决了人们的饮食器皿及御寒保暖问题，形成了以血缘为纽带的农耕文化，确立了农业在中原地区社会经济发展中的基础地位，为形成以稳定持重、勤俭朴实为特点的“天地之中”文化奠定了物质基础。伴随农业经济发展而产生的手工业和商业，蕴藏着先民的生活智慧，为形成具有开放性、包容性、创新性的“天地之中”文化创造了精神条件。

二、社会居住形态

从旧石器时代到农耕时代，人类的社会组织完成了由氏族向国家的演变，文明发展形态经历了中心聚落、邦国、王国、帝国的变化过程。在这个过程中，人类的居住地也由天然洞穴转变为不同类型的房屋。在采集狩猎经济条件下，固定的天然洞穴为群居时代的人类提供了必要生存场所，人类在此相互交流、学习，逐渐掌握了火的使用方法、工具的加工制作方法。农业的产生，为人类进入定居时代提供了物质保障；水井的发明，使人类对自然的依附

① 晁福林：《夏商西周社会史》，北京师范大学出版社 2010 年版，第 125 页。

程度再次降低，可以选择远离河湖的地方居住；家畜的驯化、手工业的发展，促进了社会分工，扩大了人类组织的规模。生产工具的改进意味着人类可以减少对自然的依赖、自主生活能力的扩大，居住形式的变革是生产方式演进的结果。

旧石器时代晚期，人类社会仍处于渔猎经济时代，人们过着游猎的生活，经常出没山林穿越湖沼，居无定处，只能选择一些自然的洞穴或搭起一些临时窝棚作为栖息之地，还没有建立长久性居室建筑的需求，但聚落的萌芽已经孕育其中。

新石器时代早期，以耜耕农业为基础的固定式原始聚落普遍出现。“日出而作，日入而息”的农业生产方式要求人们必须居住于农田附近，为此，人们逐步改进以往搭建临时窝棚的技术，建立起半地穴式住房。首先挖出地穴，平整和铺垫居住面，然后在地穴之上加筑墙壁以扩大室内空间，最后加固棚顶。这种半地穴式的房子面积为4—10平方米，一般都是单间。房屋的布局往往是一座大房子周围分布不少小房子，构成完整的村落。村落面积较小，为2万—5万平方米，由几座至十几座房子组成，房子的分布不整齐，没有固定的布置规律，但比较集中。村落周边有氏族公共墓地，不同村落的公共墓地大小不一，但是墓葬的埋葬方式和习俗大体相同。葬坑为长方形竖穴土坑，墓向一致向南或向西南，表明社会仍保持着向心封闭式聚落结构。总的来说，新石器时代早期中原诸聚落面积相差不大，空间分布也较稀疏，各聚落群中没有出现具有支配地位的中心聚落。在聚落内部，房屋建筑的面积和结构虽有差别，但不构成居住者身份或社会地位之不同；墓葬中随葬品的数量、种类与墓葬规模在同一聚落中不具有正相关关系，同一聚落或者不同聚落的墓葬在随葬品方面的差异更多地与不同血缘集团的丧葬习俗或者死者的性别、年龄等因素存在关联。①

---

① 北京大学中国考古学研究中心：《聚落演变与早期文明》，文物出版社2015年版，第90页。

新石器时代中期，进入初城的演化过程。裴李岗时期聚落已有了居住区和墓葬区的功能区分，聚落周围有壕沟和河流。仰韶时期，聚落普遍出现了明显的规划和统一布局，居住区位于中央，外环为围沟，房屋为平地起建型，房址周围有土台和门道，攒尖式屋顶一直覆盖到地面，室内中央近门处均设用于炊事及取暖用的火塘。大房屋是房屋组群的中心，一组房屋群只有一座大房屋。龙山时期，居住的房址有半地穴式、地面起建式和夯土台基式等，其中地面起建式较为常见，有单间、双间及多间的房子，许多居住面以白灰面制成，每间房内各有火塘和出入的门道。

到了夏商时期，随着社会发展的需要和生产力的不断提高，在总结前人夯筑技术经验的基础上，不但继续使用夯筑技术修建房屋地坪与台基，而且使用夯筑技术修建城垣。[①] 建筑技术的发展使得居住形态也发生了变化，聚落内部按照功能的不同划分了不同的区域。如，二里头城址依功能设置了不同区域，总体上有中心区和一般居住区之别，中心区又可分为筑有宫城的宫殿区、铜作坊区、祭祀活动区和贵族聚居区。[②]

农业剩余产品的增加促进了社会阶级的分化，为聚落及更大的地区间的贸易与交换提供了条件。与此同时，对水源和优质农地的争夺也引发了冲突，于是在一个聚落甚或一个更大的地区中出现了权力及影响力不断上升的少数精英，他们成为聚落的首领。聚落内居住点和墓葬群分化严重，聚落群结构开始发生变化，聚落面积也出现较大分化，形成金字塔形的聚落群结构，在等级聚落的基础上又出现了中心聚落。郑洛地区龙山时代 516 处聚落以面积划分，大致可分为四级：一级聚落（40 万—100 万平方米）共有 8 个，仅及龙山聚落总数的 1.55%；二级聚落 11 个，占 2.13%；三级聚落 138 个，占 26.74%；

---

① 安金槐：《安金槐考古文集》，中州古籍出版社 1999 年版，第 16 页。

② 陈建裕：《伏牛山文化圈史前城址与中国文明起源探索》，《平顶山学院学报》2012 年第 27 卷第 1 期，第 92 页。

四级聚落 319 个，占 61.82%（另有不详 40 个，占 7.75%）。[①] 这表明聚落在结构的布局上有主有次，形成主次分明的聚落统一体。中心聚落的性质也在发生变化，它对周围的聚落起着制约和保护作用，为维护集团的利益，增加其防御功能，在中心聚落基础上发展为城址。

仰韶时期，城址的基本形态为圆形环壕城址，脱离了村落加围墙的聚落形态，逐渐发展成为一个地区的政治、经济、文化中心。龙山时代，城址的规

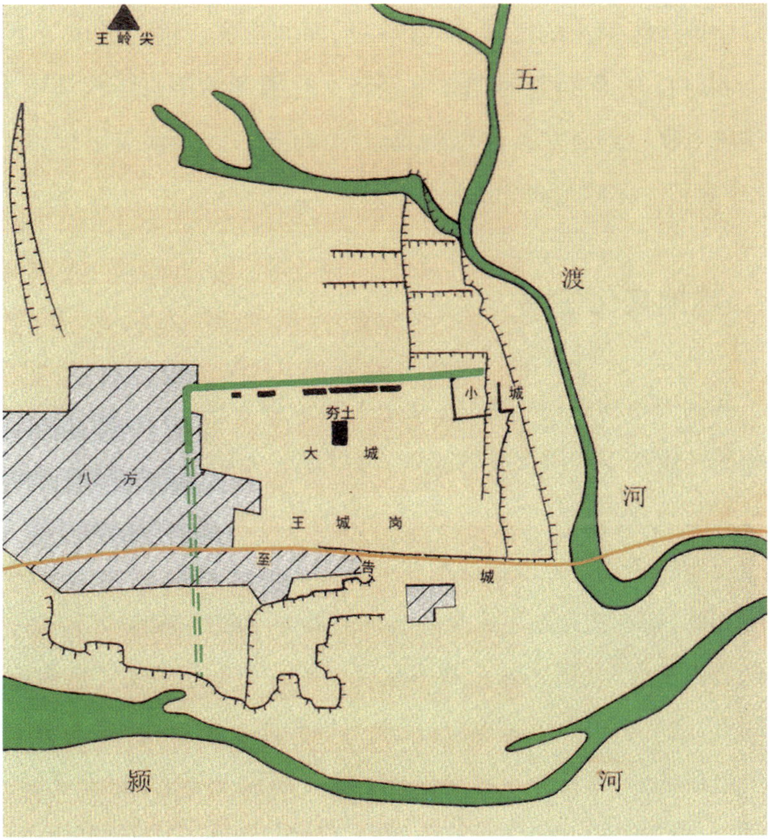

图 3-9　王城岗城址图（郑州中华之源与嵩山文明研究会供图）

① 赵春青：《郑洛地区新石器时代聚落的演变》，北京大学出版社 2001 年版，第 142—156 页。

模较之前有所扩大,城址的形状也由仰韶时代的圆形转变为方形或长方形形态。这表明在龙山时代城址的建设已经初步具备方正对称思想,奠定了我国几千年来城市建设的基本形态。除此之外,城址的性质也在发生着变化,由仰韶时期的初城,逐渐演进为龙山时期的城址群,进而产生二里头文化的宫城,直到殷商成熟的都城。

座座城址的发现,代表着文明的演变和进步。以军事防御为主要功能、带都邑性质的大型中心聚落的出现,说明了中原地区古代部族活动频繁,也反映了以中原地区为主的区域相对统一局面的形成。这为形成一个具有强大凝聚力和向心力、保持长时期政治经济文化繁荣的中央王权奠定了基础,也使维护统一反对分裂割据的思想观念深深烙入人心,促进了日后“天地之中”文化中家国一体政治观念的形成。

三、精神文化生活

人类有别于动物的标志之一,就是人类所独有的丰富的精神文化世界。精神文化的产生基于物质世界的基础,可以说是人脑对于客观世界的一种反映。精神文化随着人类社会的发展而不断地传承与完善。可以这么说,客观世界点点滴滴的变化都可以很快地在我们大脑中产生相应的主观精神反映。也正因为如此,精神文化随着人类社会的进展而不断地被继承与发展。

中国自古便为“礼乐之邦”,礼乐制度一般认为是西周初年产生的一种社会等级制度,之后它融入儒家思想,从而得以传承发展至今,成为中国古代文化的重要组成部分。《史记·五帝本纪》载:“禹践天子位,尧子丹朱、舜子商均皆有疆土,以奉先祀,服其服,礼乐如之,以客见天子。”[①]中国古代社会充满着人文主义情怀,自古以来,中国人重人治而轻法治,礼乐制度是规范社会秩

---

① 〔汉〕司马迁:《史记》,中华书局1959年版,第44页。

序和人与人关系的重要手段。一套完整的礼乐制度，既是上层统治者区分阶级等次的工具，又是社会稳定运行的润滑剂。礼乐制度依托中国传统社会，是联系小农经济与中央集权制度这对本身矛盾的经济基础和上层建筑的纽带，在中国历史发展的长河中扮演了重要的角色，即使是今天，它在维系社会稳定和指导人与人之间关系上仍然有重要的价值。

“乐器和礼器一样是礼乐制度的外部表现形式。”①对于礼乐制度而言，乐器是重器，是国家政权的象征。乐器的起源，也与人类文明的演进是同步的。能够制造并使用工具，是区分人与动物的根本标志。自旧石器时代起，原始人类社会便出现了形形色色的工具。这些工具主要集中在生产及生活领域，比如说原始狩猎采集社会时期的石斧、石矛等，以及主要使用于生活情境的各类陶器。到了新石器时代，这些生产生活用具种类更为繁多，制作也更为精美。随着社会生产力的不断提高，乐器产生了。乐器最早出现时与原始宗教祭祀活动密切相关，以至于有人认为这一时期的乐器是法器。到龙山文化时期，乐器的功能发生了重大的转变，逐渐由巫术时代的法器和祭器演变成象征人伦与社会政治关系的礼器。

贾湖骨笛是新石器时代裴李岗文化的重要遗存之一，是我国目前出土的年代最早的乐器实物，是原始社会人类精神文化生活的重要例证之一。贾湖骨笛出土于河南省舞阳县贾湖镇，并以此命名，目前考古发掘已出土 20 多支骨笛。“这些骨笛多为鹤类尺骨七孔笛，也有一些骨笛是多于七孔和少于七孔的。不少骨笛的音孔旁尚存钻孔时设计音孔位置的横线刻记。可以看出，开孔前的刻线显然是根据某种特定的比例关系计算好了的。”②这其中制作最为精美的一件是编号 M282：20 的骨笛，“这支骨笛的音阶结构至少是六声音阶，也有可能是七声齐备的、古老的下徵调音阶”。放眼全世界，早期人类社

① 王小应：《商周礼乐制度探析》，《丝绸之路》2012 年第 6 期，第 15 页。

② 童忠良：《舞阳贾湖骨笛的音孔设计与宫调特点》，《中国音乐学》1992 年第 3 期，第 43 页。

会在解决了最基本的生存问题之后，都会萌生出对于精神文化生活的向往，而最具有代表性的往往是音乐，它可以传递人类的喜怒哀乐，甚至起到了互相交流沟通的作用。在同为四大文明古国的古巴比伦和古埃及，音乐早早地诞生了，笛子由于其欢快多变的旋律、简单易得的材料与并不复杂的制作工序而成为最早的乐器之一，例如位于今天伊拉克境内的乌尔王陵内出土的笛子等。贾湖骨笛也是目前所发现的世界上最早的可吹奏的笛子，其时间远早于古巴比伦和古埃及，可以称得上是世界笛子的鼻祖。中国音乐有据可考的历史因此大大提前了。

贾湖骨笛直到今天仍然可以吹响，用它演奏的传统中国乐曲悠扬婉转，仿佛来自远古的声声呐喊，其精致严谨丝毫不输于我们今天的乐器。在贾湖骨笛出土以前，中国历史给人的往往是一种刻板的印象，玩乐会被视作是“玩物丧志”，而美妙的乐声则会被认为是“靡靡之音”。但事实证明，中国的先民们也非常热衷于通过悠扬的笛声表达出对美好生活的向往，这也使得中国这个古老国度的形象越加丰满与真实。贾湖骨笛的出土改写了中国音乐发展史，不光是将其时间大为提前，更重要的是它为我们今天研究原始先民的社会生活和精神世界打开了一片新的天地。此外，贾湖骨笛的发现对于中国礼乐制度形成乃至早期“天地之中”文化的研究也有重要的意义。

“古先圣王受命应箓，则有龟字效灵，龙图呈宝。自巢燧以来，皆有此瑞，迹映乎瑶牒，事传乎金册。庖牺氏发于荥河中，典籍图画萌矣。轩辕氏得于温、洛中，史皇、苍颉状焉。奎有芒角，下主辞章；颉有四目，仰观垂象。因俪乌龟之迹，遂定书字之形，造化不能藏其秘，故天雨粟；灵怪不能遁其形，故鬼夜哭。是时也，书画同体而未分，象制肇创而犹略。无以传其意，故有书；无以见其形，故有画。”①历史上的“河图”及黄帝臣子史皇制图的传说，都反映出中原地区较早地出现了绘画活动。当然，此时的绘画还远远谈不上“艺术创

① 〔唐〕张彦远：《历代名画记》，上海美术出版社 1964 年版，第 1—2 页。

作”，也不是专供人鉴赏的艺术品，而只是起到美观装饰的作用。

早在距今7000余年前的磁山、裴李岗文化遗存中便有简单的陶器彩绘，到距今6000多年前的仰韶文化时代，在陶器上便有人、动物、植物和几何图案的简单描绘。河南地区仰韶文化的绘画与周边其他地区的绘画内容和风格都有明显不同。例如在陕西地区发现的绘画，内容比较广泛，有人、动物、植物和几何图案等，其中人面、鱼纹等图案很有特色，而由圆点、直线和各种三角形组合的几何图案亦丰富多彩。而河南仰韶文化彩绘主要是抽象的花瓣图案和一些蛙纹及星相图案等，“至于直接反映人生活场景的绘画，河南地区尚无发现”①。

图3-10　大河村遗址出土彩陶（郑州中华之源与嵩山文明研究会供图）

鹳鱼石斧图彩陶缸是远古时代的一件丧葬用具，因其表面绘有鹳、鱼、石斧的图案而得名。虽名为“彩陶”，但实际颜色仅有红、黑两色。这里我们也不应当苛求古人，毕竟红色的出现对于之前单调的审美已是极大的进步。鹳鱼石斧图彩陶缸属于新石器时代早期仰韶文化的器物，而当时的社会很流行瓮棺葬，大量同一时期的瓮棺被发现于河南伊川，故此种形态器物也被称作是“伊川缸”。它于1978年在河南临汝（今汝州市）出土，高47厘米，口径32.7厘米，底径19.5厘米；深腹，底部有圆孔，应当是与当时社会的某种信仰有关。鹳鱼石斧图彩陶缸图案高37厘米，宽44厘米，画面虽古朴但不失灵动和谐，生动展现了远古先民渔猎生活的场景，是中国历史上时间最早也是面积最大的一幅陶画。鹳鱼石斧的图绘浑然一体，但又层次分明。整个图案大致分为两部分——左边的鹳衔鱼和右边的石斧，

① 程有为、王天奖：《河南通史》第1卷，河南人民出版社2005年版，第84页。

这种奇妙的组合既是当时渔猎生活的写照,也颇类似于日后的“鹬蚌相争,渔翁得利”的故事。整幅图案造型虽简单,但非常注重细节的刻画,特别是右边石斧的每个细节,如孔眼、缚绳以及可能是为了区分私有财产而刻画的一个“×”形符号。这一点也佐证了当时社会私有化的出现,预示着重大变革的到来。图绘中鹳身上为纯白,很巧妙也很形象地表现了鹳的特点,这种绘画技巧可能就是日后国画中“填色”和“没骨”画法的雏形。很难想象这是距今6000多年前仰韶文化的绘画作品。

从绘画发展的历史来看,鹳鱼石斧图绘反映的是古代先民对于美的追求与渴望自我实现的早期人文主义情怀,是仰韶文化时期绘画艺术的最高成就。它的出现标志着早期中国绘画艺术由简单纹路绘画向具体实物绘画的转变,是现实主义与浪漫主义的碰撞与迸发,是早期“天地之中”文化形成过程中一座重要的里程碑。

从民族艺术性而言,鹳鱼石斧图彩陶缸整个器皿和构图展示出一种较强的民族时代精神与艺术魅力,还具有氏族图腾的代表性。据推测,这幅图绘也可能是在表现两个分别以鹳、鱼为图腾的原始部族之间的战争(石斧)。这种猜想对于研究原始社会宗教与图腾信仰有着重要的参考价值。

中原地区早期文明中出现了许多文化艺术品,贾湖骨笛和鹳鱼石斧图仅仅是其中具有代表性的作品,我们以此管窥早期文明对“天地之中”文化形成的推动作用。贾湖骨笛作为罕见的史前乐器,是中国最早的乐器实物,表明中原地区的先民们在很早就已经开始了在音乐及乐器制作方面的实践,不仅为我们研究“天地之中”文化与礼乐制度,也为研究中国音乐与乐器发展史,提供了弥足珍贵的实物资料。鹳鱼石斧图绘无论是在画幅面积还是内容内涵上,都远超同一时期的其他画作。其背后围绕着画面所流露出的主题,注意形象的塑造和布局的构思,标志着中国古代绘画正式形成。文化艺术的发展一方面体现了早期中原地区经济社会的繁荣,另一方面也表明了中原地区先民们的精神文化生活状态,为后续“天地之中”文化的发展提供了智力和文化基础。

第三节　异地早期文明给予“天地之中”文化形成的助力

“天地之中”文化的形成经历了漫长的岁月。在这一文化区域内，最早距今约 60 万年前，位于黄河大转弯处的“三门湖”范围内便出现了人类活动的迹象。在位于“天地之中”文化核心的嵩山地区，自 20 世纪 80 年代以来，考古工作者先后发现了多处旧石器时代文化遗址。例如，在荥阳织机洞发现了距今十多万年的旧石器时代遗址，出土一批打制石器和动物化石，还有多处用火的痕迹；在许昌灵井镇，发掘出较完整的古人类头盖骨化石和一批动物化石，还有大量制作精美的细石器、骨器等；在郑州西南郊老奶奶庙发现距今 5 万至 4 万年间的旧石器时代晚期遗址，出土了多件石制品、动物骨骼及碎片和用火遗迹等。这些重大的考古发现充分证明了“天地之中”文化起源于嵩山地区。

在全国范围内的新石器时代文化遗存中出现过许多闪光点，例如山东龙山文化、甘肃齐家文化、辽宁红山文化以及长江下游的良渚文化等，它们都在各自的区域内独领风骚。但在新石器时代晚期，即夏王朝建立前后（距今约 4000 年），地处中原的二里头文化，呈现出强势上升的趋势，释放出巨大的辐射力和凝聚力，致使这里真正占有了文化层面上“天地之中”的核心地位。

中原文化本是土著形态，大约从公元前 2500 年开始，它在广泛吸收周边文化的基础上崛起，如吸收齐家文化的制铜技术，把山东龙山文化的鬶引进改造为三袋足器，以及吸纳良渚文化中的玉器文化、陶器上的刻画符号和饕餮纹饰，等等。同时，中原文化又向周边辐射，使周边文化融入许多中原文化因素。仅以西辽河地区夏家店下层文化为例，红山文化以来传统的平底筒形罐趋于消失，被甗、鬲等三袋足器取代，并且成为最常见的器类；器物上的纹饰也由过去比较简单的之字纹演变为更加复杂的绳纹。研究表明，三袋足器和绳纹都是由河南龙山文化传播而来。通过这些考古资料可以证实，中原文化既是开放的，又具有很强的包容性。

距今约 5000—4000 年，与河南龙山文化（王湾三期）并立的还有西辽河地区后红山文化——夏家店下层文化、山东龙山文化、江浙良渚文化等。这一时期，尚显示不出它们之间发展水平的高低，但到了距今 4000 年前，情况发生了变化。在原来河南龙山文化王湾三期基础上发展出二里头文化，二里头文化占据了中原地区龙山文化的大部分地区，甚至越过了伏牛山，占据了江汉文化区的豫西南、鄂西北地区。就在二里头文化崛起的同时，以山东中部一带为中心的海岱文化区的岳石文化失掉山东龙山文化鼎盛期的辉煌（表现为陶器质量降低、蛋壳陶消失等），北方燕辽文化区的夏家店下层文化相比较红山文化也开始走向衰落，而长江下游的良渚文化也兀然退出了历史舞台。至此，二里头的领先地位已完全确立，“天地之中”文化的雏形已经出现。

本节将探讨在“天地之中”文化形成早期（新旧石器交替时代以及夏商文明时期）其他文明所给予的助力。鉴于这一时期文字资料的缺失与当时社会发展的实际情况，这里将简要地选取最具有代表性的几个文化遗存，分析它们对“天地之中”文化形成的影响。

一、西侯度遗址与豫西旧石器遗存的关联

（一）西侯度遗址

位于山西省南部的芮城西侯度遗址，属于更新世初期，距今180万年，大致与云南元谋人处于同一时期，是目前中国境内已知的最古老的旧石器时代遗址之一。西侯度遗址提供了目前中国最早的人类用火证据，西侯度遗址的发现把人类用火的历史推进到距今一百几十万年前。

西侯度遗址位于山西省芮城县风陵渡镇西侯度村。1959年，中国科学院古脊椎动物与古人类研究所联合调查匼河遗址①时发现了这处旧石器时代遗址。该遗址位于中条山向黄河倾斜的黄土丘陵地带。其剖面完整，地层清楚，从上到下地层堆积依次为晚更新世灰黄色粉沙土、中更新世棕色粉沙土、早更新世交错沙砾层。其中，在早更新世的沙砾层中发现大量动植物化石以及人类活动的遗迹，动物化石有句河狸、山西轴鹿、三门马、古中国野牛、步氏羚羊、纳玛象等，能鉴定种类的动物已经全部灭绝；除此之外就是打制石器和用火遗迹等早期人类活动的例证。

西侯度遗址出土的石器以打制石器为主，主要原料是当地盛产的石英岩；但目前考古发现的较少，种类上也比较单一，主要是以三棱大尖状石器为主，除此之外常见的还有石核、石片、砍斫器等等。西侯度遗址所发现的打制石器的同类器物在陕西蓝田的公王岭、山西匼河和丁村遗址都有发现，在制作手法上，这一时期的石器大都以锤击、砸击的方法打制而成，比较粗糙。

西侯度遗址的另一个重要之处在于它的地层清楚，时代明确，它的地层

---

① 匼河遗址是中国华北地区的旧石器时代文化，距今约60万年，属中更新世早期。

剖面代替了20世纪20年代以来一直是我国北方地区早更新世地层代表的河北省阳原县泥河湾层。

（二）豫西旧石器考古

豫西地区位于秦岭山脉与中条山之间，新生代底层发育很好，很早就为地质学家和古生物学家所注意，这里也是中原地区旧石器文化遗存最为丰富的地区之一。最早在1921年，由瑞典科学家安特生主持的对渑池县仰韶村史前遗址的考古发掘揭开了中国考古学的序幕。到1949年新中国成立之后，系统而科学的考古发掘随即展开，考古工作者们陆续在灵宝、渑池等豫西地区发现了大量旧石器时代人类活动的遗存。

水磨沟和会兴沟，位于三门峡市东北会兴镇和上村之间，是两条流入黄河的冲沟。在这里较靠下的黏土及粉砂互层中发现了一批旧石器，原料都是砾石，它们和古老河床中的砾石岩性相同，说明当时人是从附近的河滩上捡取砾石就地制作的。石器中包括石核、石片、砍砸器、石球等器物。

砍砸器是华北地区旧石器时代早期文化中常见的一种工具，它们都具有适于砍砸的厚刃，刃缘一般呈外凸的弧形或锯齿状。从石器的形制和制作来看，水磨沟、会兴沟遗址在时代上同北京周口店第一地点下层和山西匼河遗址大体相同，相当于旧石器时代早期文化遗存。

陕县（今三门峡市陕州区）张家湾、赵家湾位于陕县老城南约6千米的苍龙涧东岸，二者相距很近，在这里发现了一些旧石器，其中有石核、大型尖状器、厚刮削器和砍砸器等。这些石器均出自红色土层中，从地形上看虽比水磨沟、会兴沟的石器稍晚一些，但从石器形制和加工方法看彼此之间有一定的联系。

在张家湾东南约5千米的侯家坡附近的红色土层中发现了石核，在红色土堆积之下的沙砾层中发现了石片，上边边缘的使用痕迹非常清晰。从地层叠压看，这里的石器比张家湾、赵家湾的石器还要早一些。

灵宝孟村位于灵宝市东北 15 千米涧河附近。在河东岸黄土底部的沙砾层内发现有刮削器和石片，据鉴定它们属于旧石器时代中期文化。灵宝函谷关北面，即汇入黄河处的涧河西岸边上，发现了一批打制石器，包括用砾石打制而成的石核、石片等，全是用锤击法打制而成。这些石器的时代比较晚，属于旧石器时代晚期文化遗存。

（三）“人类演化场”——豫西晋南旧石器时代的交融

西侯度遗址位于黄河中游山西南部，在远古时代属于“三门湖”地区，是黄河东出黄土高原的第一站；而豫西地区的三门峡、灵宝和渑池一带，与晋南的西侯度遗址只有一水之隔。自 20 世纪 50 年代以来，在这两个相邻地区先后出土了大量的旧石器时代的文化遗存，目前我国范围内发现最早的距今 4500 万年的世纪曙猿化石也在这里被发现。不难看出，这一地区是一个类似于东非大裂谷的“人类演化场”。

从目前考古发掘的遗迹来看，豫西晋南两地在发现的打制石器制品和古生物化石标本上具有极大的相似性。分析对比二者出土的石制品的打击痕迹与自然碰撞等，可以发现其制品在台面、打击点、辐射线、破裂面痕迹等方面有诸多相似点。在打制石器制品原料环境上，二者大多采用河滩砾石，出土地层也较为一致。

在旧石器时代，人类文明的曙光初现，黄河在中原大地上奔涌而过，掀开了“天地之中”文化的第一篇章。母亲河不仅默默地哺育着这片沃土，更将周边文明的精粹一泻千里带入中原大地，掀起文明交融发展的狂涛巨浪。

二、良渚文化对于商代文化的影响

（一）原始易卦

良渚文化主要活跃于环太湖地区，其影响范围达到了苏沪杭等长江下游地区。在江苏省海安地区发现的良渚文化遗存中，最引人注目的是两片类似于原始易卦的骨甲，据推测其卦文分别是“三五三三六四”“六二三五三一”，这类似于后来《周易》卦辞中“艮下乾上”和“兑下震上”。对此，学者张政烺先生认为其所用的数目字有二、三、四，说明它的原始性。这是长江下游新石器时代文化，无论其绝对年代早晚如何，在易卦发展史上应属早期形式，可以据此探寻易卦起源地点问题。

在人类文明的幼年时期，出于对自然力量的敬畏与对未知事物的向往，原始的神灵宗教观诞生了。我国的史前社会和夏商周三代都有大量“巫”的存在。在商代，这种求卜问巫的习俗发展到了一个新的高度，当时负责与鬼神天地沟通的分别是巫、卜、祝等，这些人员都是在当时的国家中占有绝对重要地位的官员，对国家的政治和社会的发展有很大的影响力。如果不是商代巫卜观念的盛行，可能我们今天就见不到这么数量众多的甲骨文，甲骨文就是“巫”对国家大事以及前程出路向上天鬼神问询结果的记录。

被称作“地方志鼻祖”的《越绝书》记载：“虞山者，巫咸所出也。”这里的巫咸是一个人名，巫是他的官职，咸则可能是他的名字。据考证，巫咸可能是长江下游虞山人，是商代负责问天地询鬼神的一名高级官员。他所处的商王太戊时代，中原社会曾广泛地接纳来自长江流域的良渚文化；上文提到的起源于良渚文化的早期易卦，就是在这一时期随着像巫咸这样的人而传入中原的。

饕餮纹曾是良渚文化玉器上独具特色的纹饰，最早发现于长江下游地区,常常镌刻于玉琮等器物之上,有非常明确的指代含义。但到了夏商时代,中原地区的饕餮纹饰也渐渐多了起来,这在之前的中原地区是很少见到的。故此,学者李学勤先生在对比过中原与良渚两种文化中饕餮纹饰的细节后得出如下结论:“良渚的纹饰(饕餮纹)都没有角。商代青铜器上的很多是有角的,但值得注意的是,二里岗期的这种纹饰多数并没有角”①,“良渚文化的兽面(饕餮纹),眼睛是卵圆形的。二里岗期青铜器花纹兽面的两目,眼珠的形状近于卵圆形的仍占较大比例,只有一部分表现出尖的眼角。到殷墟期,便流行像甲骨文‘臣’字那样内眼角钩曲的目形,有了较明显的变化”②。这实际上是在说,饕餮纹饰不仅仅是以一种纹饰造型而传入中原地区的,随它而来的还有良渚文化对于玉器的崇尚。

郑州商城遗址作为二里岗文化即早商文化在中原地区的代表,又分为前后两期,其中饰有饕餮纹的青铜器广泛发现于二里岗文化的后期,而前期的青铜器多造型朴实,无纹饰。从考古学的角度来看,二里岗文化前期的青铜器物造型纹饰与二里头文化的特点大致相同,而后期二里岗文化所出现的饕餮纹饰又与良渚文化玉器上的饕餮纹饰如出一辙。三者之间的关系也显而易见,二里岗文化上承二里头文化,又接受了良渚文化的影响,这从一个侧面论证了我们今天的主题,即“天地之中”文化形成中受到外来文化因素的影响。需要注意的是,以无角圆目为特征的饕餮纹饰虽来自良渚文化,但也不是简单的照抄照搬,很多变化与改进也是保证这一文化因素继续得以流传下来的重要因素。

回过头来,我们继续看巫咸这样一个沟通商文化与良渚文化的重要人物。首先是他的身份,作为一名“巫”,他的工作就是通过某种途径或是媒介而达到所谓的“沟通天地鬼神”。早期的中原文化所特有的是一种龟甲占卜,

---

① 李学勤:《良渚文化玉器与饕餮纹的演变》,《东南文化》1991 年第 5 期,第 46 页。

② 李学勤:《良渚文化玉器与饕餮纹的演变》,《东南文化》1991 年第 5 期,第 46 页。

这一点我们可以从甲骨文的发现中得到验证。而使用玉琮等更为贵重的器物再饰以充满神秘主义色彩的饕餮纹饰作为沟通天地鬼神的媒介,则是一种更加先进也更加为统治者所青睐的占卜方式。伴随着巫咸而来的不仅仅是各种饰以神秘纹饰的玉制神器,还有长江流域先民所特有的宗教宇宙观。它们与中原传统的“敬顺昊天,数法日月星辰,敬授民时”的观念相结合,碰撞出了早期“天地之中”文化关于天地人观点的思想火花。思想与文化的传播不会单单只靠一个人的力量。我们有理由相信,当年的巫咸不会是第一个也不会是最后一个将良渚文化向中原地区传播的人,但我们也不能因此抹杀巫咸在“天地之中”文化形成中的卓越贡献;也正因为如此,司马迁在《史记》中将巫咸与羲、和等天文历术家并列。

（二）早期玉文化

自20世纪20年代末,大批商代珍贵文物相继出土,其中一批精美的玉器尤其引人注目。目前所见到的商代早期的玉器,在时间上与二里头文化晚期相交汇,常见的器物有圭、戈、铲、璋、玦、环等等。而在整个河南地区夏商之前的新石器时代文化遗存中,玉器并不常见,所以商代的玉文化若要在中原地区寻根溯源的话显然很难站住脚,反倒是地处江南的良渚文化与辽东的红山文化在更早的文化遗存中发现了大量的玉器。据此,我们大胆推测:商周时代“以苍璧礼天,以黄琮礼地”的玉文化习俗便源自良渚文化。良渚文化与红山文化都位于玉矿产地附近,条件得天独厚,是中国史前文化中最为著名的玉文化代表,“它们既有相同之处又有不同之处,代表了这一时期南方与北方玉文化的最高发展水平,为文明时代制玉工艺的发展奠定了基础”①。

综上所述,从商代开始盛行于中原的玉文化,其起源并非中原地区,而是

① 朱薇君:《良渚文化与中原、北方红山文化的比较》,《南方文物》1997年第1期,第45—48页。

一种文化的传播与吸收。最早将玉器带入中原的人已经不可考证了，肯定不是巫咸，他只可能是其中之一，然而这些已经不重要了，因为起源于良渚文化或是红山文化的玉文化经过反复的提炼与吸收，已经成为“天地之中”文化的一部分，中华文明也已赋予了“玉”这种本质上的矿石一种全新的文化内涵并流传至今。

将商代早期的玉钺与在良渚文化中发现的梯形石钺相比较，可以发现二者非常多的相似之处。梯形钺，顾名思义，因形似几何梯形而得名，是当时钺造型中最常见的一种形态，被广泛发现于长江下游的各新石器时代文化遗存以及早商文化遗存中。“汇观山墓地的 M4，墓坑为 4.75 米×2.60 米，棺椁齐备，出土大量的随葬品，仅石钺多达 48 件，为目前良渚大墓中出土石钺最多者。”[①]不难看出，良渚文化地区的石钺“形式上与商周青铜钺有密切关系”[②]，二者最大的区别可能就是材质上的差异，青铜器的出现也是中原商周文化后来居上的证据。

距今四五千年前的良渚文化，在中国史前文化格局和早期文明进程中扮演着一个十分特殊的角色。在良渚文化所处的时代，各个文化的发展总体上来说还是比较闭塞的，良渚文化则是这一时期文化传播的佼佼者。原始易卦和玉器是良渚文化最突出的成就，它的传播与发展深刻地影响到了日后“天地之中”文化的形成。

---

① 刘军:《良渚文化考古又一重要发现——余杭汇观山发现祭坛及大墓》,《中国文物报》1991 年 8 月 11 日。

② 傅宪国:《试论中国新石器时代的石钺》,《考古》1985 年第 9 期,第 828 页。

三、马桥文化与夏商文化的互动

（一）马桥文化

马桥文化因最早发现于上海马桥遗址而命名。它的发展上承良渚文化，都是长江下游地区新石器时代文化的代表，其活动区域也主要是在东南太湖地区。虽然在时间上马桥文化紧接良渚文化，但二者在文化上的差异非常大。马桥文化虽大量继承了良渚文化的因素，但这些因素却并不占主导地位。比较同一时期的新石器时代考古遗存，马桥文化来源呈现出多源性的特点，包含有山东岳石文化、中原二里头文化等因素。

在时间上，马桥文化大致与中原商王朝时间相当，但其发展程度要落后于中原地区。马桥文化的发展也继承了良渚文化的外向性，在夏商时期，马桥文化与中原地区交往甚密，所以，从今天考古发掘的文化遗存上来看，二者具有许多共同的因素。

（二）文化因素对比

夏商时代，中原地区的陶器以灰陶器为主，器型多平底和圆底，此外还有三足、圈足、袋足等；另外，以甑、鬲为代表的炊器和以觚、爵、鬶为代表的酒器最为常见，食器和盛储器等生活用器也发现较多。

马桥文化的陶器质地丰富，有砂陶、泥质灰陶和泥质黑陶三大系；在纹饰上，马桥文化多继承良渚文化的特征，也是呈现出多样的造型，具体有叶脉纹、方格纹、席纹、云雷纹等；器类主要以鸭形壶、钵、簋、豆、觚、觯等生活用具为主。[①] 器物以生活用具为主,固然是受限于当时社会发展的实际情况,但就器物表面的纹路造型来看,马桥文化与中原夏商文化存在着明显的不同,显然属于两种不同性质的文化。

尽管马桥文化同中原夏商文化之间文化面貌以差异为主,但是二者的共同点也非常明显。二者陶器群中的鸭形壶、三足盘、平底盆、簋、器盖、盆、尊,以及戳印和压印纹饰等都是马桥文化与夏商文化中的共同因素。

马桥文化时期曾广泛流行着一种形似鸭禽的器物“鸭形壶”,也是一种生活用具。就目前考古发掘来看,鸭形壶除主要在上海马桥遗址发现较多外,在江苏苏州吴中区澄湖遗址、上海金山区查山遗址、浙江江山肩头弄遗址等都有发现。

在中原地区,鸭形壶也有发现,主要出土于偃师二里头一期的墓葬中,[②] 在时间上属于商代早期,与马桥文化发现的鸭形壶时间大致相同。二者最大的区别在于材质和细节的不同:马桥文化的鸭形壶秉承上至良渚文化以来东南地区器物造型一贯的风格,纹饰精美,偃师二里头所发现的鸭形壶为素面,不过造型上更加生动传神;材质上,二者分别以泥质红褐陶和夹砂灰陶为主。在器物装饰纹样上,戳印和压纹饰是马桥文化和二里头文化都具有的装饰技法,并都以富于变化的云雷纹为主。

综上所述,我们可以得出如下结论:马桥文化与中原夏商文化的关系密切,表现在二者在各种器形纹饰上有较多的相似因素。在二者共有的这些文化因素中,最有特点也最有代表性的鸭形壶是从马桥文化地区传入中原夏商文化地区的,其余比较有代表性的器物如三足盘等均由夏商文化区传入马桥

---

① 有关马桥文化的出土器物,详见上海市文物管理委员会:《马桥——1993～1997 年发掘报告》,上海书画出版社 2002 年版。

② 上海市文物管理委员会:《上海马桥遗址第一、二次发掘》,《考古学报》1978 年第 1 期,第 109—136 页。

文化地区。可见在文化传播上,马桥文化与中原夏商文化之间互动密切。

四、岳石文化与二里头文化的关系

(一)岳石文化

岳石文化位于今山东沿海地区,西向内陆延伸至泰山地区,因最早发现于山东省平度市东岳石村而得名。它是海岱地区继龙山文化之后兴起的一个重要文化遗存。到目前为止,考古工作者已发掘的遗址有20多处,代表性遗址有牟平照格庄、泗水尹家城、青州郝家庄等。其绝对年代为公元前1900—前1600年,大致与中原地区的二里头文化相当。古朴典雅、厚重实用是岳石文化陶器的主要风格。

岳石文化虽与同处海岱地区的龙山文化一脉相承,但是,岳石文化的农业发展水平却远超龙山文化时期,这主要是因为岳石文化接受了当时与其西部紧邻的中原更为先进的二里头文化的输入,表现在农具的改进创新和农具在全部工具中比例上升两个方面。

从目前岳石文化遗存的考古发掘来看,农具的改进和创新广泛存在,在当时农业生产工具中占重头的依然是石器、骨器以及由海岱地区所特产的蚌类制作的农具,也有少量的青铜工具。青铜工具的出现标志着海岱地区文明的重大进步,是岳石文化优于龙山文化的重要表现之一。而岳石文化遗存中的青铜工具便是中原二里头文化输出的一个重要部分,是二者文化交流的体现。

在发掘的岳石文化遗存中,除了先进的青铜器和农业生产用具,还广泛存在骨制和角制的镞和带倒刺的鱼钩等渔猎工具,以及大量的蚌类和鹿角。这说明采集和渔猎的生产方式在当时社会生产中仍然占有重要的地位。

（二）文化因素对比

位于黄河中游的二里头文化与黄河下游的岳石文化所处的时期大致相同。两者都上承早期龙山文化，但其社会发展程度却存在一定差异。二里头文化时期大致相当于夏代晚期与商代早期，是中原地区一脉相承的文化，也是后来“天地之中”文化的早期形态，其社会发展程度高于同一时期的周边文明。岳石文化脱胎于山东龙山文化，虽然青铜器已开始出现，但仍属于新石器文化的范畴，“这种文化的居民应是夏代前后的夷人”①。

陶器的发展与变化在史前文化考古中占有重要的地位，因为陶器是当时人类生活与生产的重要器物。我国新石器时代的陶器发展有一定的规律可循，比方说，早期的陶器注重实用性，相对粗糙，而后期的陶器往往更为精美，并且随着后期文化交流的加剧，陶器也表现出越来越多的共同性。龙山文化曾广泛存在于河南及山东地区，其陶器多造型美观，胎壁较薄，到了后期则更加注重实用性。在后来龙山文化分别向中原二里头文化和海岱岳石文化演进的过程中，两种文化陶器器形的发展也随着社会生产力的发展表现出了惊人的一致性，当然，这期间二者文化的交流融合也影响到了陶器等器物的发展方向。

目前，学术界普遍将二里头文化视为确定夏代文化的关键研究对象。而根据 C-14 同位素测定得知，岳石文化所处时间跨度与二里头文化的活跃年代大致相当，都为公元前 20 世纪至公元前 16 世纪，这也正是古代文献中所记载的夏王朝存在的时间范畴。《战国策・魏策》记载：“夏桀之国，左天门之阴，而右天溪之阳，庐、睪在其北，伊、洛出其南。”②可见，处于“天地之中”范围内的伊洛两河流域是夏王朝的主要活动范围，而这一地区也正是二里头文化

---

① 严文明：《龙山文化和龙山时代》，《文物》1981 年第 6 期，第 43 页。

② 吴师道：《战国策校注》，中华书局 1991 年版，第 292 页。

的核心区域，又因其地处黄河中游，便于同位于黄河下游地区的岳石文化产生交流。

东夷集团是上古时代相对于中原地区各部族与国家而言的一个概念，因其地处东方，沿海依山而居，故被称为东夷。《说文解字·大部》有云：“夷，从弓从大，东方之人也。”①但东夷集团的活动范围并不局限于东部地区，据史料记载与考古发掘研究，东夷集团的活动范围在当时甚至可以达到河南中部地区。这一点与岳石文化的分布区大致吻合，可见岳石文化就是夏代的东夷族文化。《韩非子·外储说右》云：“古者禹死，将传天下于益，启之人因相与攻益而立启。”②益即伯益，为东夷族的首领。少康时，甚至发生了东夷族首领后羿“因夏民以代夏政”的政治事件，夏人曾一度失国于东夷人。可见，有夏一代夏人与东夷集团始终关系密切。二里头文化与岳石文化中所表现出的相同或相近因素、二者之间的互相渗透，正是夏夷关系在考古学文化中的表现。

与中原地区的新石器时代文化相比，东方海岱地区的史前文化并不逊色，并曾因为重要考古发现而成为探讨中国文明起源的中心地区之一。但在龙山文化晚期，山东龙山文化的发展速度明显滞后于河南龙山文化，以至于后来的二里头文化领先于包括岳石文化在内的众多周边文明。这里需要注意的是，二里头文化取得领先地位固然得益于中原地区得天独厚的自然地理与人文环境，但从根源上来讲，二里头文化与岳石文化都脱胎于龙山文化，二者发展道路有诸多相同之处。而二里头之所以可以领先于周边文明，进而汇聚演变为中华文明核心的“天地之中”文化，则得益于其“天地之中”的有利位置，是四方文化的交汇点。随着生产力的进步与社会的发展，“天地之中”文化在融合了四方先进文化因素的基础上逐渐形成。

---

① 中华书局编辑部编：《说文系传》，中华书局 1998 年版，第 121 页。

② 〔清〕王先慎撰，钟哲点校：《韩非子集解》，中华书局 1998 年版，第 340 页。

五、“天地之中”文化对其他文化的吸收

（一）新石器时代

仰韶文化是中原地区的一种土著文化，是早期“天地之中”文化的代表。在仰韶文化晚期，发迹于海岱地区的大汶口文化开始向西传播，第一站便是地处中原腹地与海岱地区相接壤的仰韶文化区域。在今天中原地区的郑州、洛阳、许昌、平顶山等地区所发掘的仰韶文化遗存中均有东方大汶口文化因素的身影，这两种文化共同存在了相当长的一段时间，直至龙山文化早期。大汶口文化主要分布于山东沿海地区，从某种意义上来讲是一种不同于中原大河流域的“海洋文明”，向西发展，实现了与中原仰韶文化为代表的内陆文化的交流与融合。大汶口文化最终在与中原文化的交流融合过程中成为“天地之中”文化的一分子，其影响范围超出了地域的限制与时间的禁锢，即使在今天也依然以“天地之中”文化的形式延续着自己的文化生命。

与中原仰韶文化和海岱大汶口文化同一时期的屈家岭文化，也在积极参与着这场“天地之中”文化形成过程中的大融合。屈家岭文化位于长江中游的湖北地区，北部紧邻地处中原的仰韶文化区，江汉平原与豫东平原一马平川，这在远古时代交通落后的情况下非常有利于部族的迁徙与文化的交流。目前的考古发掘已经证明，屈家岭文化同仰韶文化关系密切，在郑州大河村、洛阳王湾等仰韶时期的遗址中发现有大量屈家岭文化的因素。不唯如此，屈家岭文化也得益于中原四方融合的地利之便而实现了与大汶口及其他文明因素的融会共鸣。

从当时已经出现并广泛存在的农业发展情况来看，地处湖北平原的屈家岭文化广泛地种植水稻，已经取代了传统上长江下游入海口地区水稻种植核心区域的地位。而同一时期北方广泛种植以粟为代表的旱地作物，中国传统

农业社会的“北旱南水”格局已经初见端倪。屈家岭文化向北方仰韶文化区的传播，更是打通了中国两大水系——黄河与长江，有力地推动了中国统一文化的形成。

仰韶文化、大汶口文化和屈家岭文化是同一时期中华大地上三颗璀璨的明珠，其中最为光彩夺目的便是“天地之中”文化的前身——仰韶文化。当然，在这一时期，积极参与形成“天地之中”文化大融合的还有其他地区的文明，比如千里之外今辽宁地区的红山文化。

红山文化植根于辽西文化区的兴隆洼文化和赵宝沟文化的基础之上，在宗教意识方面成就尤为突出，主要代表是喀喇沁左翼蒙古族自治县东山嘴的大型石砌祭坛等。在公元前 3000 年左右，这支文化辗转至河北西北地区，与仰韶文化的庙底沟类型不期而遇。“红山文化因素循当年庙底沟文化北进的路线南下，除物质文化因素外，更重要的是带来了祖先崇拜等原始宗教观念。”①不同地区、不同特色的文化在嵩山地区的聚汇与融合，对“天地之中”文化的形成和发展起到了强有力的推进作用。

（二）夏商时代

二里头遗址是一处夏代晚期的都城遗址，其文化时间跨度大致包含了夏商时代，是“天地之中”文化形成的重要组成部分。二里头文化中某些因素可以溯源至山东龙山文化。首先，在器物形状上，二里头文化的直刃玉钺、条形玉圭、端刃玉璋等器形，可以追溯至山东龙山文化；而另一种一端宽一端窄的不对称形玉刀，则是西北地区龙山文化的常见造型；二里头文化的长梯形多孔玉刀，在江淮、海岱以及西北高原地区的龙山文化遗址中也屡屡可见。其次，在二里头文化遗址中，考古工作者从其墓葬中出土了大量精美的饮酒用器，说明当时社会已经出现了饮酒的风气，甚至酒器的高低贵贱已成为划分

① 薛新民：《唐尧文化与中国文明起源》，山西人民出版社 2001 年版，第 13 页。

当时富贵阶层的一个标志，在这一点上，二里头文化与龙山文化如出一辙。

在二里头文化遗址中，曾出土过一种酱色、饰有几何纹的硬陶器物。这类器物最早也最多见于长江下游地区的良渚文化遗存。而二里头遗址出土的这类器物来源无非有两个：一是直接产自长江下游的史前文明，二是受同时期长江下游史前文明的影响所自行生产的。不论来源是何处，我们都不难看出二里头文化对于良渚文化的吸收与利用。岳石文化依山傍海，其文化形态具有自己独特的风格，今天在对二里头文化遗存的考古发掘中发现，出土的陶器有一部分具有鲜明的岳石文化特征。例如，在二里头文化第四期中常见的夹砂篦纹侈口褐陶器物样式多为深腹小平底罐，这类器物更多地出土于岳石文化遗存；除此之外，二里头文化遗址中出土的凸棱平底盆和半月形双孔石刀都可以在更早的岳石文化中找到同类器物。

二里头遗址出土的绳纹束颈盆，与位于河北邢台葛家庄的下七垣文化①遗存的同类器物非常相似。除此之外，二里头文化遗存与下七垣文化遗存在诸多因素上都有相似之处，如薄胎卷沿细绳纹鬲、云雷纹束颈盆等等。

地处中原嵩山地区的二里头文化，在夏代晚期和商代早期广泛吸收周边文化的精髓，近的如山东地区的岳石文化，远的甚至可以达到北方草原和长江下游地区的土著文化。中原嵩山地区位于“天地之中”，这里自然环境优越，对周边文明有很大吸引力，更兼这里交通发达，便成为中华大地上诸多史前文明交流的必经之地与最终归宿。各种文明在此地不断地碰撞交融、提炼升华，萌发了早期“天地之中”文化。

① 即先商文化，指商汤灭夏以前商族或者以商族为主体人群创造的考古学文化，以邯郸的漳河流域为中心。

六、早期“天地之中”文化核心地位的演进

曾有学者提出过一个“早期中国文化圈”的概念，即指从新石器时代至商代早期以前中国大部分地区文化互相交融而形成的比较统一却又各具特色的文化体。从整个中国文化发展的角度来看，良渚遗址、陶寺遗址和二里头遗址都已经具备了早期文明社会的特征，形成了“大型聚落—辐射周边”的社会聚落形态，但其分布范围与影响力以及在“早期中国文化圈”中的地位却有差异。

陶寺类遗址发现于山西临汾地区，距今4000年左右，属于龙山文化的范畴。位于黄河中上游地区的陶寺文化得益于大河流经地区优越的自然环境与便利的交通而与当时同为龙山文化的黄河下游中原地区交往密切，其影响范围也远播于地处西部的甘肃地区，例如在陶寺文化中占有重要地位的玉器等文化因子就出现在了齐家文化的早期阶段。而在庙底沟二期文化中大量出土的盆形鼎、釜灶、扁壶等器物，也广泛发现于陶寺文化遗址。由此，我们不难看出陶寺文化的多元性和外向性。

良渚文化遗址位于长江下游地区，根据目前考古发掘的研究成果，其分布曾到达淮河流域，甚至到了山东南部和江西北部地区。就当时的社会发展情况来讲，其影响可以称得上是广泛的。但是，在良渚文化遗址中却很少发现同一时代其他文化的影子。对于这一现象，我们一方面可以认为是良渚文化优于同一时期的其他文化，另一方面这也可以佐证良渚文化的内向性和封闭性。

二里头遗址位于河南西部洛阳盆地，时间上处于距今约3900年到3600年之间。同一时期比较具有代表性的史前文化还有位于甘肃地区的齐家文化晚期和位于长江下游地区的马桥文化。自20世纪60年代起，考古工作者陆续在二里头文化遗址中发现了一批珍贵的青铜器物和铸铜作坊的遗址。

从二里头遗址出土青铜器物来看，二里头文化曾广泛接受来自西部地区文化的诸多因素，又吸收了同一时期今山东、江淮地区多种文化的因素。二里头文化具有极强的包容性和开放性，对外拓展的范围和影响力甚至远超良渚文化和陶寺文化。不难看出，二里头文化对整个早期中国都具有深刻的影响。根据历史记载与考古发掘的研究，二里头遗址主体应当为晚期夏代文化，“二里头文化的晚期是相当于历史传说中的夏末商初”①。早期和中期夏代文化的代表分别是王湾三期文化煤山类型和新砦类型，但它们的影响远不及二里头文化。在夏代晚期，“天地之中”文化才开始慢慢步入中华文明的核心阶段。

综合良渚遗址、陶寺遗址和二里头遗址的发展特点与规律，我们可以总结出在史前时代早期“天地之中”文化是如何一步步迈向中华文明核心地位的。距今5000年左右，中华大地上已经形成了诸多由部落联盟演进而来的邦国，比较典型的区域是长江下游地区的良渚文化，而当时中原地区的文明状态则相对低迷。这些邦国虽然在各自的活动区域内大放异彩，文明曙光夺目，但毕竟处在生产力落后的史前时代，更鉴于当时自然环境的严酷，它们大都偏安一隅、互不统属，彼此之间的影响较小。

距今4000年左右出现的陶寺文化诞生了中国历史上第一批邦国，由于当时其他文明同处黄河流经的沿岸地区，其可以更加便捷地影响到黄河中下游乃至上游地区，至此文化的交流开始由局部走向全局。但终究受限于当时社会生产力的发展水平低下和自然环境占主导地位的大背景，陶寺文化的影响范围及深度远不及日后的早期“天地之中”文化。在位于黄河中下游的中原地区发现的早期夏代文明遗迹，如登封王城岗遗址、新密新砦遗址、禹州瓦店遗址等，其所处的社会发展阶段和陶寺文化时期的邦国文明大致相当。而到了距今3900年以后出现的以二里头文化为代表的晚期夏代文化则具有更强

① 夏鼐：《中国文明的起源》，文物出版社1985年版，第96页。

的影响力与凝聚力,有足够的能力承担起中华文明核心的地位,“天地之中”文明曙光初现。

著名考古学家苏秉琦先生曾在一篇文章中论证中国考古学文化区系类型时,将中国早期文化概括为“面向内陆”和“面向海洋”的两个大区。[①] 面向内陆的区域是指以黄河中上游地区为核心的中原地区以及西北甘肃河西走廊地带,面向海洋的区域是指长江中下游地区和黄河下游的山东、江苏沿海地区。中原地区“天地之中”的优越地理位置也是晚期夏代文化即二里头文化兴起的前提。正是因为中原地区占有天时地利之便,以“天地之中”的地理人文优势而成为吸引两大区域文化交融的会合点,其发展之迅猛是之前诸如陶寺、良渚等文明所难以企及的。

图 3-11 苏秉琦先生
(郑州嵩林书院供图)

① 苏秉琦、殷玮璋:《关于考古学文化的区系类型问题》,《文物》1981 年第 5 期,第 17 页。

第四章

『天地之中』文化的核心地位

第一节 “天地之中”文化为华夏文化源头

在华夏文化绵延跌宕的五千年历程中,“天地之中”文化一直扮演着举足轻重的角色,是作为华夏民族与中华文明诞育的摇篮而存在的。它历经沧桑,积厚流光,绚丽多姿,历久弥新。若我们将中国传统文化比喻成一条波涛汹涌、奇伟磅礴的巨龙大江,那么追根溯源,其主源必定肇端于“天地之中”文化。

从裴李岗时期的原始农业到龙山时期的犁耕农业,中国农耕文化的基础在“天地之中”地区奠定;从贾湖遗址的刻画符号到殷商甲骨文字,中国最早的成系统的成熟文字在这里形成;从黄帝发明冶金术到商代高度发达的青铜器铸造业,中国青铜文明的先河在此开启并达到顶峰;从黄帝建立“有熊国”(今新郑一带)到“禹都阳城”(今登封地区),中国历史上王朝时代的开创在“天地之中”地区完成。代表文明发生的这些标志性产物大多最先于这里出现。因此“天地之中”地区是中华文明的主体,“天地之中”文化是中华文化的重要源头。

图 4-1 少室阙(东阙)

图 4-2 少室阙(西阙)

图 4-3 少室阙狩猎图(郑州嵩林书院供图)

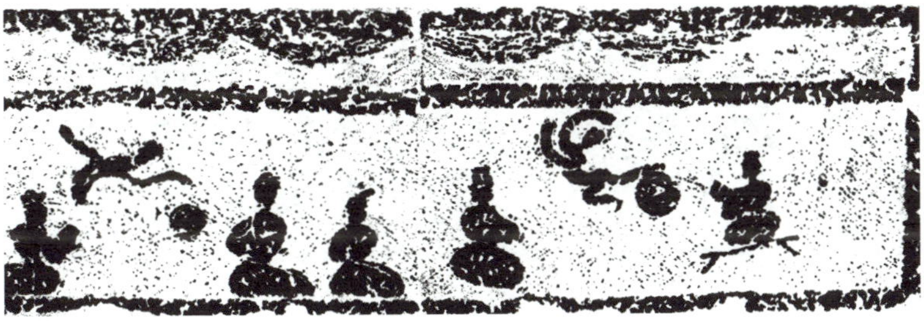

图 4-4 少室阙蹴鞠图(郑州嵩林书院供图)

图 4-5 少室阙月宫图(郑州嵩林书院供图)

一、文化的土壤：农耕文化

农业是人类社会百业之首。农业的兴起实现了社会生产力首次大飞跃的发展，是人类历史上一件跨时代的大事。农业文明乃是中华文化植根的经济土壤，因而关于农业的起源，一直是学界热切讨论的问题。“天地之中”地区拥有广袤的平原，河流纵横，气候温和，土壤肥沃，是宜农的宝地。据文献记载，古史传说中的神农氏时，该地区就已经出现了原始农业。这里曾是炎帝族的主要活动基地，炎帝神农氏的主要功绩之一就是教民耕稼。《周易·系辞下》记载：“包牺氏没，神农氏作，斫木为耜，揉木为耒，耒耨之利，以教天

图 4-6 汉画像石中的农耕场景(郑州嵩林书院供图)

下。”①《淮南子·修务训》记载:“神农乃始教民播种五谷。”②

出土实物也证明,早在旧石器时代,河南境内已有用作谷物收割工具的雏形。如安阳小南海洞穴遗址和许昌灵井遗址中发现的弧背长刮器,与新石器时期石刀和石镰的形制相当接近,它的主要用途之一应该就是收获谷穗。③谷物加工和收获工具的出现,是采集经济向原始农业经济过渡的重要一环,这里面很可能包含着种植业萌芽的某种信息。

(一)裴李岗文化的生产工具

发展到新石器时代,“天地之中”地区有了农耕实践。在裴李岗文化时期,这里已成为农耕文化的中心。裴李岗文化遗址主要以嵩山周围分布最为密集,遗址中发现有成套的农业生产工具和大量的谷物加工工具以及炭化的稻米、粟粒等遗存,表明此时期的先民已经开始从事农耕,并有了一定的发展。出土的农具中,石斧、石铲、石镰、石磨盘和石磨棒在各遗址都有发现。石斧体形厚重,是开辟农地时用于伐树清障、加工木器的工具。在远古时代,这是进行农业生产的第一步。石铲体长面宽,较轻薄,适于在耕作时翻土松土。器形有两端有圆弧刃的、带柄有肩的、桂叶状的等,颇具特色。最长的石铲竟达42厘米,在石质农具中较为先进。石镰主要用于收割。裴李岗文化时期的石镰,柄部都比较宽,其下打有缺口,用以捆缚木柄,刃部都带有锯齿,使之更容易割断谷穗,提高劳动效率。这种石镰是裴李岗文化石器中最具特色的工具之一,在其他新石器时代文化遗存中均未见。石磨盘、石磨棒是粮食加工工具。二者均是用黄砂岩琢磨而成,石板的一面加工出磨盘用来盘面,另一面则作为盘底部琢磨出四条短圆柱状足。盘体有大小长短的不同,形制

---

① 〔魏〕王弼注,〔唐〕孔颖达疏:《周易正义》,北京大学出版社2000年版,第351页。

② 何宁:《淮南子集释》,中华书局1998年版,第1312页。

③ 李根蟠、黄崇岳、卢勋:《中国原始社会经济研究》,中国社会科学出版社1987年版,第61页。

图 4-7 裴李岗遗址出土的石铲
（郑州市文物考古研究院供图）

图 4-8 裴李岗遗址出土的石镰
（郑州市文物考古研究院供图）

图 4-9 裴李岗遗址出土的石磨盘
（郑州市文物考古研究院供图）

图 4-10 裴李岗遗址出土的石凿
（郑州市文物考古研究院供图）

多样，但底部都有四足。与之合用的磨棒呈长条圆柱状，长度与磨盘的盘面相配。据统计，裴李岗文化各遗址出土的石磨盘达 170 件，石磨棒达 129 件之多，[①]证明当时已有比较丰富的谷物加工活动。其他如石锄、石锛、石凿、石杵、石纺轮等亦有少量出土。

这些农业生产工具制作精致，一般都通体磨光，个别的略有打磨，各类工具形制规整，其中如石镰、石磨盘，加工最为精细，表明先民制作农具已有较好的经验累积和技术基础。这些农具将农业生产包括谷物加工的整个过程全部串联了起来。石铲这种掘地翻土工具的出现，说明裴李岗文化时期的农业生产已经进入锄耕农业阶段。

（二）裴李岗文化时期的农业生产活动

原始农业的兴起，导致了生产工具的明显进步，与上述农业生产工具和粮食加工工具相对应的，是在裴李岗文化中粟类和稻类农作物遗存的发现。粟在汉代以前一直是北方地区的主要农作物，位居五谷之首，一般认为其祖型是一种俗称“狗尾巴草”的野生禾本植物。这种作物适应性较强，耐干旱，喜温暖，宜于黄土地带种植；栽培管理比较粗放，与当时的生产水平相适应；同时它的产出多，成熟期短，且适于长期贮存。在当时十分低下的生产条件下，粟用石磨盘、石磨棒简单去皮脱壳后，即可在陶器中直接做成食物食用，粟糠又可作为猪的主要饲料。

图 4-11 贾湖遗址出土的炭化稻谷标本（郑州嵩林书院供图）

① 王星光：《中国农史与环境史研究》，大象出版社 2012 年版，第 34—35 页。

图 4-12 裴李岗遗址出土的酸枣核(郑州嵩林书院供图)

考古发掘和研究表明,新郑沙窝李遗址出土一片分布面积 0.8—1.5 平方米的粟炭化颗粒,在许昌丁庄遗址的一方形半地穴房址中也发现有炭化粟粒,说明粟确是裴李岗时期“天地之中”地区的主要农作物。除粟外,在舞阳贾湖遗址还发现了栽培稻遗存,其中包括 10 枚稻壳印痕、1000 多粒炭化稻米和水稻硅酸体。贾湖古稻的发现将黄淮平原水稻栽培史至少向前推了 2000 多年,对我国原始稻作农业兴起的研究具有十分重大的意义。

家畜饲养的产生是原始农业兴起的又一标志。在裴李岗、莪沟北岗、长葛石固、舞阳贾湖等遗址发现了一些猪、狗、羊的遗骨和牙齿,这些遗骨就是当时已出现家畜的证据。同时还发现有陶塑的猪头、羊头等,逼真生动的动物形象塑造,与人们对这些家畜长期的驯化与观察是分不开的。这表明,饲养家畜在裴李岗文化中已成为一项生产活动。

裴李岗文化的经济生活当然还辅以狩猎、渔捞以及采集的经营,但各遗址出土的大量农业生产工具和相关遗物证明,种植业已成为人们最主要的生活资料来源。与农业生产为主的综合经济相适应的是人们过着相对定居的生活,裴李岗文化中相当规模聚落遗址的发现也印证了这一点。

赵世纲先生在《关于裴李岗文化若干问题的探讨》一文中指出,以嵩山周围为代表的伊洛-郑州地带与西亚两河流域的新月形地带同为农耕文化的摇篮,“西亚的新月形地带和中国的嵩山东麓,好像东西并列的两座灯塔,远在 8000 年前,同时出现在亚洲的两翼,标志着东半球进入‘农业革命’新时代的黎明时期”①。

① 赵世纲:《关于裴李岗文化若干问题的探讨》,《华夏考古》1987 年第 2 期,第 174 页。裴李岗时期的农业已有了一定的技术基础和实践经验,也不是最早的发轫阶段农业,它的前面可能尚有一小段初创阶段,相信随着科学技术的发展,不久的将来,在中原大地上将会发现更早阶段的农业文化遗迹。

二、文脉的承续：汉字文化

文字是记录语言的符号，它的出现打破了语言的时空局限，极大地扩展了语言的交际功能，成为人们在社会生产和生活中记事备忘、表达情感、思想交流的重要媒介，人类社会因此得到突飞猛进的发展。美国学者摩尔根指出，文明社会“始于标音字母的发明和文字的使用”，恩格斯在《家庭、私有制和国家的起源》中肯定了这一观点，夏鼐先生在《中国文明的起源》中也说：“一个文明的重要的标志之一，便是有了文字制度。”同样，汉字作为中华文化的物化载体，它的产生散发出中国古代文明的第一缕曙光。

（一）古史传说的记载

关于汉字的起源，许多传世文献都有论及。《周易·系辞下》中记载：“古者包牺氏之王天下也，仰则观象于天，俯则观法于地，观鸟兽之文，与地之宜，近取诸身，远取诸物，于是始作八卦，以通神明之德，以类万物之情。”还有“上古结绳而治，后世圣人易之以书契，百官以治，万民以察”①，这分别是文字起源的“八卦说”与“结绳说”。“包牺”实为伏羲，伏羲建都宛丘（今周口淮阳），中原是其建功立业和终葬之所。河南有许多有关伏羲的文物遗存，如淮阳平粮台遗址、太昊伏羲陵，荥阳汜水紫金山伏羲庙，商水伏羲祠，巩义伏羲画卦处，等等。除此之外，还有“仓颉造字”说。许慎《说文解字·叙》言道：“黄帝之史仓颉，见鸟兽蹄迒之迹，知分理之可相别异也，初造书契。”②又云：“仓颉之初作书，盖依类象形，故谓之文；其后形声相益，即谓之字。”③河南南乐县梁

① 〔魏〕王弼注，〔唐〕孔颖达疏：《周易正义》，北京大学出版社 2000 年版，第 356 页。
② 〔汉〕许慎撰，〔清〕段玉裁注：《说文解字注》，上海古籍出版社 1981 年版，第 753 页。
③ 〔汉〕许慎撰，〔清〕段玉裁注：《说文解字注》，上海古籍出版社 1981 年版，第 754 页。

村乡吴村北有仓颉冢和仓颉庙,仓颉庙早已被毁,仅有残存的明代碑刻,现已修复。另雍正《河南通志》称其造字的地方在今洛宁县,“黄帝时,神龟出于永宁元沪水”,下注云:“仓颉则其文以制字。”[①]当地有造字台遗址,“在永宁县西阳虚山,相传仓颉造字处”。开封有仓王城、古仓颉墓等遗迹,“仓王城”下注云:“在府城北时和保。世传仓颉所筑。”[②]“古仓颉墓”下注云:“在府城东北二十里时和保。《禅通记》云,仓颉居阳武,而葬利乡,即此。”[③]仓颉是黄帝的史官,黄帝是有熊国君。准此种种,可以说汉字诞生于以“天地之中”为核心的广大地区。

八卦作为原始的数字占筮图式,与汉字分属两种不同性质的符号系统;结绳是帮助记忆的一种手段,本身也不能演进成为文字;至于仓颉,只是古史传说中被神化的英雄形象,“就目前所能见到的数以千计的古汉字形体而论,绝非一人一时所创造,而是广大群众集体智慧的结晶。是他们在长期的生产与生活当中,因时因地不断地考察、思考和创造,并经过若干年代的积累,逐渐形成共同使用的文字”[④]。

(二)考古实物的发现

如果说以上诸种说法无法切实说明汉字文化发轫于此地的话,那么考古资料的出土和研究,则为说明汉字的形成与“天地之中”地区有着密不可分的关系增添了实证。受当前资料所限,学界对汉字形成时间的推测,较保

---

① 〔清〕田文镜等修,〔清〕孙灏等纂:《河南通志》,《文渊阁四库全书》第 535 册,台湾商务印书馆 1986 年版,第 154 页。

② 〔清〕田文镜等修,〔清〕孙灏等纂:《河南通志》,《文渊阁四库全书》第 537 册,台湾商务印书馆 1986 年版,第 109 页。

③ 〔清〕田文镜等修,〔清〕孙灏等纂:《河南通志》,《文渊阁四库全书》第 537 册,台湾商务印书馆 1986 年版,第 54 页。

④ 高明:《中国古文字学通论》,文物出版社 1987 年版,第 31 页。

守的大约有以下三种观点：其一，汉字形成于夏初；①其二，“汉字基本上形成完整的文字体系的时代，可能是夏商之际”；②其三，主张“中国象形文字出于商代后期（盘庚、武丁以后）的卜人集团”③。且不论孰是孰非，但无论在夏初、夏商之际，抑或是商代后期，彼时的政经文化中心和疆域主要就集中在以“天地之中”为核心的地带，这是可以肯定的。因此，即便是从汉字形成时间较保守的观点出发，我们也可以判定，“天地之中”地区是汉字的起源地。

1. 早于殷墟时期的古文字遗迹

甲骨文是已知的中国最早的可以完整记录语言的文字，已有较为完备的文字体系。此前的文字符号还没有系统的发现，但与汉字起源有关的资料却不断出土。在距今 8000 多年的贾湖遗址，发现了当前所知年代最早的一种可与汉字起源相联系的契刻符号。这些符号以龟甲、陶器、骨器和石器等为载体，显然与后世的甲骨占卜及契刻文字存在着某种渊源关系，由此激发了学术界对中华汉字起源的新思维。其中一些符号的构形与殷墟甲骨文中的某些字形相类，假若真的如此，那么汉字产生的年代至少可追溯至 8000 多年前，但由于时代上有缺环，材料不足，现在还不宜妄下结论。

河南地区仰韶文化遗址出土了一系列陶器符号，数量和种类远比裴李岗文化时期为多，这类符号在大河村遗址、洪山庙遗址等处均有发现。1989 年，河南汝州洪山庙村史前遗址出土一批绘写和刻画在陶器上的符号。洪山庙遗址距今 5000 年左右，其文化内涵属仰韶文化庙底沟类型。就这些符号的性

① 孟维智：《汉字起源问题浅议》，《语文研究》1980 年第 1 期，第 106—108 页。李先登：《试论中国文字之起源》，《天津师范大学学报》1986 年第 4 期，第 75—79 页。

② 裘锡圭：《汉字形成问题的初步探索》，《古代文史研究新探》，江苏古籍出版社 1992 年版，第 248—266 页。

③ 徐中舒、唐嘉弘：《关于夏代文字问题》，《先秦史新探》，河南大学出版社 1988 年版，第 339—361 页。

质而言,它们显然是一种为大众所识的具有特定意义的记事标志,是能够替代语言进行某种信息传递的特殊符号。郭沫若以为:“彩陶上的那些刻划符号,可以肯定地说就是中国文字的起源,或者中国原始文字的孑遗。”①于省吾也说:“这种陶器上的简单文字,考古工作者以为是符号,我认为这是文字起源阶段所产生的一些简单文字。”②其实以目前我们对这类刻画符号的研究,还无法将它们与后世的文字对应起来去解读,但这类符号与文字的产生存在缘发关系的结论,确是学界的共识。

刻画符号在河南龙山文化时期继续存在着,说明这种记事方法已有了广泛的意义并被继承使用。值得注意的是,这类符号在接续仰韶文化传统的同时又有新的发展。在登封王城岗遗址出土的龙山文化晚期的陶器上,发现了一些刻画的“文字”。以“”为例,该符号刻于一件泥质黑陶平底器的外底上,乃是烧制前刻画在陶胎上的。这一符号的形体结构与金文的“”字相似,系由左右两部分组成,似双手做拱捧状。这个字的形体结构已经超过了象形文字的阶段,当是一个会意字,可能就是“共”字,代表器物所有者的族氏。“”出现在文献记载的“禹都阳城”的范围之内,其绝对年代为距今4000余年,相当于文献记载的夏纪年初期。学界认为这已是真正的文字,虽然例证不多,却是古汉字形成和文明时代到来的一条重要线索。

继龙山时代之后的二里头文化,是我们探索夏文化的关键性研究对象,此时已进入我国文明社会的早期。二里头遗址作为二里头文化的典型遗址,在1960年至1964年的发掘中,收获的陶器刻画符号共计24种,它们绝大多数刻在大口尊的内口沿上,时代约相当于夏商之际。研究者认为这些陶器符号基本上都是夏代文字,它们中的大多数均可与后来的甲骨文、金文相对应,

---

① 郭沫若:《古代文字之辩证的发展》,《考古》1972年第3期,第2页。

② 于省吾:《关于古文字研究的若干问题》,《文物》1973年第2期,第32页。

且在用法上可能已兼具六书中的象形、指事、会意三种方式。

商代前期的古文字遗迹主要出土于郑州地区。20 世纪 50 年代初到 80 年代中期，郑州二里岗、人民公园、商城区等文化遗址先后出土陶器符号 100 余例。这些符号的刻画形态与风格和偃师二里头遗址所见陶器符号相似，承续关系明显。除了属于记事性质的陶器符号，目前可确认为早于殷墟时期的文字材料的比较重要的发现有 1955 年出土于郑州白家庄的一件商代前期铜罍，颈上铸有三个“黾”状铭文。传世金文中带“黾”铭的铜器有 24 件，属氏族徽号的一种。1964 年考古工作者在杨庄发现一件爵，腰部有鋬一侧作对称的双目形。“䀠”铭商器目前共发现 6 件。早期金文多有这类代表氏族徽号的标志范铸在青铜器上。这种流行于商代和周初的族徽文字，从殷墟二期以后在以安阳为中心的河南一带多见，并涉及周边各省商文化中心地区，今可见郑州二里岗期的族徽文字数例，说明商代金文滥觞期即是在郑州二里岗商文化阶段。20 世纪 90 年代后期，在郑州小双桥遗址出土的毛笔朱书文字 19 件，计 10 余字，其时代相当于商代中期偏早，这是我国目前发现的商代最早的笔书文字。其中有数例清晰者，文字构形与殷墟文字相同，可以凭此考见殷商文字的演进关系。此外，1953 年 4 月在郑州商城遗址发掘出土一段牛肋骨刻辞，经鉴别属商早期地层，刻辞内容与占卜活动相关。作为商代前期唯一一例排行多字的骨刻辞标本，这是目前所见的与殷墟甲骨文最具血脉关系的出土资料，“说明至少在郑州二里岗期，先民们已经形成在甲骨上刻写占卜记录并有意在骨料上培养写字技能的风习，这也预示着在商代前期的都城级遗址中，还会有相当数量的甲骨文可望问世”①。

2. 殷墟甲骨文的发掘与研究

由于文献不足，殷商之前原始文字的真实面貌目前还难以爬梳明晰。幸运的是，殷墟甲骨文的重见天日，使我们掌握了迄今所知的中国最早的成熟

---

① 王蕴智：《中原文化大典 · 文物典 · 古文字》，中州古籍出版社 2008 年版，第 30 页。

文字,它在汉字漫长的形成历史上具有极其重要的地位,是汉字发展过程中的一个重要阶段,在我国文字史上有着无可替代的作用。

殷墟甲骨文是商代后期王室占卜记事之遗物。甲骨文字的出现来自于史前人类的占卜传承。商代晚期贵族盛行在龟甲和兽骨上刻下所卜之事和应验情况,于是甲骨成为中国已知最早文字的载体。

殷墟甲骨文于1899年被金石学家王懿荣在中药“龙骨”上发现,作为第一位发现和购藏者,他也因此有了“甲骨文之父”的称号。1928年至1937年,由中央研究院历史语言研究所主持的安阳殷墟的大规模发掘工作,开创了甲骨文科学发掘的新局面,也开启了现代中国考古学的大门。发掘工作前后共进行15次,出土带字甲骨2.4万多片,其中1936年3月的第13次发掘中,在小屯村北的H127窖藏坑发现刻辞甲骨1.7万片,完整的龟甲有300多版,都属于武丁时代卜辞,被称作殷王朝的档案库。新中国建立以后,殷墟甲骨文的发掘和研究工作在国家的大力支持下得到了全面发展。20世纪50年代以来,在殷墟发掘中又发现有字甲骨6000多片,以小屯南地和花园庄东地为主要出土点。1973年小屯南地发掘刻辞甲骨5000多片,该批材料绝大多数是康丁、武乙、文丁时代的刻辞,内容丰富,胛骨数量多,地层关系可靠,非常有助于深入进行甲骨文的分类和殷墟文化的分期研究。1991年花园庄东地H3坑挖掘甲骨共1583片,有刻辞的甲骨689片。因发掘和保护措施得当,以大版及完整的卜甲为多,有刻辞的完整卜甲近300版,占有字甲骨总数的一半。① 这批甲骨卜辞的问疑者为“子”,而不是王,与传统的王卜辞及非王卜辞相比,在内容、字体、文例、行款等方面均具有鲜明特点,被评为1991年全国考古十大发现之一。

一百多年来,殷墟已发现刻字甲骨约15万片,经科学发掘的甲骨卜辞有

---

① 中国社会科学院考古研究所:《殷墟花园庄东地甲骨(第1分册)》,云南人民出版社2003年版,前言。

4 万片左右，在甲骨文资料整理及甲骨著录、字书编纂出版等方面，也取得了丰硕的成果。20 世纪 20 年代后期随着殷墟考古工作科学深入地开展，甲骨文的考释研究工作逐渐步入正轨，甲骨学得以产生和形成。

殷墟甲骨文的发现证明了中国不愧为世界上最早的文明发源地之一，它与古埃及的纸草文字、古巴比伦泥版文字和美洲印第安人的玛雅文字并称世界四大古文字，其他三种古文字都已随着历史的变迁消失了，唯有甲骨文经过 3000 多年的大浪淘沙演变成今日的汉字。王宇信先生在《商周甲骨文》一书中评价说：“甲骨文的文法已基本具备今日汉语语法的要素，表明古今汉语具有一脉相承的渊源关系。”①除此之外，殷墟甲骨文的发现还填补了中国古史上很长一段空白，为商史研究提供了第一手资料，打破了学术界于商史无征的窘境，把人们从疑古思潮中解放出来，为新史学的建立和发展打下了坚实的基础。

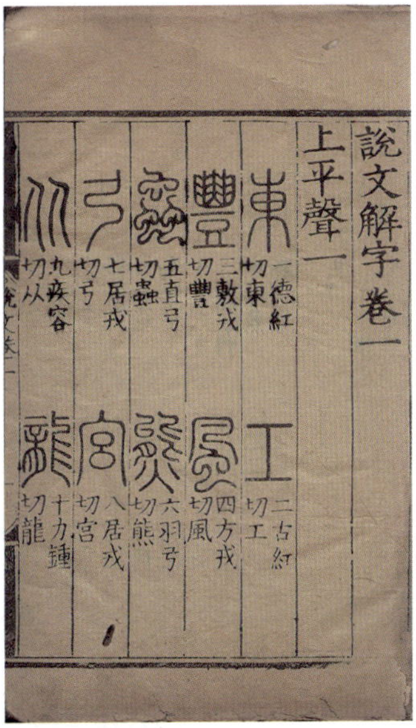

图 4-13 郑州图书馆藏
明万历陈大科刻本《说文解字》

不论是神话传说，还是考古发现，无不表明“天地之中”地区与汉字文化渊源的密切联系，这里是汉字体系的最早形成地。秦汉以后，“天地之中”地区汉字文化依然推动着中华汉字文化的发展。上蔡人李斯身为秦相，曾作秦刻石和《仓颉篇》，辅助秦始皇书同文字；东汉时，汝南召陵（今漯河市召陵区）人许慎编纂了我国第一部字书《说文解字》，为历代语言文字研究者所推崇，被后人尊为“字圣”；西晋时，汲郡汲县（今河南卫辉）一战国时的魏国墓葬中发掘古竹简书数十车，“天地之中”地区成为我国竹书文字的最早出土地，

① 王宇信、徐义华：《商周甲骨文》，文物出版社 2006 年版，第 6 页。

随后西晋统治者主持的对汲冢竹书的整理工作，也成为我国历史上官方组织整理出土古文字文献的最早记载。这里不仅见证了汉字从起源至形成数千年的历史轨迹，也孕育了中国考古学和古文字学的成熟。毫不夸张地说，中原文字史即是中国文字史的缩影。

三、文礼的生发：青铜文化

（一）早期青铜器的主要发现

青铜器的出现是中华文化史上划时代的重大事件，它与文字一样象征着文明时代的到来。中原地区青铜文化的发展历程与中国青铜时代同步，即是从夏代开始，与奴隶社会相始终。古史传说中就有涉及青铜器的记载，《史

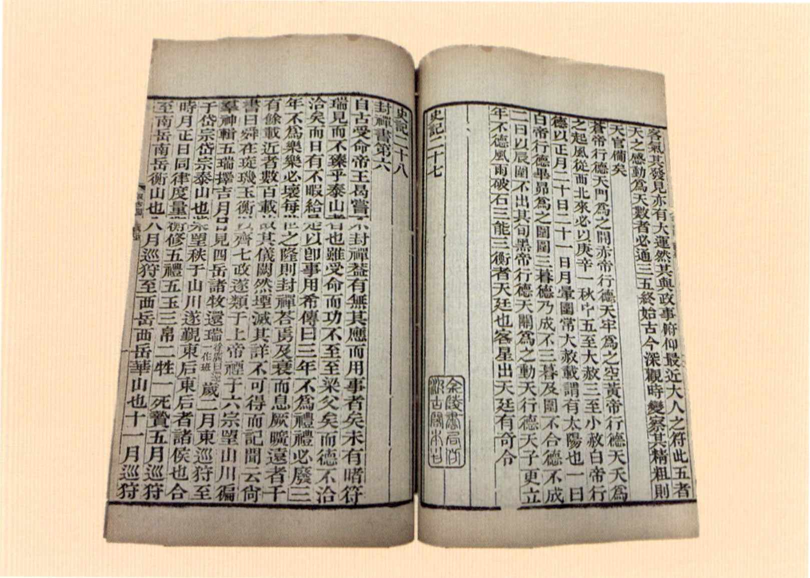
客氣其發見亦有大運然其與政事俯仰最近大人之符此五者
天之感動爲天數者必通三五終始古今深觀時變察其精粗則
天官備矣
蒼帝行德天門爲之開赤帝行德天牢爲之空黃帝行德天夭爲
之起風從西北來必以庚辛一秋中五至大赦三至小赦白帝行
德以正月二十日二十一日月暈圍常大赦載謂有太陽也一日
白帝行德畢昴爲之圍圍三暮德乃成不三暮及圍不合德不成
二曰以辰圍不出其旬黑帝行德天關爲之動天行德天子更立
年不德風雨破石三能三衡者天廷也客星出天廷有奇令
史記二十七

史記二十八
封禪書第六
自古受命帝王曷嘗不封禪蓋有無其應而用事者矣未有睹符
瑞見而不臻乎泰山者也雖受命而功不至至梁父矣而德不洽
洽矣而日有不暇給是以即事用希傳曰三年不爲禮禮必廢三
年不爲樂樂必壞每世之隆則封禪荅焉及衰而息厥曠遠者千
有餘載近者數百載故其儀闕然堙滅其詳不可得而記聞云尚
書曰舜在璇璣玉衡以齊七政遂類于上帝禋于六宗望山川徧
羣神輯五瑞擇吉月日見四岳諸牧還瑞歲二月東巡狩至
于岱宗岱宗泰山也柴望秩于山川遂覲東后東后者諸侯也合
時月正日同律度量衡修五禮五玉三帛二牲一死贄五月巡狩
至南岳南岳衡山也八月巡狩至西岳西岳華山也十一月巡狩

图 4-14　郑州图书馆藏清同治十年至光绪四年五省官书局合刻本《史记》

记·封禅书》:“黄帝采首山铜,铸鼎于荆山下。”[①]荆山在今灵宝市境内。有关黄帝在灵宝一带的活动,民间流传颇多,地方志中亦有记载。如《阌乡县志》载:“黄帝庙在城东南十里铸鼎原,有唐王颜碑铭,明万历壬寅知县黄方清、乾隆十一年知县梁溥……光绪十六年知县孙淑谦屡次重修。”[②]又说:“(黄帝)都于轩辕之丘,在位百年,后铸鼎成,升遐于荆山之阳。故邑南……有黄帝陵云。”[③]黄帝文化与考古学文化中的龙山文化相对应,在河南龙山文化晚期遗址中,确实也有多处发现炼铜残渣或青铜器残片,如郑州董砦的小方块带锈青铜片、临汝(今汝州)煤山的炼铜坩埚残片、淮阳平粮台遗址灰坑中的铜渣等。登封王城岗发现的一件残铜片,是我国迄今发现最早的青铜容器残片,是含锡量大于7%的青铜,已接近于国际公认的高锡标准青铜。它的出土表明此时期的中原先民已经掌握了陶铸复合范工艺,开启了中国青铜时代铸造青铜礼器的先河。

河南龙山文化金属冶铸的发明与发展,为夏商周更加光辉灿烂的青铜文化的出现奠定了基础。代表夏文化的二里头文化,是我国进入青铜时代的开始。据不完全统计,二里头遗址出土夏代青铜器约有18个品类104件。[④]制铜作坊也有相当规模,总面积达1万平方米左右,作坊遗址内还出土了各种铸铜陶范、坩埚碎片、炼铜渣、红烧土等制铜遗物,证明青铜制品应为本地铸造,并非外界传入。二里头出土青铜器主要有工具、兵器、容器、铜饰件等。工具有凿、锛、锥、刀、鱼钩等,多用单范铸成,有的也用合范铸成。兵器有戚、戈、镞。铜镞出土较多,已经出现比较进步的双翼带铤铜镞。镞是消耗性较大的兵器,肯用铜铸造,说明有些青铜制品已能大量生产,反映了此时青铜铸造业

---

① 〔汉〕司马迁:《史记》,中华书局1959年版,第1394页。

② 韩嘉会纂修:《新修阌乡县志》第3册,成文出版社1968年版,第13页。

③ 韩嘉会纂修:《新修阌乡县志》第4册,成文出版社1968年版,第2页。

④ 秦文生、张锴生:《中原文化大典·文物典·青铜器》,中州古籍出版社2008年版,第4页。

的进步。容器有爵、斝、盉、鼎。其中爵、斝多出土于墓葬中,很可能是作为礼器随葬用的,如是,则二里头时期即已出现了以青铜作为礼器的制度。装饰品中镶有绿松石的圆形牌饰和盾形牌饰代表着金(铜)玉镶嵌的新工艺。其中,盾形牌饰的兽面形纹饰,正是商周青铜器上常有的兽面纹、饕餮纹的直接源头。

综上所述,二里头遗址出土的铜器虽然属于早期青铜器的范畴,但爵、斝之类容器均需复合范制作,武器形制较为进步,铜器上已有简单的纹饰,镶嵌技艺较为成熟,这些都说明二里头文化的铸铜技术经历了较长的发展期。中国古代青铜文化的一些特征,如块范铸造法、青铜主要用于酒器与兵器的制造等,都已在此时奠定基础。有学者在谈及二里头青铜文化的地位时说:“一系列‘高科技’的出现,使得中原地区的金属铸造业开始大踏步迈进,在铸造技术上将其他地区远远地甩在了身后,一跃而跻身于当时世界金属铸造业的前列,为日后商周青铜文明的高度发达打下了坚实基础。”①

(二)商代青铜器的主要发现

1. 早商青铜器

早商时代的青铜文化,即二里岗期青铜器,是中国青铜文化的中级阶段,是夏代二里头青铜文化向殷墟青铜文化发展的过渡阶段,是殷商发达青铜文化土生土长的直接中国源头。② 此时期的青铜器主要集中出土于郑州及周边地区,这显然与郑州在商前期是商人活动的中心区域有关。

1952 年在郑州商城南关外和紫荆山北发现了两处铸铜作坊遗址。南关外一处面积达到 1000 平方米以上,发现铸铜场地以及熔铜炉残片、坩埚碎片

① 李水城:《西北与中原早期冶铜业的区域特征及交互作用》,《考古学报》2005 年第 3 期,第 264 页。

② 王东:《中华文明论——多元文化综合创新哲学(上卷)》,黑龙江教育出版社 2002 年版,第 589 页。

和陶范碎块、炼渣、木炭屑、矿石等铸铜遗物，出土泥范残块1000余块，能看出所铸之器型以镞、镬为主。紫荆山北作坊出土了刀范和戈范，以铸造刀、戈为主，这是铸铜业内部出现专业分工的反映。

二里岗遗址的商文化堆积分上下两层。其中，二里岗下层墓葬发现青铜器14件，这一时期的青铜器不仅在种类上与二里头文化三、四期青铜器相近，在随葬组合形式上也与二里头文化时期有相同之处，两种青铜文化之间的密切联系可以想见。二里岗上层墓葬中发现青铜器47件，除爵、斝外，其余均为二里岗下层期所未见。

除墓葬出土铜器外，在郑州商城的发掘中发现3处青铜器窖藏坑，内埋铜器28件，其中8件大方鼎，风格古朴端庄，在奴隶主贵族墓的随葬铜器中并未发现过，当属王室重器。这8件大方鼎以1974年在张寨南街发现的一号鼎最大、最重，通高100厘米，口沿边长62.5厘米，宽60.8厘米，达到了巨型礼器标准，实开殷周时代用多范法、分铸法铸造巨型礼器之先河。窖藏的其他铜器，如圆鼎、扁足鼎、尊、罍、提梁卣、鬲、觚、爵、斝等容器，都铸有花纹，亦都是精品。特别是1982年向阳回族食品厂青铜器窖藏坑出土的提梁卣与羊首罍，纹饰线条精细流畅，并开始向通身扩展，呈现出繁缛、细密化的风格。

以郑州二里岗遗址和墓葬为代表出土的商代前期青铜器，多半继承了夏代后期二里头青铜文化的历史成果，在器形、品种、工艺、纹饰、礼器组合等诸多方面又有许多新的发展。商代前期，青铜器的品类较前增多，其中容器、礼器增加最多，除了继承夏代青铜容器、礼器的爵、斝、盉、鼎等外，还增加了鬲、尊、罍、觚、盘、卣等新器型；不仅数量品种有大发展，还出现了一批大型礼器，在器形大小上有了质的飞跃；纹饰方面，已从夏代的素面、单层弦纹、网格纹为主，转向以带状纹、有底纹的双层花纹、青铜礼器饕餮纹为主。新的浮雕装饰的出现，为商代后期青铜器纹饰的进一步创新奠定了基础。

2. 殷商青铜器

商代后期自盘庚迁殷起至帝辛之亡止，在国都殷墟迎来了中国青铜文化发展史上的第一个高潮。早在宋人著录的《考古图》中，就有对殷墟发现青铜礼器的记载。自1928年殷墟科学发掘开始以来，得益于殷商后期考古和研究工作的进展，我们对这一时期的青铜器发展规律有了一个比较清晰的认识。大量事实证明，商代后期青铜器铸造业在前期青铜文化基础上又有了新的飞跃，走向了发达。

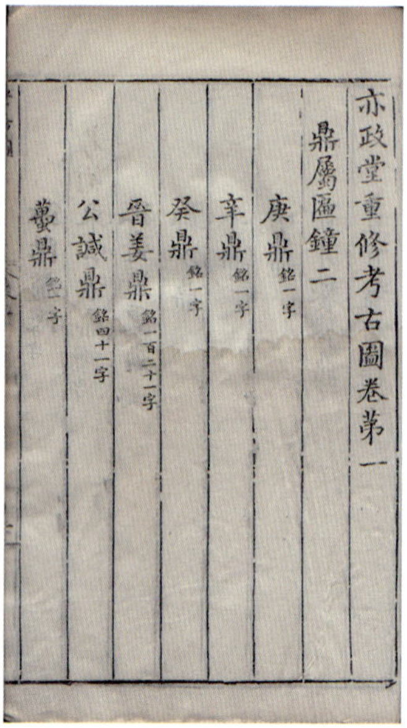
亦政堂重修考古圖卷第一
鼎屬匜鐘二
庚鼎 銘一字
辛鼎 銘一字
癸鼎 銘一字
晉姜鼎 銘一百二十一字
公諴鼎 銘四十一字
蠆鼎 銘一字

图4-15 郑州图书馆藏明万历刻本《亦政堂重修考古图》

在殷墟方圆30千米的都邑范围内，先后发现6处铸铜遗址。最大、最主要的一处在苗圃北地，位于小屯村东南0.5千米处，面积在1万平方米左右。发掘时分东西二区，东区包含有相当丰富的与铸铜有关的遗物，大约是生产区；西区有较多房基，但很少发现铸铜遗物，多半是工匠们的居住区。仅在这一处，就发现熔炉残块5000多块，出土陶范和陶模2万多块，另有修磨铜器的磨石和整修陶范、模的各类工具，还发现了铸造巨型青铜礼器的半地下式工棚。看来这是殷王室控制下的一座大型铸铜工场，这种铸铜规模在中国历史乃至世界历史上都是空前的。

殷墟青铜器多是随墓葬出土。目前，经科学发掘出土的青铜器近6000件，大大超过了以往时代青铜器的总和。以1976年发掘的妇好墓为例，出土铜器468件，随葬礼器就有210件。妇好属王室高级贵族，墓葬规模不大，但随葬的青铜器竟如此多，由此可知那些王室大墓，特别是有四条墓道的商王大墓，随葬的青铜器数量当更加可观。不只是数量上成倍增长，青铜器品类也更加丰富，增加了许多新品种。

殷墟出土青铜器可分为礼器、兵器、乐器、工具、饰品、生活用具、车马器等七大类。其中礼器20余种，除了已见于前代的鼎、爵、角、盉、斝、尊、觚、卣、罍等,如妇好墓中所出三联甗、四足觥、偶方彝等,都是此时期创造的新品种;兵器中除镞、戈、矛,戣、钺、大刀、镈、弓形器、弭、胄都是殷墟时代军事技术的重要创新;乐器中的铙属新创造,也是后世编钟礼乐制度的源头之一;工具有10种,其中削的出现,将此器种的产生时间从春秋提到了殷商时期;青铜饰品10余种,铜人面具、铜牛、铜虎、龙头尺形器等都属殷墟时代的创新;生活用具10余种,青铜器具已应用到殷王室贵族日常生活的方方面面;铜车马器有辖、毂饰、辕饰、轨饰、踵饰、衔、镳、当卢、马鼻形饰等,几乎都是殷墟时代的工艺创新。有学者将殷墟青铜器分为7大系列83种,指出其中55种都是新创造、新增加的。①

殷墟出土的青铜器,占比最大、最重要的是与国家权力、王室贵族休戚相关的礼器,这也是最能体现殷商青铜工艺水平的青铜器制品。器形方面,各种器物都有圆形、方形,以圆形器为主,还有较少的扁体器。方形器有方鼎、方彝、方尊、方壶、方罍、方卣等,扁体器有扁壶等。就细节而言,同种器物的形制又有局部变化,器体大小、轻重亦有不同。武官村大墓挖出的后母戊铜鼎是最大、最重的器物,高133厘米,长110厘米,宽78厘米,重875千克。妇好墓出土的两件后母辛大方鼎以及西北岗M1004大墓出土的牛鼎和鹿鼎,亦是大型重器。在器物的造型方面,有的器物结构复杂,如妇好墓出土的偶方彝、三联甗、提梁卣等,造型奇巧,十分别致。殷后期还盛行以鸟兽形象铸成的铜礼器,形象逼真,栩栩如生,既是实用品,也具有很高的艺术价值。复杂器形与巨型重器的频繁铸造,得益于浑铸法与分铸法结合的新工艺的产生,殷墟时代正是中国特色复合范铸造法的成熟时代。

殷墟青铜礼器绝大多数都铸有花纹,这时的纹饰趋于繁富,花纹布局越来越密实复杂,多呈遍体式分布,有的还采用平雕和浮雕相结合的技法,在器

① 王东:《中华文明论——多元文化综合创新哲学(上卷)》,黑龙江教育出版社2002年版,第611页。

身上饰立体的鸟兽动物形象。花纹种类既包括写实性的动物纹,如蚕纹、鱼纹、鸟纹、龟纹、蝉纹等,也有神话性动物纹,如饕餮纹、夔龙纹等,还有几何形花纹,如弦纹、涡纹、云雷纹、乳钉纹、蕉叶纹等。另需指明的是,殷墟出土铜器较多施以铭文,年代早的铜器铭文较简单,多是族徽或作器者名及先祖庙号。年代晚的铜器出现了较长铭文,如在殷墟西区发现的M1713,其时代属帝辛时期,此墓出土的一件鼎铸有铭文21字,一件簋和爵上均铸有铭文12字;后冈杀殉葬坑中出土一件鼎,铸有铭文30字,其时代亦属殷代晚期。殷商铭文与甲骨刻辞都是商代历史研究中的直接史料,可与传世文献相互补充和印证,同时也是研究汉字发展演变和书法艺术的重要资料。

"天地之中"地区是中国青铜器的重要起源地,加之夏商周三代国都的中心地位,"天地之中"青铜文化从一开始就不同于周边文化,它率先诞生了礼器和较大型兵器,奠定了中国青铜器以礼器制度为核心的发展基础,见证了中国青铜文化由萌芽到繁盛进而衰落的整个发展过程,对研究我国古代文明有着至关重要的意义。

四、文明的根基:制度文化

"天地之中"文化的生发过程是一个不断传播自身和融合他人的过程。原始社会末期,"天地之中"地区以其优越的自然条件和先进的文化基础获得了快速发展,成为各种历史文化频繁接触的场所,更是它们进行文化角逐的中心,中华文明史首先就是在此展开的。生活在嵩山洛水一带的黄帝部族建立了强大的部落联盟,他们依靠武力不断融合周边部族,最终孕育出了中国历史上第一个国家政权——夏王朝。中原先民顺应社会发展趋势和历史发展规律,从原始社会进入阶级社会,率先迈入了文明时代的门槛。

（一）城市的出现与国家的产生

城市的产生与发展是国家形成的标志之一。郑州西山城址遗存是迄今我国发现年代最早的古城遗址。西山古城遗址面积约 10 万平方米,发现有城墙、城门、壕沟,具有较强的防洪和防御功能。城墙建筑采用先进的版筑法,在我国城市建筑史上具有开创性意义。而属于河南龙山时代的王城岗城址、平粮台城址、古城寨城址等 10 余座城址已经是公认的城堡了。河南龙山文化晚期城堡群的出现说明“天地之中”地区出现了小国林立的局面。

长期以来的考古发现与研究证实,夏文化的直接源头即是河南龙山文化。最迟在河南龙山文化中期“天地之中”地区已经产生了阶级,其后城邦国家建立,在不断抗击外来侵略以及自然灾害的过程中,又联合和兼并周边方国联盟或各部族组织,形成了较统一的国家。这个国家的地望与文献记载的夏代活动的中心区域相吻合,且年代相近,河南龙山文化晚期处在夏代前期纪年之内,属于夏文化早期(或说先夏文化),夏王朝正是从河南龙山文化中心地区脱胎而出的。夏部族首领大禹东教九夷,南征有苗,西逐共工,又攻曹、魏、屈骜、有扈;禹之子启削平内乱,最终实现了国家的相对统一,建立起中央王朝——夏朝。从部落王国到夏朝建立也是华夏族的形成过程,华夏族在“天地之中”地区建立了中国最早的国家政权,造就了中华文明发展史上的一座里程碑。

（二）夏王朝的政治制度

作为我国原始社会解体后出现的第一个奴隶制国家,夏代建立了一套用以维系国家政权的政治制度,对中国整个封建王朝的政治体制产生了深远影响。

夏代促进了君主政体的发展,具体表现在:开创了中国古代国家最高统治者的名位制度。启以前的氏族部落首领没有正式称号,“天子”“帝”之类的称呼乃是后世文献的追加。启选用“后”这个称号作为最高君主的正式名号，启成为中国历史上第一个真正意义上的帝王，形成和稳定了世袭制度。禹死后，本由民主选举的伯益主持夏国事务，但据《楚辞・天问》记载，“启代益作后”①，因此遭到了有扈氏的激烈反对，由此爆发了夏初最大的一次战争，有扈氏战败。不久又发生启子太康失国，东夷族有穷氏首领羿“因夏民以代夏政”②的事件。大约经历了40年时间，少康复国还都阳翟。其后又经过数代努力，夏王朝和王权世袭制才确立起来，君主手中集中了更多的权力，包括族权、神权、行政权、军权、财政大权等。夏王朝的最高统治者以家长的身份来进行统治，王权在王畿内对社会其他阶层具有压倒性优势，对社会财富有着绝对的垄断地位。对不服从的氏族或者部落，以武力进行讨伐，直到消灭或臣服为止。夏王统治下的各部落，不再是之前独立平等的联合关系。

作为最早的奴隶制国家军队，夏代军队已经建立起一系列军事制度，包括指挥系统、兵员征召、军事纪律、武器装备等。夏王是军队的最高统帅，不仅直接控制着中央王朝的军队，还可以调动臣服于夏后氏的各部落氏族的军队；夏代军队还没有形成常备军，是日常务农战时召集的族军，但军队有相对严明的军纪军规，启在讨伐有扈氏的军令中宣布：“用命，赏于祖。弗用命，戮于社。予则孥戮汝。”③这就是所谓的“师出以律”。至于武器装备，已铸造青铜兵器武装军队，二里头遗址出土的戈、戚、镞等即是明证。

夏代出现了最初的赋税制度。《尚书・禹贡》：“禹别九州，随山浚川，任土作贡。”④“任土作贡”就是按九州土质的好坏和距离国都的远近，规定缴纳贡物的多寡和种类。顾炎武也说：“古来田赋之役，实始于禹……后之王者，

---

① 〔清〕王夫之：《楚辞通释》，中华书局1975年版，第53页。

② 〔晋〕杜预注，〔唐〕孔颖达正义：《春秋左传正义》，北京大学出版社2000年版，第959页。

③ 〔汉〕孔安国传，〔唐〕孔颖达正义：《尚书正义》，上海古籍出版社2007年版，第259页。

④ 〔汉〕孔安国传，〔唐〕孔颖达正义：《尚书正义》，上海古籍出版社2007年版，第189页。

不过因其成迹而已。”①为养活庞大的王朝官吏队伍并维持国家机器的正常运转,启继承了禹时制定的纳贡制度,向王朝的地方侯伯征收贡纳品。贡的出现,不仅加强了中央王朝的财力,也标志着中国古代财政体制的初步形成。

夏代设有一支庞大的官僚统治队伍,负责管理国家的各项事务。《礼记·明堂位》说:“夏后氏官百。”②由于年代久远,夏代官制的详情难以系统了解,只能根据零星资料做出一些推测。夏代有卜筮之官。《左传·哀公十八年》:“《夏书》曰:‘官占唯能蔽志,昆命于元龟。’”杜预注:“官占,卜筮之官。蔽,断也。昆,后也。言当先断意,后用龟也。”③夏代有行令之官,负责宣传、宣布统治者或卜筮决定的国家大事。《左传·襄公十四年》载:“故《夏书》曰:‘遒人以木铎徇于路。’”杜预注曰:“遒人,行人之官也。”杨伯峻注曰:“遒人,《尚书伪孔传》云:‘宣令之官。’”④夏代有监察之官。《左传·昭公十七年》记载当时发生日食的情况时说:“故《夏书》曰:‘辰不集于房,瞽奏鼓,啬夫驰,庶人走。’”杨伯峻注引尹知章注《管子》时说:“则以吏啬夫为检束群吏之官,人啬夫为检束百姓之官。”⑤此外,夏代的官职还包括车正(掌管车辆制造)、牧正(管理畜牧业)、稷(主管农业)、水官(管理水利工程)、大理(执法治狱官)、太史令(史官)、庖正(负责王室膳食)、瞽(王朝乐师)等。

夏代还有了监狱、刑罚和法律。《竹书纪年》载:“夏帝芬三十六年作圜土。”⑥《释名·释宫室》:“(狱)又谓之圜土,筑其表墙,其形圜也。”⑦又《史记·夏本纪》:“(桀)乃召汤而囚之夏台。”司马贞索隐:“狱名,夏曰均台。皇

① 〔清〕顾炎武:《日知录》卷七《其实皆什一也》,上海古籍出版社 2012 年版,第 324 页。

② 〔汉〕郑玄注,〔唐〕孔颖达正义:《礼记正义》,上海古籍出版社 2008 年版,第 1268 页。

③ 杨伯峻编著:《春秋左传注》,中华书局 1990 年版,第 1713 页。

④ 杨伯峻编著:《春秋左传注》,中华书局 1990 年版,第 1017 页。

⑤ 杨伯峻编著:《春秋左传注》,中华书局 1990 年版,第 1385 页。

⑥ 〔梁〕沈约注,〔清〕洪颐煊校:《竹书纪年》,商务印书馆 1939 年版,第 12 页。

⑦ 〔汉〕刘熙:《释名》卷五,商务印书馆 1939 年版,第 85 页。

甫谧云‘地在阳翟’是也。”①阳翟，即今河南禹州。监狱是国家权力物质附属物之一，是氏族社会所没有的，可见夏代已经有了凌驾于社会之上的公共权力。夏代还产生了“中国历史上第一部体现、维护国家统治和意志的法律文书”②，《左传·昭公六年》载“夏有乱政，而作禹刑”。夏代制定了有章程的刑罚制度，《左传·昭公十四年》又引“《夏书》曰：‘昏、墨、贼，杀’”。《左传》在同一篇中，对昏、墨、贼罪名作了如下解释：“己恶而掠美为昏，贪以败官为墨，杀人不忌为贼。”杜预注：“三者皆死刑。”③体现出刑罚制度严酷的一面。

终夏一代，数次迁都，但始终以伊洛一带为其统治中心地区。夏王朝在这里建立了中国最早的国家政权，实现了国家的相对统一，确立了在中国延续4000余年的王位世袭制。后继的商王朝、周王朝基本上继承了夏王朝的政治体制，即《论语·为政》记载的“殷因于夏礼，所损益，可知也。周因于殷礼，

图4-16 郑州图书馆藏朝鲜刻本《论语集注大全》

① 〔汉〕司马迁：《史记》，中华书局1959年版，第88页。

② 赵逵夫主编：《先秦文学编年史》（上），商务印书馆2010年版，第23页。

③ 杨伯峻编著：《春秋左传注》，中华书局1990年版，第1367页。

所损益,可知也”①。这种相对稳定的文化承续关系进一步巩固了“天地之中”文化的核心地位。

“天地之中”文化之所以被称作是华夏文化的摇篮,正是由于“天地之中”地区自原始社会起,就一直走在中国古代文化发展的前列。从距今 8000 多年开始的贾湖遗址裴李岗文化到河南龙山时代文化,“天地之中”地区的新石器文化遗址数量之多、面积之大、文化内涵之丰富,是全国同时期其他地区文化所不能及的。“天地之中”文化是一种长期接续、传承不绝的文化,河南龙山文化为以后夏代的二里头文化所延续,夏文化又为商、周文化所延续。中国古代早期王朝夏商文化及更为久远的河南龙山文化乃是孕育华夏文化的母体文化,由此,“天地之中”地区即是华夏文化的主要发源地。

① 〔魏〕何晏注,〔宋〕邢昺疏:《论语注疏》,北京大学出版社 2000 年版,第 25—26 页。

第二节　“天地之中”文化为区域文化核心

“天地之中”文化内涵丰富,渊源深厚。在上一节中,我们从横向视角文化起源的四个方面着眼,论述了“天地之中”文化的源头性。本节我们将以时间为轴,以历史为序,分析“天地之中”文化是如何在竞生并行的区域文化中脱颖而出,并最终走向中华文化之核心的。

新石器时期,人类的生存从依赖采猎经济类型进入到以农业耕作经济为主的类型,人类开始迈出了由必然王国进入自由王国的关键性一步。从区域文化视角看,新石器时代也正是诸区域文化竞生并行的重要时期,各区域文化在此时基本各自平行发展。这种发展状况一直持续到龙山文化晚期,河南龙山文化在诸多文化中脱颖而出。“禹都阳城”开启了夏王朝文明序幕,同时也正式确立了“天地之中”文化在区域文化中的核心地位。后经夏、商两代王朝的稳固与扩张,“一核心多层级”的新文化格局最终形成。至此,“天地之中”文化正式成为华夏文化之核心,延续数代,历久恒新。因此,谈论“天地之中”文化核心地位之形成,我们还需从新石器时代论起。

一、新石器时代的区域文化格局

（一）早期地域间差别的产生

从旧石器时代晚期到新石器时代早期这个时间段是中华早期文明进程中的重要时期。此时,人类对动植物的驯化促使经济生产形态从狩猎采集向以农业经济为主转变。早期人类开始利用长期积累的自然知识耕耘土壤、培育作物,从前随食物来源变动居所的人群逐渐表现出定居趋向。人与自然环境的关系由此产生变化。

原始农业的发展使初期较为混沌一体的中华大地呈现出了略微不同的区域发展方式,黄河流域和长江流域这一中华文化的腹心区在农业上率先起步,并呈现出了各自的耕作特色。农业耕作区以外的以采集、狩猎为主的其他区域则发展相对迟缓。换言之,早期农业的发明与发展为原始区域文化带来了最初的地域之别,也为新石器时代区域文化格局的形成奠定了基础。“天地之中”文化区的特殊之处在早期农业的发展中已有迹可循。长江流域地处亚热带,其先民经过长久的采集与识别活动,在诸多植物类食源中发现了易于存放的谷类,并开始尝试学习掌握谷物种植技术,早期的长江流域稻作技术由此开启。与拥有优越气候条件与充沛食源的长江流域相比,黄河流域早期居民面临的备食过冬问题则显得更为严峻。北方的四季温差较南方大,降水多集中在夏季,空气湿度低于南方,食物资源也相对略少,这种能基本满足需求的食源状况与多变的自然气候反而激发了黄河流域先民寻找与培育稳定食源的能动性。经过长期的选择与智慧的积累,勤劳朴实的先民们培育出了耐干旱且适应性好的农业作物——粟和黍。从早期农业类型分区图中可以观察到,“天地之中”文化区具有鲜明的交会性农业特色:它位于两种耕作方式的交会处,以华北粟作为主要农业生产作物,且拥有大片既供粟作也供稻作的耕作区。多样化的耕作方式为此后该地区文化的发展与核心地位的确立奠定了坚实的农业基础。南北互补的农业特点不仅使得该地南、北农产品兼备,同时交会区也拥有了向不同地区输出其产品和农业技术的“市场”机遇。这种综合交会的地理特色实为其他区域难以企及,是后期该地区发生广泛区域文化交流和深度文化融合,并吸引四方从而形成强大向心力的最根本原因。

(二)竞生并行的诸区域文化

进入新石器时代后,随着农业的发展进步,不断增多的人口提供了分工和创新的动力,多种手工业随之兴起,不同地区在生产与生活方面的各种差异越发明显,农业带来的差异仅为众多差异元素之一,中华大地逐渐呈现出特色各异的早期区域文化。稻作、粟作农业区以及采集狩猎区有了更细程度的区别。粟作农业区细化为燕辽区、海岱区、中原区、甘青区,稻作农业区细化出江浙区、荆楚区、闽台区、粤桂区、云贵区,采集狩猎区有东北区、蒙新区、青藏区。在整个新石器时代,诸区域文化基本保持独立发展。在众多的区域文化中,燕辽区、甘青区、荆楚区、海岱区、江浙区和中原区在中国文明形成的进程中具有重大影响。

1. 燕辽区

燕辽区约为今天辽西平原至燕山南麓区域。这个地区范围内发现的最早的新石器时期文化是兴隆洼文化。红山文化时期,当地社会进入快速发展跃进期。考古记录显示此时人口大幅度增加,社会组织相应复杂化,不同地域范围内的村落形成群落,距离较近的结成社群集体,开始进入等级社会。

2. 江浙区

从新石器时代中期开始,长江下游地区就形成了颇具地域特色的文化区。钱塘江侧的河姆渡文化和马家浜文化以发达的稻作农业和木建技术闻名于世。公元前 3300 年左右,当地进入良渚文化阶段。这个阶段生产技术迅速进步，稻作技术体系趋于成熟，出土的大量复杂的大型玉器、精致陶器、华美漆器工艺精湛，令人瞩目。与同时段其他文化相比，良渚文化地区的富裕和繁荣程度几乎一时无两。

3. 荆楚区

以两湖地区为主的荆楚区文化自新石器时代已有自己的地域特色，是一个相对独立的古文化区。北方仰韶文化进入最为繁荣的庙底沟时期之时，荆楚地区正值大溪文化时期。在这之后，继承了大溪文化的屈家岭-石家河文化将荆楚区史前文化推向新的高峰。

4. 海岱区

海岱地区以泰山为中心，东临大海，西抵河南，海岱地区的文化是非常稳定且循序渐进的。新石器早期阶段这里有后李文化、北辛文化，以及后来的大汶口文化。至公元前 2500 年左右，大汶口文化演变为山东龙山文化。和其他文化相比，海岱区文化类型丰富，特点鲜明，制造业技术先进。大汶口文化中期海岱地区开始有明确的社会分化，龙山文化时期分化加剧。海岱地区社会文明进程起步晚，但其发展进程连续不断且稳定性好，是非常有竞争力的地方文化之一。

5. 甘青区

甘青区的原始文化遗存主要分布于甘肃全境、青海东部及宁夏南部地区。这里是黄土高原的最西端，除河西走廊外，绝大部分地区地势高峻，群山耸峙，黄土堆积，并有若干盆地，黄河及其支流穿流其间，聚落遗址分布于河流两岸。从公元前 3000 年到公元前 2000 年前后，甘青地区主要的考古学文化为马家窑文化系统和齐家文化系统。

6. 中原区

需要明确的一点是，此处所指“中原区”是考古文化分区体系中的概念，与本书别处所提的“中原地区”并不等价。考古区系中的“中原区”是指广义上的中原地区，即黄河中游的山西南部、陕西东部以及河南大部分地区。本书的研究对象“天地之中”文化区，在新石器考古区系划分中位于中原区内。新石器时代早期，中原区有三支不同的考古文化：渭河谷地的老官台文化、冀中南的磁山文化、河南西部的裴李岗文化，其中，“天地之中”文化区中的裴李岗文化成就非常，影响显著。约公元前5000年，这三支文化融合成仰韶文化。公元前4000年开始，仰韶文化进入最为繁荣的阶段，整个文化的统一性得到空前加强，地域大幅扩张。仰韶文化时期，中原区不仅范围广阔，且影响力强。然而短时间内的快速发展也逐渐暴露出各种问题，约公元前3500年仰韶文化的地域独立性和区域不平衡性明显突出。大约公元前3000—前2500年，松散离析的仰韶文化进行了一场大规模的重组，在复杂激烈的社会冲突中，新的秩序悄然酝酿。最终，“天地之中”文化区的河南龙山文化突出重围，以极强的整合性和良好的继承性发展为强势文化，逐渐显现出核心之势。

表4.1　新石器时期区域文化情况简表

	粟作农业区					稻作农业区					采集狩猎区		
	甘青区	中原区		海岱区	燕辽区	荆楚区	江浙区	闽台区	粤桂区	云贵区	东北区	蒙新区	青藏区
			“天地之中”地区										
新石器时代早期		老官台文化与磁山文化	裴李岗文化	北辛文化	兴隆洼文化	城背溪文化	河姆渡文化		甑皮岩一期至五期				

续表

<table>
<tr><th rowspan="3"></th><th colspan="5">粟作农业区</th><th colspan="5">稻作农业区</th><th colspan="3">采集狩猎区</th></tr>
<tr><th rowspan="2">甘青区</th><th colspan="2">中原区</th><th rowspan="2">海岱区</th><th rowspan="2">燕辽区</th><th rowspan="2">荆楚区</th><th rowspan="2">江浙区</th><th rowspan="2">闽台区</th><th rowspan="2">粤桂区</th><th rowspan="2">云贵区</th><th rowspan="2">东北区</th><th rowspan="2">蒙新区</th><th rowspan="2">青藏区</th></tr>
<tr><th></th><th>“天地之中”地区</th></tr>
<tr><td rowspan="2">新石器时代中期</td><td rowspan="2" colspan="2">仰韶文化</td><td rowspan="2">河南仰韶文化</td><td rowspan="2">大汶口文化</td><td rowspan="2">红山文化</td><td rowspan="2">大溪文化</td><td>马家浜文化</td><td rowspan="2"></td><td rowspan="2">金兰寺下层文化</td><td rowspan="2"></td><td rowspan="2"></td><td rowspan="2"></td><td rowspan="2"></td></tr>
<tr><td>崧泽文化</td></tr>
<tr><td rowspan="2">新石器时代晚期</td><td>马家窑文化</td><td rowspan="2">中原龙山文化</td><td rowspan="2">河南龙山文化</td><td rowspan="2">龙山文化</td><td rowspan="2">小河沿文化</td><td>屈家岭文化</td><td rowspan="2">良渚文化</td><td rowspan="2">昙石山文化</td><td rowspan="2">石峡文化</td><td rowspan="2">白羊村遗址</td><td rowspan="2">小珠山文化</td><td rowspan="2">富河文化</td><td rowspan="2">卡若遗址</td></tr>
<tr><td>齐家文化</td><td>石家河文化</td></tr>
</table>

二、区域格局内“天地之中”文化的地位

在新石器时代的区域文化格局中，“天地之中”文化的地位不是一成不变的。整体来看，其历史地位是在起伏盘旋中逐渐上升的：在新石器时代早期，它具有明显优势；在仰韶文化时期，它达到繁荣高峰成为诸区域文化之中心；

但在龙山文化时期,其发展又有所回落。之后经过低谷期的蛰伏酝酿与积极的文化重组,以王湾三期文化为代表的河南龙山文化强势崛起。河南龙山文化的出现不仅带来了文化格局的新变,同时也预示了以“天地之中”为核心的夏商王朝时代的来临。

(一)裴李岗文化的早期优势

早在新石器文化早期阶段,“天地之中”地区的裴李岗文化已经显示出早期发展优势。从发展水平上看,裴李岗文化的生产力与同时期的磁山文化、大地湾文化等相比,基本处于领先地位。裴李岗文化的工具以磨制精细的石器为主,其陶器造型规整,制作技术堪称先进。在社会发展层面,裴李岗的聚落形态已有初步分化,大的聚落如舞阳贾湖其面积已有 5 万平方米,小型聚落则仅有数千平方米。从影响程度上看,在新石器时代早中期,各区域文化几乎较少接触和交流,但裴李岗文化对周围地区的影响却相当显著。比如渭河与汉水上游的老官台文化的形成就与裴李岗文化的西扩存在联系,其陶器多可在裴李岗晚期文化中找到原型;再如冀中南地区的磁山文化后期出现的大量泥制壶类器物,正是裴李岗文化北进影响的证明;裴李岗文化晚期,它的陶壶等因素还传播到了相对遥远的江淮地区和海岱地区,促成了后李文化向北辛文化的转变。此外,长江中游的城背溪文化中也有少量裴李岗文化特有的素面双耳罐类陶器。由此可见,“天地之中”地区的裴李岗文化在新石器早期区域文化中属于相对强势的文化。裴李岗文化通过其文化影响和扩张,使各文化区边缘开始互相接触,几个文化系统开始发生早期联系。韩建业提出:“正是地处中原核心的裴李岗文化的强大作用,才使黄河流域文化紧密连结在一起,从而于公元前第九千纪形成新石器时代的‘黄河流域文化区’;才使黄河下游、汉水上游、淮北甚至长江中游地区文化与中原文化区发生较多联系，从而形成‘早期中国文化圈’的雏形。”①

另外，从历史发展层面来看，裴李岗文化的农业生产、丧葬习俗以及历史遗存等，都与仰韶文化联系十分紧密，考古界认为仰韶文化后冈类型就是对裴李岗文化的一种继承和发展。可见裴李岗文化不仅影响力大，而且具有较好的历史沿袭，“天地之中”地区在新石器中期的文化优越性与历史重要性可见一斑。

（二）河南仰韶文化的承袭性

仰韶文化时期，各区域文化发展迅速，海岱区的大汶口文化、燕辽区的红山文化、荆楚区的大溪文化以及江浙地区的马家浜文化等都相继步入繁荣期。此时，各区域之间的交流与相互影响较前段时间明显增多，在这个平行发展的文化格局中，仰韶文化的光辉尤为耀眼夺目。“天地之中”地区的河南仰韶文化更因鲜明的地域特征而自成一体。河南仰韶文化之所以能被独立区分出来，很大一部分原因是它具有较强的独立性，而它最大的独立性就表现为发展脉络的传承有序。它由裴李岗文化发展而来，后期又重组新生为河南龙山文化。

考古发现证明，河南仰韶文化的遗址分布、地理环境、房子布局结构、墓葬形制和排列、陶器制作以及农业和社会经济等方面，都与裴李岗文化存在着鲜明的承袭关系，比如：裴李岗文化的小口尖底壶是河南仰韶文化小口尖底瓶的祖型，裴李岗文化的深腹罐形鼎、圆足碗、器座等在仰韶文化下王岗型遗址中也有出土。安阳后冈出土的无足石磨盘、淅川下王岗出土的锯齿石镰也都与裴李岗文化的同类器物相似。特别是长葛石固等地还找到了仰韶文化层叠压在裴李岗文化层之上的地层关系。“至于河南地区仰韶文化的归

① 韩建业：《裴李岗文化的迁徙影响与早期中国文化圈的雏形》，《中原文物》2009 年第 2 期，第 11 页。

宿，则是先后过渡为各种类型的龙山文化。”①以大河村遗址为例：大河村文化遗址有200余处，有些遗址叠压着裴李岗文化遗存，多处遗址为仰韶文化、龙山文化、二里头文化和商周文化等共存的复合型遗址，其时间跨度长达3300多年。其文化正是源于裴李岗文化，晚期末段与大汶口、屈家岭文化交流频繁，最终发展为河南龙山文化王城岗类型。大河村文化的发展过程，正昭示了“天地之中”史前文化的有序承袭特征。

综观新石器时期的诸区域文化，它们之间已经开始有了明显的差别，但彼此还没有产生足以融合或吞并的文化差距，只是形成了一定程度的相互作用和影响。这时的“天地之中”文化位于发展趋势优良的仰韶文化系统内，并保持着高度的地域独立性和良好的文化传承性，形成自己的体系脉络，文明发展连续不断。

（三）群强环伺下的文化蛰伏

中国史前文化发展至新石器晚期的铜石并用时代，整个考古意义上的广域中原地区的文化发展都开始出现低回趋势。文化地位的回落主要表现在两个方面：第一，仰韶文化区域内各地文化发展的不平衡性逐渐凸显。比如河套地区受气候干冷转变的影响，遇到了前所未有的资源短缺问题，资源受限导致了聚落之间的矛盾冲突越发频繁和严重。又如在湟水流域，早前扩展到这里的仰韶文化失去了原有的强大同化能力，异化为了马家窑文化。再如“天地之中”地区文化同整个仰韶文化体系发展一致，其聚落数量增长缓慢甚至减少，尤其大型聚落的数量和面积明显缩减，社会发展趋于沉寂。第二，仰韶文化高度统一、联系紧密的局面不复存在，其接受周围地区文化影响的程度明显增大。红山–雪山一期文化对大司空类型影响显著；大溪–崧泽文化对

---

① 杨育彬：《关于河南地区仰韶文化的两个问题》，《中原文物》1986年12月特刊《论仰韶文化》，第80页。

秦王寨类型的渗透明显;处于边缘的类型甚至失去了仰韶文化整体的紧密联系,被异化后纷纷朝着不同的方向发展,整个黄河流域文化的统一性大幅度降低。

此时,在“天地之中”文化区内,山东大汶口文化西来,其影响范围到达河南东部、中部甚至西部地区;湖北屈家岭文化北渐,其影响区域到达河南西南部、南部和中部地区。此二者在河南地区的文化浸透,正反映了这一时期区域文化的消长关系。再从区域文化进度对比,此时大汶口文化的大墓、红山文化的“庙、坛、冢”、良渚文化的礼玉等所迸发出的文明之光似乎更为耀眼。即便有大地湾这样的殿堂建筑出现,有郑州西山古城的存在,但“天地之中”地区的整体文化发展程度依然相对处于低谷。可以说,新石器时代晚期,在群强环伺的环境下,“天地之中”文化区基本进入了蛰伏状态,发展相对缓慢。

(四)河南龙山文化的重组与崛起

外来文化因素的大量涌入是对原生区域文化的严峻考验,“天地之中”文化的生命力与文化韧性也在此时得到了验证。经过奋争与磨合后,强大的外来影响反而转化为新的能量源泉,助力“天地之中”文化的生长发展。从文化融合角度观察,河南大汶口文化展示出黄河中下游地区各文化积极密切交流的状态,而河南的屈家岭文化也连接和贯通了黄河和长江两大流域的古代文化。蛰伏期的“天地之中”地区通过对外来文化的主动吸收和融合,依旧保持着强韧稳健的文化生命力。它以开放的姿态和学习的方式保证了自身文化的延续,并为之后的文化重组与崛起做好了充分的酝酿和储备。受大汶口文化影响而又个性独特的釜形斝的出现,“意味着中原文化已不是被动地接受影响,而是开始走上富于选择吸收和创新的道路”①。铜石并用时代晚期,在区域分化与统一并存的矛盾格局中,“天地之中”地区的文化开始了积极重

① 韩建业:《论新石器时代中原文化的历史地位》,《江汉考古》2004 年第 1 期,第 61 页。

组。约公元前2400年的龙山时代晚期,河南地区形成了以王湾三期文化为代表的发展势态强劲的河南龙山文化。

王湾三期文化早期遗存主要分布于庙底沟二期文化谷水河类型、大汶口文化尉迟寺类型以及屈家岭文化的交会地带。分析出土陶器的形制特征可知:王湾三期文化的前身是仰韶文化的谷水河类型,同时它受到大汶口文化尉迟寺类型的诸多影响,又吸收屈家岭文化及山东龙山文化的众多因素。从其文化来源可以看出,王湾三期文化是一种重新整合后焕发着鲜活动力的新生文化代表,它既有“天地之中”地区的深厚文化底蕴,又兼有其他区域赋予的文化精髓;既继承了河南地区文化的历史传统,又融合了周边区域文化的优秀内涵。它的强势崛起是“天地之中”地区长时间文化酝酿与吸收融合的结果,也是区域文化发展的文明结晶。

作为重组后的新进力量,河南龙山文化的影响力是十分强劲的。在王湾三期文化前期阶段,它与石家河等文化的影响与交流是相互的,但在后期情况发生了极大变化,它同周围区域文化的关系变成了单方面的强烈影响,而且越往北这种影响越强烈。例如:杨庄二期文化和煤山类型在陶器方面有许多类似;下王岗晚期遗存也以蓝纹灰陶为主,陶器形制与王湾三期文化同类器近似;甚至原石家河文化中心区的江汉平原,也明显受到了河南龙山文化的影响。再从文献记载看,王湾三期文化的强盛与扩张,以及石家河文化的衰落乃至消亡,正和古史传说中的“禹征三苗”事件相吻合。具有高度整合性的河南龙山文化,就是即将开启的以二里头文化为代表的夏文化之序章。

三、准核心文化具备的各项优势

龙山文化晚期是“天地之中”文化的准核心时期,以重组后崛起的河南龙山文化为代表,此时“天地之中”文化已经具备了多项特殊优势。这些突出优势使得它在众多史前区域文化中与众不同,在其他区域文明之光逐渐暗淡或突然陨落后,“天地之中”文化正以重整之势悄然崛起,集合各项优势为成为核心文化积极酝酿。以对比视角看,“天地之中”文化与其他区域文化相比,其突出优势主要有以下四点。

(一)遵循规律,发挥能动

前面对“天地之中”地区的优良地理环境已经进行了深入阐述,这种地理和气候特点虽然优势明显,但在广大的中华地域范围内也并非得天独厚。单从地理和气候条件来看,长江流域似乎更具有自然食源优势。然而丰厚非常的资源在一定程度上却降低了人类改造自然环境、激发主观能动性的迫切程度。反观之,黄河流域地区相对适中的生存环境则给这里的人们一个更迫切地寻求自然规律并主动改造环境、抵御灾害的动力。

在农业方面,黄土区的耕作土壤是有自然肥效的,但若耕作不当或浇灌过量,容易形成土块,产生浇墒现象。因此,如何保水成为黄土区农业发展的关键问题。耕作问题的出现,迫使人们为了生存发展而去研究水土、灌溉等耕作技术,并重点关注耕具改造问题。相比之下,远古时期南方地区在湖泊、沼泽地种植水稻,其关键问题是土壤肥力的递减和及时收割,研究水利和耕具反而不是最关键点。此二者形成的鲜明反差在考古上也有清晰体现:在新石器时代,黄河中游、下游地区已经有了整套的农业工具,如翻地用的蛇形石铲,以及石镰、石刀等,而同时期的河姆渡遗址中发现的生产工具只是骨锹。但相同的是,这两个区域的遗址中都曾发现达万斤的粟、稻粮食遗存。这种情况说明,黄河流域的生存环境虽略逊色于南方,但农耕技术水平和协作程度明显较高。虽然二者都获得了充足的食源,但黄河流域的人们对水、土壤这些自然条件有了更深的认知,并在生产劳作中逐渐寻找到了自然规律。更重要的是,人们形成了对自然环境和自然规律的认知,为抵御洪水天灾打下了深厚基础。

大禹治水的传说在中华大地广为流传。《山海经·海内经》云:“洪水滔天，鲧窃帝之息壤以堙洪水，不待帝命。帝令祝融杀鲧于羽郊。鲧复生禹，帝乃命禹卒布土以定九州。”①《水经注》引《吕氏春秋》亦谓：“禹娶涂山氏女，不以私害公，自辛至甲四日，复往治水。”②禹因循自然规律，摒弃“湮”“障”等阻塞方法，采用疏导之策治水，最终使得“九河既道，雷夏既泽”。气候学研究证明，在距今8500年左右全球进入全新世大暖期，“处于高温暖湿环境下的中原地区，既有长江流域的暖湿气候，又有适于原始农耕的北方黄土母质形成的棕褐色沃土”③。从考古学研究上看，仰韶文化时期正处于该暖期的中晚期，此时的气候环境十分适宜文化发展。发展至距今4000年左右，突然迎来了一场大范围的气候异常与降温。这次气象异常影响巨大，从黄河流域到长江流域，以及淮河流域、海河流域等区域的史前文化皆受其害。根据考古发现今已断定，大禹所处时代为公元前2000年左右的龙山文化晚期，这正处在4000年前的大范围气候异常期内。

气候异常带来的全国范围内的降温和大洪水造成了此时期考古学文化的明显断层。许多史前文化的消亡或衰退都与此有密切关系。然而，在这次大面积的洪水灾害中，大禹治水的成功以及“天地之中”地区天然有利的地形，共同为此区域争取到了有利的发展时机。“大禹平治水土直接地或者间接地使得土地重新恢复，农业耕作生产得以继续发展，众民安居乐业。大洪水发生期的距今4000年前后，以陶寺和王城岗城址为中心的文化区域由于特殊的自然地理优势，最大程度抵御和减缓大洪水造成的灾难和影响，这也可能正是二者持续发展脱颖而出的地理因素与环境原因。大禹利用治水契机，持续发展，族群政治中心由颍河上游北移至了伊洛平原。之后，整合嵩山南北文化并在政治、经济、文化等等方面得到了长足发展，建立了相对统一的政

---

① 〔晋〕郭璞注：《山海经》，上海古籍出版社2015年版，第401页。

② 〔北魏〕郦道元注，〔清〕戴震分篇，杨应芹校点：《分篇水经注》，黄山书社2015年版，第576页。

③ 宋豫秦等：《中国文明起源的人地关系简论》，科学出版社2002年版，第200页。

治秩序或言夏王朝。”[①]另外，治水领袖禹的杰出才能与功绩也为他本人在族群中树立了极高的个人威信。

综上，在生存环境优良但不算富足的情况下，发展农业、建设水利等能动性因素被激发。“天地之中”地区的原始先民在长期与自然磨合的过程中，逐渐摸索到了自然规律，并作用于生产实践，这是一种趋向于“天人合一”的科学且和谐的生存方式。环境的优良与人类能动性的配合，最终使得此处的原始文化拥有其他地区难以企及的坚韧性和持久力。

（二）淡化宗教，不尚神权

红山文化时期是燕辽区的文化繁荣期，此时期燕辽区社会发展迅速，人口大幅增加，村落密度激增。根据遗址群的分布情况与内容形式判断，红山社会为联盟式社会，由多个地位基本平等的集团联合组成。但在考古记录中，却没有发现如军队等强制性的联合保障机制，也没有发现各集团必须联合生存的经济原因，那么在这种情况下，能驱使人们建造规模庞大的牛河梁建筑群的原因应该就是红山文化中强烈且普遍存在的宗教信仰了。唐玉萍在《红山文化特殊类玉器的宗教内涵探析》中讲道：“红山文化中出土的特殊类玉器是巫、史等神职人员司职的神器和法器，它的出土对于研究北方远古时期人们的生产生活及意识形态具有重大意义。特殊类玉器作为祭祀神器，反映了当时人们的精神生活和祭祀观念，进一步证明红山文化时期已经形成了原始的宗教体系——巫教，神职人员（巫）借助它来‘通绝地天’，并以此来维系氏族或部落内部的稳定与团结。”[②]杨福瑞在《试论巫觋集团在红山文化中晚期的神权地位》中论述道：“红山文化中晚期，天地神灵信仰获得了普遍发展，同时也形成了巫、觋集团。巫、觋集团操控着红山文化的祭祀活动，他

① 高江涛：《考古学视角的大禹与大禹治水》，《史志学刊》2015 年第 4 期，第 113 页。

② 唐玉萍：《红山文化特殊类玉器的宗教内涵探析》，《赤峰学院学报》2006 年第 1 期，第 4 页。

们沟通着人神之间的关系,具有崇高的神权地位,形成了红山文化中晚期以巫觋为最高领袖的神权社会。”①

由考古研究可知,宗教在组织和维系红山社会的发展中承担了重要职能。红山文化中晚期,宗教信仰普遍发展,巫觋集团通过操控红山文化的各种祭祀活动来树立统治威信,从而获取社会组织中的实际统治地位。红山文化中晚期是一个以巫觋为最高领袖的神权社会。

然而,这种社会组织方式与崇尚英雄能力、崇拜领袖统治的人权社会相比,其构成是脆弱且不稳定的。可以设想,如当时发生不可逆的天灾或祸事,巫术对改变族群命运无能为力,那么族群的宗教信仰便十分容易被击溃,神职人员的能力和统治权威自然受到质疑。正如严文明在《中华文明史》中所言:“宗教在维系红山社会的整体性方面扮演了重要同时也是唯一的角色,因而社会整体的基础就远不那么坚实。一旦外部原因有些微变化,靠信仰构筑起来的红山社会便轰然坍塌。”②

与红山文化社会组织方式不同的是,“天地之中”文化从一开始就注定了其务实的一面,这与其地理位置、生存方式、思维理念是息息相关的。它是以物质为基础的,统治集团在长期的人与人、人与自然的斗争中树立统治权威,再通过获取公共物质的分配权来维系社会结构的稳定。这较之神权更加具有信服力和稳定性。

(三)勤俭质朴,平和有序

前已有述,与长江流域的稻作水土优势相比,黄河流域的农业丰收需要更多的生产劳动投入,也正是由于这个原因,这里的人们对劳动过程的艰辛和劳动成果获得的不易有更深的体悟。仰韶文化时期与龙山文化时期,中原

① 杨福瑞:《试论巫觋集团在红山文化中晚期的神权地位》,《北方文物》2010 年第 1 期,第 64 页。

② 袁行霈、严文明:《中华文明史》,北京大学出版社 2006 年版,第 58 页。

地区产生了阶级分化，但在对生产劳动的深刻体验与区域传统理念的影响下，这个地区相对富庶的阶层并没有极度追求财富或是刻意强调和加剧贫富分化，这从此地遗址的墓葬情况即可得知。在郑州大河村、西山和洛阳王湾等地的单人墓葬遗址中，尽管墓葬规格各不相同，但都较少见到随葬品。再如孟津妯娌遗址，从墓葬位置与规格判断其墓主人应是氏族权贵，但除了棺椁和所佩象牙箍宣示其权威外，未见更多的随葬器物。此种情况与差不多同时期其他区域随葬器物的数量与规格形成了鲜明对照。比如海岱地区曲阜西夏侯、临沂大范庄的一些大汶口文化墓葬，其随葬品有百余件陶器。对奢华和财富的极度追求，在浙江地区良渚社会中有更加突出的体现。

良渚社会是一个阶层等级森严的差异型社会。据考古墓葬分析，当时的良渚社会已形成四个主要等级："第一等级的墓葬中随葬有大量的玉礼器，主要有琮、璧、钺、璜、冠装饰、三叉形器、锥形器等。这些玉器制作精良，选料上乘。墓主人的身份已经不再是氏族领袖，而是方国的统领和最高等级的宗教祭司。他们是纯粹的领导集团。第二等级的随葬玉器明显少于第一等级，而且玉礼器的组合并不完备。同时，还常常随葬有石犁、石锛、石镰、耘田器等生产工具。这表明这些墓主人的身份同第一等级有所不同，除了做首领和巫师之外，仍旧从事生产劳动。第三等级的墓葬，墓坑一般浅而小，随葬品大部分为日常用的陶器和石质工具，有 1/3 的墓葬随葬有小件玉器。墓主人应该是普通的平民，他们与第二等级共同构成了良渚社会的基础阶层。第四等级的墓葬则没有任何随葬品，似乎为贵族、统领集团从属，显然身份等级最低。"①同时，值得注意的是，良渚社会的贫富分化十分严重。"从统计上看，位于社会最高端和最底端的人都不多，中间等级的人口占了大多数，整个社会如同橄榄形。但是为数不多的上层者，却占有了大量的社会财富，几乎垄断

① 李伟：《良渚：巫政之国的兴衰》，《三联生活周刊》2012 年第 40 期，第 60 页。

了全部的玉器、象牙器、丝绸、漆器和精致的陶器。”①在灿烂的文化辉煌期过后，良渚文化戛然而止。目前并没有办法证明，洪水是良渚文化遭受灭顶之灾的唯一元素，那么导致其突然衰败的原因应该是社会发展模式。与红山文化类似，良渚社会也极度崇尚宗教，但更为重要的是，良渚统治阶层崇尚宗教的同时，对财富的占有和对奢靡生活的追求几乎达到狂热的程度。统治集团将整个社会的有效劳动投入到宗教建设中，制造了大量缺乏生产用途的祭祀玉器、墓葬陪葬品等，这些工程耗费了大量劳动，却缺少社会意义和实用价值，从而导致良渚社会发展逐渐走上了严重畸形化的道路，正如赵辉在《良渚文化的若干特殊性——论一处中国史前文明的衰落原因》的观点：“在其迅速发展的早期阶段，即良渚文化自我塑造的时期，社会也许很难及时察觉其发展方向上存在的细微歧变，也难能完全正确处理发展过程中出现的问题。但待到社会沿着歧变的方向越滑越远时，却又积重难返。况且我们目前还没有法子知道峰值期的良渚社会是否意识到了这场迫在眉睫的危机。然而一旦社会真的发展到各种矛盾极其尖锐起来，而社会的控制系统又完全失去作用的地步，只要点燃一根导火索，就会立刻上演一场一触即溃、一泻千里的历史悲剧。”②

相对而言，“天地之中”地区的统治阶层在财富拥有量方面与一般成员是在一个可以接受的低水平差距以内的。换言之，这是一个有阶级差异但不强调贫富差距的相对平和的社会。在这个社会结构中，统治阶层通过掌握公共财物分配权，以杰出的个人才能在氏族中树立威望。这样的社会显然更有利于缓和阶级矛盾，从而达到内部团结稳定，再逐步向外扩张的目标。该地区的早期氏族部落社会结构因此较为稳固。从文献记载中可以看到，在之后的

---

① 李伟：《良渚：巫政之国的兴衰》，《三联生活周刊》2012 年第 40 期，第 60 页。

② 浙江省文物考古研究所：《良渚文化研究——纪念良渚文化发现六十周年国际学术讨论会文集》，科学出版社 1999 年版，第 117 页。

文明发展进程中,早期国家机器雏形也不断趋于完备,例如:(1)统治集团内部体制草创。《史记·五帝本纪》云:“官名皆以云命,为云师。置左右大监,监于万国。万国和,而鬼神山川封禅与为多焉。获宝鼎,迎日推策。举风后、力牧、常先、大鸿以治民。”①(2)制定早期的刑罚与规范。《史记·五帝本纪》言帝舜之时:“象以典刑,流宥五刑,鞭作官刑,扑作教刑,金作赎刑。眚灾过,赦;怙终贼,刑。”②(3)发展原始军队力量。黄帝之时,已“教熊罴貔貅貙虎,以与炎帝战于阪泉之野”③,“熊罴貔貅貙虎”即指以这些动物为图腾的部落。这些文献记载虽有待考古印证,但该部落统治的井然有序由此可见。加之近80年来龙山时代的考古发现已经证明了此区域的成员普遍实行薄葬,更未见极度耗费民力的巨型工程,由之可见其勤俭质朴的传统与不事奢华的观念。

(四)兼容并蓄,整合传承

在新石器时期区域文化格局的地理方位中,“天地之中”文化区正位于重要区域文化作用圈的最中心位置。这里不仅是天下之中心,更是物流和情报信息交流的辐辏之地,是史前区域文化网络中的最大中心枢纽。在各种文化都与周边文化交会作用的情况下,该区域的文化交会区最为广泛,且可供交流的文化类型最多,长久的发展使得这里的文化博大且兼容。这种包容开放的特质无形中形成对其他区域文化的吸引,强大的向心力由此而生。

“天地之中”地区位居多个重要区域文化的最中心,博采众长的宽广胸襟与吸收能力使它成为民族文化形成过程中交融凝练的一座熔炉,同时也奠定了它中国古代文化核心区域的基础。从考古发现上看,“天地之中”文化区是一个较为开放的文化区域。仰韶文化晚期,其东部的大汶口文化和南界的屈

---

① 〔汉〕司马迁:《史记》,中华书局1959年版,第7页。

② 〔汉〕司马迁:《史记》,中华书局1959年版,第24页。

③ 〔汉〕司马迁:《史记》,中华书局1959年版,第5页。

家岭文化在这里广泛交融。到龙山时代,它又深度吸收了山东龙山文化的一些因素,比如制陶业中一定数量的黑陶较频繁出现,器表装饰中常有泥饼、泥条和圆形镂空装饰,等等。另外,来自东南良渚文化的玉琮、玉璧、玉钺等礼器以及代表着君权和神权结合的兽面纹饰等,在后来的夏代二里头文化乃至商文化中都可以看到其身影。在这些陶器、玉器、纹饰的表象之后,更为重要的是“天地之中”地区接受了其文化器物的内蕴思想。比如,接受良渚社会以玉器区别阶级的方式,同时创造性地使玉文化成为礼治系统中的一部分。由此可见,该区域文化的兼容吸收性极好。这也正是它能逐步走向强盛且形成稳定向心力的重要原因。正如索全星在《中华文明本源初探》中所述:“兼收并蓄各方的优良文化因素,为我所有,有包容、同化和改造一切外来因素的大度心理,也因此得到其外围群体的认同。”①

另外,在文化交流与交融的过程中,更为可贵的是“天地之中”文化区域始终保持着自身的独立性。它没有在融合中丧失自我而被其他文化取代,反而是将外来文化有选择地融为己用,从而产生具有自身特色且能承袭自身传统的新的区域文化。例如,在仰韶文化灿烂光辉的照耀下,河南地区的仰韶文化一些类型还保持着裴李岗文化的各种影响因素,比如后冈类型中就有受裴李岗文化影响的泥质素面红陶、小口双耳壶、圈足碗等,下王岗类型遗址中也出土有裴李岗文化的鼎、钵、器座等。即便是在龙山时代的文化蛰伏期,这里的文化虽受到强势异地文化的冲击也依旧没有盲从,而是积极地选择吸收和创造整合,最终发展成具有自身特色并继承区域传统理念的新生地域文化——河南龙山文化。独立性与兼容性互为补益,助力该区域文化稳步地攀向高峰。

综上,新石器时代晚期是各原始文明竞争和融合的重要时期,在此时竞生并行的区域文化格局下,“天地之中”文化区的各项优势极为突出。在地理

---

① 索全星:《中华文明本源初探》,科学出版社 2014 年版,第 127 页。

上的环境优势是其生存下来的最基础保障,能动性的发挥更保证了它能在各种突变环境中保持强大生命力。尊重人的才能、尊重自然规律而淡化宗教,使得它在文化发展方式上逐渐寻找到了天人合一的科学规律。简朴有序的社会组织结构确保它在长久发展中的稳定性。最后,位于各种重要区域文化的中心地理位置,且能开放包容、主动吸收整合发展自身的文化态度,决定了它日后能脱颖而出并逐步走向强盛。“天地之中”区域文化的发展趋势是在起伏中稳步上升的,它是史前区域文化的点点星火中最为平和、坚定、持久、富有生命力的一点。它高峰时不忘传承,低谷时酝酿吸纳,最终以它的坚韧不拔与顽强毅力迎来了华夏文明的曙光。从禹都阳城起,“天地之中”地区开始被赋予独特的政治优势,进入夏王朝以后,统治者“择中立国”的观念更增强了该地区在政治上的重要性。王朝统治者占据中心位置,巩固政权,扩大文化影响,加之前面所述的众多优势的汇集,最终“天地之中”文化从重要区域文化的中心地位升华到了独一无二的核心地位,区域文化格局也走向了以“天地之中”文化为核心的新时期。

四、核心地位的确立与新文化格局的形成

（一）核心时代前夕的文化新动向

在长久的史前历史中,“天地之中”地区一直与考古文化分区体系中的中原区处于同一文化区域范围,同步起落发展,虽然它自身区域特征鲜明,但整体上与中原区具有一致性。龙山文化晚期,这种一致性逐渐有了新的变化。陶寺文化的衰落与嵩山地区的崛起改变了历史的发展轨迹,最终夏王朝的建立开启了核心文化时代。

1. 陶寺文化的衰落与嵩山文化的崛起

与河南龙山文化一样,陶寺文化同属于黄河流域龙山文化范畴,是中原

图 4-17　中岳嵩山

龙山文化群体中的一个重要组成部分。新石器时代晚期,陶寺文化的社会发展程度可以说已经达到了文明的临界点上:农业已有水井灌溉,畜牧业规模可观,手工业得到了长足发展,冶炼铸铜业的出现更可见其发展程度之高。陶寺文化远不止于经济成就,它的社会结构具有更大的文明进程意义。陶寺遗址中的大型厅堂、庙宇、祭坛建筑,以及巨型墓葬和精美玉器、礼乐重器、兽面纹饰等,都是社会文化高度发展的产物,它们的出现反映了史前社会中财富的积累和私有制的确立情况,更预示了凌驾于氏族之上的权力统治的产生。然而,富有"王气"也即将迈入文明社会的陶寺文化却在龙山时代晚期终止了前进的步伐,其衰亡的原因,考古学界论断不一,结论众多。但无论如何,"随着陶寺文明退出历史舞台,其所在的晋南地区数千年来自主发展的历程也宣告终结。从随后的二里头时代起,它开始接受来自大河之南中原腹地

的一轮轮文明输出的冲击波，最终被纳入王朝体系”①。

在其南侧，以中岳嵩山为中心的“天地之中”文化，却在艰难的征战与积极的文化整合中攀登上了文明的高峰。与其他山岳文化不同，中岳嵩山的地理位置尤为独特。北岳恒山和西岳华山位于棕黄板块，东岳泰山与南岳衡山坐落于青绿板块，而中岳嵩山正位于两大板块的交界处。同时，南方水系的稻作生态环境与北方黄河流域的粟作生态环境也在这里交错。嵩山周围的河流与其支流共同构成了密集的水路系统，连通广大中原腹地内部以及周边区域，从而形成了交通枢纽位置。

以嵩山为中心的半包围“座椅”地势，使得“天地之中”地区既能安守一

---

① 许宏：《何以中国：公元前2000年的中原图景》，生活·读书·新知三联书店2016年版，第34页。

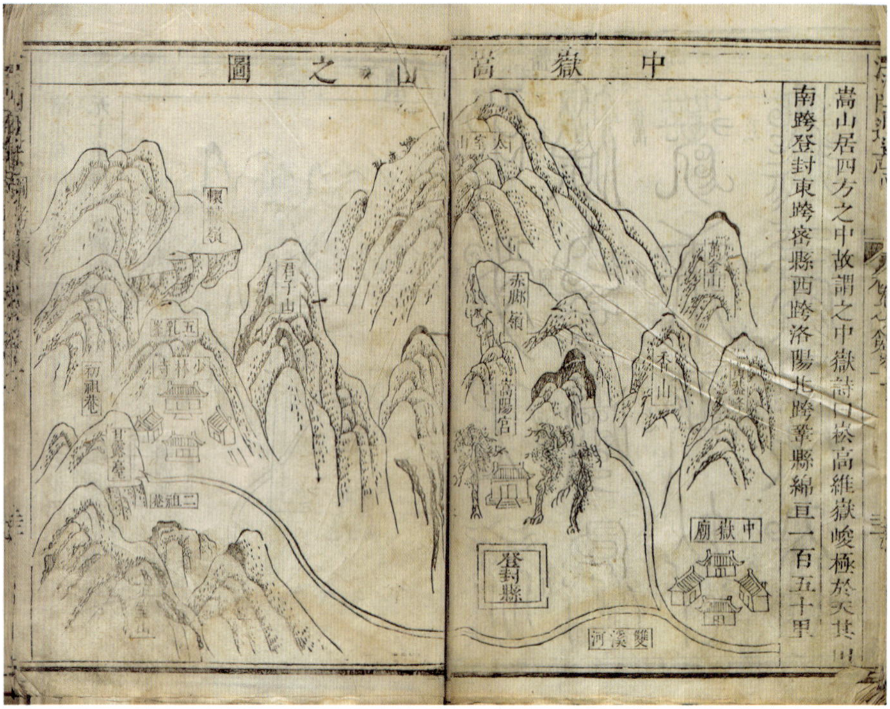

图 4-18 郑州图书馆藏清顺治刻本《河南通志》之《中岳嵩山之图》

方,亦可畅达天下。高度发达的文明就在这种碰撞、交会、开放与能动整合中诞生和成长。通过漫长的史前文化的发展孕育与蛰伏历练,在龙山文化晚期这个万国林立、英雄辈出的时代,以王湾三期文化为代表的“天地之中”文化开始逐渐展现出傲视群雄、一掌天下的强劲势态。

2. “禹都阳城”与核心时代的开启

“禹都阳城”是“天地之中”文化占据核心地位的重要标志。历史中有关“禹都阳城”或“禹居阳城”的文献记载众多。古本《竹书纪年》云:“夏后氏,禹居阳城。”[①]《孟子 · 万章上》云:“禹避舜之子于阳城。”[②]《国语 · 周语上》

① 范祥雍:《古本竹书纪年辑校订补》,上海古籍出版社 2011 年版,第 5 页。

② 〔汉〕赵岐注,〔宋〕孙奭疏:《孟子注疏》,北京大学出版社 2000 年版,第 258 页。

载:“昔夏之兴也,融降于崇山。”[①]《史记·夏本纪》云:“禹辞辟舜之子商均于阳城。”[②]《史记集解》载:“夏居河南,初在阳城,后居阳翟。”[③]《史记正义》云:“夏禹都阳城,避商均也。”[④]历史文献的记载与新时期发掘的诸多文化遗址今已相互印证:中岳嵩山所在的登封一带即为文献中所记载的“禹都阳城”。结合各项考古发现,目前学者们已经断定王城岗城址正是“阳城”之所在。王城岗城址位于河南嵩山南麓登封市告成镇,这里是“天地之中”文化的最核心处,也是夏王朝的发轫之地。“禹都阳城”后,区域文化的格局由各区域文化共生并行的时代,逐步过渡到以“天地之中”地区为核心的层级化新格局时代。由于受到统治权力的加持,“天地之中”地区具有了前所未有的政治优势。夏王朝以后,这里成为数代王朝的都城所在地,集自然地理、经济、文化、政治各方面优势于一身的“天地之中”地区水到渠成地成为华夏文化之核心。

(二)二里头文化的核心性质

龙山时代邦国林立的政治格局到二里头时期发生了颠覆性的改变。随着面积过百万平方米的超大型中央都邑的出现,二里头文化强势崛起,其他地区多处出现城址废毁现象,周边区域的强势文化相继退出历史主舞台,以二里头文化为代表的“天地之中”文化成为这个王朝时代的核心文化。

1. 庞大的聚落面积

在二里头一期初期阶段,其聚落面积就超过了百万平方米,是整个伊洛地区的中心。到二期阶段,其聚落面积多达300万平方米,宫殿区开始出现交错纵横的大路,逐渐建成大型宫室,宫殿区以南还有手工作坊,用来生产贵族

---

① 〔战国〕左丘明:《国语》,上海古籍出版社2015年版,第21页。

② 〔汉〕司马迁:《史记》,中华书局1959年版,第82页。

③ 〔汉〕司马迁:《史记》,中华书局1959年版,第129页。

④ 〔汉〕司马迁:《史记》,中华书局1959年版,第1371页。

用的奢侈品。自第三期起,该区域开始建造面积过10万平方米的宫城建筑,宫城内有明确的以中轴线对称的大型宫殿群。这一王城布局表明二里头文化森严的宫室制度已经逐渐开始成形。

2. **高度密集的人口**

从人口密集程度看,二里头遗址所在的洛阳盆地在史前时期一直属于人口密集区,学者通过详细计算,推断出二里头都邑当时的人口至少应在2万人以上。与此形成鲜明对比的是,其他研究成果表明,与二里头同时期的普通聚落人口一般不超过1000人,即便是大型聚落一般也不超过5000人。大量人口高度集中于中心都邑及周边地区,从侧面反映出了该区域的社会文化成熟度与发展盛况。

3. **复杂的城址功能分区**

在功能划分方面,二里头城址具有复杂的分区。整个遗址分为中心区和居住活动区两部分。一般居住活动区位于地势偏低的遗址西部和北部,中心区则位于中部至东南部的高地上。中心区由宫殿区、围垣作坊区、祭祀活动区和贵族聚居区组成。贵族聚居区位于宫城周围,祭祀活动区位于宫殿区西北。整体来看,城址中重要的功能区南北一线排开,东西连绵二三百米,彰显出宏大庄严的统治规模和王朝气势,充分体现了二里头城址作为夏王朝权力核心的政治城市特征。

4. **中心性大型都邑**

聚落面积与人口以及城址建筑规模与分区,都充分体现出中原王都所特有的王者之势。不仅如此,二里头遗址还拥有最早的城市干道网、最早的宫城、最早的中轴线布局的宫殿建筑群、最早的青铜礼器制度、最早的青铜作坊等。无论是后世文献记载还是考古遗址验证,以二里头文化为代表的夏文化时期,“天地之中”地区的核心性质和王朝统治中心属性都是毋庸置疑的。对于二里头文化的核心性质,许宏曾这样描述:“到了二里头文化时期,随着面积超过300万平方米的二里头超大型都邑和兴盛的二里头文化的崛起,各地的城址相继废毁,纷纷退出了历史舞台,华夏文明由‘多元的邦国’时期进入了‘一体的王朝’时期。二里头文化的社会与文化发达程度,以及前所未有的强势辐射态势,使其当之无愧地成为这一时代的标志性文化,形成中国乃至东亚地区最早的‘核心文化’。”①

(三)新文化格局的疆域范围与构成

1. 早期王朝的相对疆域

与现代国家的疆域概念不同,早期的王朝是没有明确清晰的疆域边界的,因为聚落与聚落间有大量的山谷、森林、旷野相隔,不同文化的交接处也常存在一些空旷地带,所以早期王朝的疆域范围是相对的,也是模糊跳跃的。考古学者提出了一种以礼器判断其政治文化影响辐射范围的疆域推断方法。

在“天地之中”文化覆盖区中,青铜礼器作为权力和地位的象征具有独占性,基本只集中于王都地区。青铜礼器以外的礼器作为普遍性的政治象征器物,以赐予的形式从王朝扩散到各个地区。如是判断,二里头以外的遗址是否出土二里头文化礼器即能说明该区域是否受到夏王朝的政治掌控及文化辐射影响。通过各地区遗址中出土的陶礼器、玉礼器的情况,可以大致划定受二里头王朝政治辐射的基本范围,从而得出一个政治秩序较为统一的王朝政治版图。依此方法来看,二里头风格的陶礼器与玉礼器西至黄河上游,南到长江流域与岭南地区,北到燕山北侧的夏家店下层文化。日本学者西江清高教授指出,春秋战国时代中原式直刃青铜剑的分布可以代表文化意义上早期“中国”的扩张范围。这一范围与上述二里头文化陶、玉礼器的分布范围是大致相合的。凭此二者在地理上的相似性和时间上的继承关系,基本可以判定出早期王朝的大致轮廓。

至商汤灭夏,商王朝建立。偃师商城和郑州商城是商代前期都城,安阳

① 许宏:《二里头的“中国之最”》,《中国文化遗产》2009 年第 1 期,第 50 页。

殷墟是后期都城。商王朝继承了夏文化,创造了二里岗文化和殷墟文化。商承夏后的“天地之中”文化不仅展现了辉煌的青铜文明,而且“有典有册”,使用了成熟的甲骨文字。商王朝的政治疆域与文化辐射领域都比夏王朝更为广大,商以偃师商城、郑州商城、安阳殷墟为政治文化核心,通过征战与文化输出等向四周急剧扩张,形成了范围更为广泛的商王朝文化圈,新的文化格局疆域范围由此基本固定。

2. 核心性文化格局的构成

在新石器时代,中国文化的格局基本为各区域并行发展同步迈向文明。进入龙山时代后,“天地之中”文化在诸多文化中脱颖而出,并快速发展壮大。禹都阳城后,夏的政治中心定于嵩山一带,“天地之中”地区在夏王朝到来时正式占据核心地位。其后,从考古方面看,二里头-二里岗文化从核心区向外强势扩张,奠定了早期中国的基本政治版图和文化疆域。商王朝通过征战与政治安抚、文化输出等方式征服四方,与“天地之中”文化长期并行发展的海岱文化也在商王朝时期通过战争被纳入王朝掌控范围。中国早期文化格局由此发生重大调整,各区域文化再次深度交融。“约公元前 1800 年以后,二里头文化和二里岗文化从中原核心区向外的强势影响,使得文化格局发生重大调整,中国大部分地区文化再次交融联系成更大范围的相对的文化共同体。”①新形成的文化格局的空间结构自内而外可以分为四个层级,它们共同构成了早期中国的基本文化格局。

新层级格局的第一层也是核心层,正是“天地之中”文化区。该层是王朝核心文化的绝对掌控区,主要包含有二里头文化、偃师商城文化、郑州商城文化等超大型聚落。

第二层级主要是黄河流域中上游、长江流域中游以及淮河流域等地区。这个层级主要是核心层之外的二里头文化和二里岗文化分布区。第二层级

---

① 韩建业:《二里头-二里岗时代文化上的早期中国》,《中原文化研究》2014 年第 6 期,第 9 页。

地区的文化受到核心文化的强烈影响，可以说是核心文化的直接影响区。此处包含有东下冯、垣曲商城、台西、盘龙城等若干区域性文化。

第三层级是位于第二层级外层的长江流域上游、长江流域下游、黄河流域下游以及东北等地。这里主要包含有岳石文化、马桥文化、吴城文化、朱开沟文化、三星堆文化、夏家店下层文化等。相对于第二层级，这些地区的文化受核心文化的直接影响略小，同时第三层级也受到第二层级文化的影响辐射。这个区域有少量青铜礼器和玉礼器，是核心文化的间接影响区。

第四层级是再外一层的东北北部地区、西北甘青地区以及华南地区，其文化主要有齐家文化、四坝文化、哈密天山北路文化等，这个层级相对缺乏高级别的聚落和礼器，是受核心文化影响最小的一个层级，处于早期中国的最外围，其文化发展程度与核心区相比存有差距。

另外，在这四个层级的外延，还有新疆中西部地区以及西藏地区等一些区域，夏商时期，它们还未纳入早期中国的文化版图之中。随着历史的推进，该区域文化通过交流、融合逐渐进入中华文化统一体。

总而言之，在夏王朝确立核心文化地位、商王朝扩展并稳固了文化圈范围后，中华古代历史文化的格局基本得以形成。“文化上的早期中国在空间范围和统一性方面得到显著发展，从此以后进入统一性为主的‘合’的时期。”[①]在新的文化格局中，“天地之中”文化通过政治统治和文化输出，在意识上统治了早期中国的广大区域，区域内的人们逐渐完成了心理上和文化上的自我认识。中国古代的区域文化也在核心文化的辐射和引领下，逐渐在相对独立中达到整体上的融合。共同的经济与文化生活促进了区域和民族间的交流，在以“天地之中”文化为核心的基础上，“华夏”“中国”的观念终于形成并得到认同，中华文明在较为稳定和统一的文化格局下，开始向世界文化的巅峰迈进。

---

① 韩建业:《二里头-二里岗时代文化上的早期中国》,《中原文化研究》2014 年第 6 期，第 10 页。

参考资料

一、典籍

（一）经部

〔魏〕王弼注，〔唐〕孔颖达疏：《周易正义》，北京大学出版社 2000 年版。

〔汉〕孔安国传，〔唐〕孔颖达正义：《尚书正义》，北京大学出版社 2000 年版。

〔清〕孙星衍：《尚书今古文注疏》，中华书局 1986 年版。

顾颉刚、刘起釪：《尚书校释译论》，中华书局 2005 年版。

〔汉〕毛亨传，〔汉〕郑玄笺，〔唐〕孔颖达疏：《毛诗正义》，北京大学出版社 2000 年版。

〔清〕陈奂：《诗毛氏传疏》，《续修四库全书》第 70 册，上海古籍出版社 2002 年版。

〔汉〕郑玄注，〔唐〕贾公彦疏：《周礼注疏》，北京大学出版社 2000 年版。

〔清〕孙诒让：《周礼正义》，中华书局 1987 年版。

〔汉〕郑玄注，〔唐〕贾公彦疏：《仪礼注疏》，北京大学出版社 2000 年版。

〔汉〕郑玄注,〔唐〕孔颖达正义:《礼记正义》,北京大学出版社2000年版。

吕友仁:《礼记全译》,贵州人民出版社1998年版。

〔晋〕杜预注,〔唐〕孔颖达正义:《春秋左传正义》,北京大学出版社2000年版。

〔魏〕何晏注,〔宋〕邢昺疏:《论语注疏》,北京大学出版社2000年版。

〔清〕刘宝楠:《论语正义》,中华书局1990年版。

〔汉〕赵岐注,〔宋〕孙奭疏:《孟子注疏》,北京大学出版社2000年版。

〔明〕丘浚:《大学衍义补》,中州古籍出版社1995年版。

〔晋〕郭璞注,〔宋〕邢昺疏:《尔雅注疏》,北京大学出版社2000年版。

〔汉〕刘熙撰,〔清〕毕沅疏证,〔清〕王先谦补:《释名疏证补》,中华书局2008年版。

〔汉〕许慎:《说文解字》,中华书局1963年版。

〔汉〕许慎撰,〔清〕段玉裁注:《说文解字注》,上海古籍出版社1988年版。

〔清〕王筠:《说文解字句读》,中华书局1988年版。

［日］安居香山、中村璋八:《纬书集成》,河北人民出版社1994年版。

(二)史部

〔汉〕司马迁:《史记》,中华书局1982年版。

〔汉〕班固:《汉书》,中华书局1962年版。

〔晋〕陈寿:《三国志》,中华书局1959年版。

〔唐〕房玄龄等:《晋书》,中华书局1974年版。

〔唐〕姚思廉:《梁书》,中华书局1973年版。

〔唐〕魏征等:《隋书》,中华书局1973年版。

范祥雍:《古本竹书纪年辑校订补》,上海古籍出版社2011年版。

黄怀信等:《逸周书汇校集注》,上海古籍出版社2007年版。

〔战国〕左丘明:《国语》,上海古籍出版社2015年版。

徐元诰:《国语集解》,中华书局 2002 年版。

〔宋〕罗泌:《路史》,《文渊阁四库全书》第 383 册,台湾商务印书馆 1986 年版。

吴则虞:《晏子春秋集释》,中华书局 1962 年版。

李步嘉:《越绝书校释》,武汉大学出版社 1992 年版。

〔唐〕李吉甫:《元和郡县志》,《文渊阁四库全书》第 468 册,台湾商务印书馆 1986 年版。

〔明〕李贤等:《明一统志》,《文渊阁四库全书》第 472 册,台湾商务印书馆 1986 年版。

〔清〕和珅等:《大清一统志》,《文渊阁四库全书》第 477 册,台湾商务印书馆 1986 年版。

〔清〕顾祖禹:《读史方舆纪要》,中华书局 2005 年版。

〔清〕田文镜等修,〔清〕孙灏等纂:《河南通志》,《文渊阁四库全书》第 538 册,台湾商务印书馆 1986 年版。

〔清〕德昌修,〔清〕王增纂:《(嘉庆)汝宁府志》,汝南县志编纂委员会 1983 年校印。

陈桥驿:《水经注校释》,杭州大学出版社 1999 年版。

袁珂:《山海经校注》,上海古籍出版社 1980 年版。

〔晋〕郭璞注,〔清〕郝懿行笺疏,沈海波校点:《山海经》,上海古籍出版社 2015 年版。

〔明〕李濂撰,周宝珠、程民生点校:《汴京遗迹志》,中华书局 1999 年版。

〔晋〕法显撰,章巽校注:《法显传校注》,中华书局 2008 年版。

〔唐〕杜佑:《通典》,中华书局 1988 年版。

(三)子部

〔清〕王先谦:《荀子集解》,中华书局 1988 年版。

〔汉〕王符著,〔清〕汪继培笺,彭铎校正:《潜夫论笺校正》,中华书局1985年版。

〔清〕李光地等:《御纂朱子全书》,《文渊阁四库全书》第721册,台湾商务印书馆1986年版。

黎翔凤:《管子校注》,中华书局2004年版。

〔清〕王先慎:《韩非子集解》,中华书局1998年版。

〔汉〕赵君卿注,〔北周〕甄鸾重述,〔唐〕李淳风注释:《周髀算经》,《文渊阁四库全书》第786册,台湾商务印书馆1986年版。

许维遹:《吕氏春秋集释》,中华书局2009年版。

何宁:《淮南子集释》,中华书局1998年版。

〔明〕方以智:《通雅》,《文渊阁四库全书》第857册,台湾商务印书馆1986年版。

〔汉〕王充撰,黄晖校释:《论衡校释》,中华书局1990年版。

〔清〕洪颐煊辑:《经典集林》,《续修四库全书》第1200册,上海古籍出版社2002年版。

〔宋〕李昉等:《太平御览》,《文渊阁四库全书》第893册,台湾商务印书馆1986年版。

〔宋〕章如愚:《群书考索》,《文渊阁四库全书》第938册,台湾商务印书馆1986年版。

〔明〕陈耀文:《天中记》,《文渊阁四库全书》第965册,台湾商务印书馆1986年版。

朱谦之:《老子校释》,中华书局1984年版。

〔清〕郭庆藩:《庄子集释》,中华书局1961年版。

陈鼓应:《庄子今注今译》,中华书局1983年版。

（四）集部

〔宋〕洪兴祖:《楚辞补注》,中华书局 1983 年版。

〔宋〕刘敞:《公是集》,《文渊阁四库全书》第 1095 册,台湾商务印书馆 1986 年版。

二、工具书

〔清〕孙诒让:《契文举例》,齐鲁书社 1993 年版。

罗振玉:《增订殷虚书契考释》,《罗振玉学术著作集》第 1 册,上海古籍出版社 2013 年版。

中国科学院考古研究所:《甲骨文编》,中华书局 1965 年版。

李孝定:《甲骨文字集释》,“中央研究院”历史语言研究所 1970 年版。

唐兰:《殷虚文字记》,中华书局 1981 年版。

徐中舒:《甲骨文字典》,四川辞书出版社 1989 年版。

李圃:《甲骨文选读》,华东师范大学出版社 1986 年版。

刘钊等:《新甲骨文编》,福建人民出版社 2009 年版。

〔宋〕薛尚功:《历代钟鼎彝器款识法帖》,中华书局 1986 年版。

容庚:《金文编》,中华书局 1985 年版。

古文字诂林编纂委员会:《古文字诂林》,上海古籍出版社 1999 年版。

李学勤:《清华大学藏战国竹简(壹)》,中西书局 2010 年版。

汉语大字典编辑委员会:《汉语大字典》,四川辞书出版社、湖北辞书出版社 1986 年版。

汉语大词典编辑委员会:《汉语大词典》(第一卷),上海辞书出版社 1986 年版。

三、论著

夏鼐:《中国文明的起源》,文物出版社1985年版。

左言东:《中国政治制度史》,浙江古籍出版社1986年版。

河南省考古学会、渑池县文物保护管理委员会:《论仰韶文化》,中原文物编辑部1986年版。

李根蟠、黄崇岳、卢勋:《中国原始社会经济研究》,中国社会科学出版社1987年版。

中国社会科学院考古研究所:《殷墟发掘报告:1958—1961》,文物出版社1987年版。

毛继周:《河南经济地理概论》,测绘出版社1988年版。

[美]爱尔乌德著,钟兆麟译:《文化进化论》,上海文化出版社1989年影印本。

[美]张光直:《中国青铜时代》(二集),生活·读书·新知三联书店1990年版。

虞城县志编纂委员会:《虞城县志》,生活·读书·新知三联书店1991年版。

周军、郭引强:《河南旧石器》,中州古籍出版社1992年版。

河南省文物研究所:《河南考古四十年》,河南人民出版社1994年版。

张志孚、何平立:《中州文化》,辽宁教育出版社1995年版。

杜廼松:《中国青铜器发展史》,紫禁城出版社1995年版。

张之恒、周裕兴:《夏商周考古》,南京大学出版社1995年版。

杨育彬、袁广阔:《20世纪河南考古发现与研究》,中州古籍出版社1997年版。

李学勤:《走出疑古时代》,辽宁大学出版社1997年版。

单远慕:《中华文化通志·地域文化典·中原文化志》,上海人民出版社1998年版。

浙江省文物考古研究所:《良渚文化研究——纪念良渚文化发现六十周年国际学术讨论会文集》,科学出版社1999年版。

安金槐:《安金槐考古文集》,中州古籍出版社1999年版。

崔炎寿:《中岳嵩山》,黄河水利出版社2000年版。

钱耀鹏:《中国史前城址与文明起源研究》,西北大学出版社2001年版。

薛新民:《唐尧文化与中国文明起源》,山西人民出版社2001年版。

赵春青:《郑洛地区新石器时代聚落的演变》,北京大学出版社2001年版。

杨阳:《中国政治制度史纲要》,中国政法大学出版社2001年版。

陈旭:《夏商考古》,文物出版社2001年版。

阮炜:《文明的表现》,北京大学出版社2001年版。

张国硕:《夏商时代都城制度研究》,河南人民出版社2001年版。

郑州市文物考古研究所:《郑州大河村》,科学出版社2001年版。

申畅、申少春:《河南文化史》,中州古籍出版社2002年版。

王东:《中华文明论——多元文化综合创新哲学》(中),黑龙江教育出版社2002年版。

上海市文物管理委员会:《马桥——1993~1997年发掘报告》,上海书画出版社2002年版。

宋豫秦等:《中国文明起源的人地关系简论》,科学出版社2002年版。

郑州市图书馆文献编辑委员会:《嵩岳文献丛刊》,中州古籍出版社2003年版。

中国社会科学院考古研究所、中国社会科学院古代文明研究中心:《中国文明起源研究要览》,文物出版社2003年版。

李友谋:《裴李岗文化》,文物出版社2003年版。

周延良:《夏商周原始文化要论》,学苑出版社 2004 年版。

河南省河洛文化研究中心:《根在河洛——第四届河洛文化国际研讨会论文集》,大象出版社 2004 年版。

杜金鹏、许宏:《偃师二里头遗址研究》,科学出版社 2005 年版。

程有为、王天奖:《河南通史》第 1 卷,河南人民出版社 2005 年版。

袁行霈、严文明:《中华文明史》,北京大学出版社 2006 年版。

李庚香:《中原文化精神》(上),河南文艺出版社 2007 年版。

中国社会科学院考古研究所:《新中国的考古发现和研究》,方志出版社 2007 年版。

[美]摩尔根著,杨东莼、马雍、马巨译:《古代社会》,中央编译出版社 2007 年版。

李济:《中国早期文明》,上海人民出版社 2007 年版。

陈义初:《河洛文化与殷商文明》,河南人民出版社 2007 年版。

王蕴智:《中原文化大典 · 文物典 · 古文字》,中州古籍出版社 2008 年版。

[美]米尔恰 · 伊利亚德著,晏可佳、姚蓓琴译:《神圣的存在》,广西师范大学出版社 2008 年版。

李民、岳红琴、张兴照:《郑州古代都城》,河南人民出版社 2008 年版。

高江涛:《中原地区文明化进程的考古学研究》,社会科学文献出版社 2009 年版。

周昆叔、齐岸青:《中华文明与嵩山文明研究》(第 1 辑),科学出版社 2009 年版。

许宏:《最早的中国》,科学出版社 2009 年版。

晁福林:《夏商西周社会史》,北京师范大学出版社 2010 年版。

王天奖、李绍连:《中州文化》,安徽教育出版社、北京教育出版社、河北教育出版社、内蒙古教育出版社、山西教育出版社联合出版,2010 年版。

周昆叔:《嵩山行》,文物出版社 2010 年版。

中华文化通志编委会:《中华文化通志·中华文化起源志》,上海人民出版社 2010 年版。

谢玉堂:《甲骨文的由来与发展》,山东人民出版社 2011 年版。

杨东明:《天地之中》,作家出版社 2011 年版。

牛大勇等:《中华文化软实力——2011 年嵩山论坛文集》,红旗出版社 2011 年版。

王星光:《中国农史与环境史研究》,大象出版社 2012 年版。

李学勤:《中国古代文明起源》,上海科学技术文献出版社 2012 年版。

刘成纪、杨云香:《中原文化与中华民族》,河南人民出版社 2012 年版。

袁广阔等:《河南早期刻画符号研究》,科学出版社 2012 年版。

河南省文物考古研究所:《郑州小双桥:1990—2000 年考古发掘报告》,科学出版社 2012 年版。

中国考古学会:《中国考古学会第十四次年会论文集》(2011),文物出版社 2012 年版。

卫绍生:《华夏历史文明传承创新研究》,河南人民出版社 2012 年版。

刘有富、刘道兴:《河南生态文化史纲》,黄河水利出版社 2013 年版。

王利华:《中国环境史研究》,中国环境出版社 2013 年版。

刘昌铭:《中华生态环境文化》,同心出版社 2013 年版。

郑州中华之源与嵩山文明研究会:《中华之源与嵩山文明研究》,科学出版社 2013 年版。

[美]张光直:《古代中国考古学》,生活·读书·新知三联书店 2013 年版。

常松木:《登封天地之中历史建筑群》,河南文艺出版社 2014 年版。

朱绍侯:《中国地域文化通览·河南卷》,中华书局 2014 年版。

索全星:《中华文明本源初探》,科学出版社 2014 年版。

韩建业:《早期中国——中国文化圈的形成和发展》,上海古籍出版社2015年版。

北京大学中国考古学研究中心:《聚落演变与早期文明》,文物出版社2015年版。

林艺、刘涛:《区域文化导论》,清华大学出版社2015年版。

孟建安、苏文兰:《中国文化概论》,暨南大学出版社2016年版。

刘庆柱:《中国古代都城考古发现与研究》,社会科学文献出版社2016年版。

张明东:《商周墓葬比较研究》,中国社会科学出版社2016年版。

赵春青、顾万发:《新砦遗址与新砦文化研究》,科学出版社2016年版。

许宏:《何以中国:公元前2000年的中原图景》,生活·读书·新知三联书店2016年版。

丁新:《中国文明的起源与诸夏认同的产生》,南京大学出版社2016年版。

杨宽:《中国古代都城制度史研究》,上海人民出版社2016年版。

王星光、张强、尚群昌:《生态环境变迁与社会嬗变互动》,人民出版社2016年版。

鲍君惠:《宋代嵩山人文历史研究》,科学出版社2017年版。

四、论文

丁山:《九州通考》,《齐鲁学报》1941年第1期。

周本雄:《河南安阳小南海旧石器时代洞穴遗址脊椎动物化石的研究》,《考古学报》1965年第1期。

上海文物管理委员会:《上海马桥遗址第一、二次发掘》,《考古学报》1978年第1期。

郑州市博物馆:《郑州大河村发掘报告》,《考古学报》1979 年第 3 期。

孟维智:《汉字起源问题浅议》,《语文研究》1980 年第 1 期。

李学勤:《何尊新释》,《中原文物》1981 年第 1 期。

张之恒:《试论磁山、裴李岗文化遗存的性质——兼论中原地区新石器文化系统的区分》,《考古与文物》1981 年第 1 期。

郸城县文化馆:《河南郸城段砦出土大汶口文化遗物》,《考古》1981 年第 2 期。

曹桂岑:《郸城段寨遗址试掘》,《中原文物》1981 年第 3 期。

苏秉琦、殷玮璋:《关于考古学文化的区系类型问题》,《文物》1981 年第 5 期。

严文明:《龙山文化和龙山时代》,《文物》1981 年第 6 期。

于省吾:《释中国》,《中华学术论文集》,中华书局 1981 年版。

姜亮夫:《“中”形形体分析及其语音演变之研究》,《杭州大学学报》1984 年增刊。

李先登:《夏代有文字吗》,《文史知识》1985 年第 7 期。

傅宪国:《试论中国新石器时代的石钺》,《考古》1985 年第 9 期。

赵世纲:《关于裴李岗文化若干问题的探讨》,《华夏考古》1987 年第 2 期。

黄翔鹏:《舞阳贾湖骨笛的测音研究》,《文物》1989 年第 1 期。

河南省文物研究所:《河南鹿邑栾台遗址发掘简报》,《华夏考古》1989 年第 1 期。

冯沂:《河南舞阳贾湖新石器时代遗址第二至六次发掘简报》,《文物》1989 年第 1 期。

马世之:《黄河流域文明起源问题初探》,《中州学刊》1989 年第 4 期。

尹达:《衷心的愿望——为〈史前研究〉的创刊而作》,《史前研究》1983 年第 1 期。

邵望平:《〈禹贡〉“九州”的考古学研究》,《考古学文化论集(二)》,文物出版社1989年版。

田树生:《释中》,《殷都学刊》1991年第2期。

胡念耕:《唐兰释“中”补苴》,《安徽师范大学学报》1991年第2期。

夏祖恩:《〈周易〉的尚中思想——兼谈孔子的继承》,《福建师大福清分校学报》1991年第2期。

刘军:《良渚文化考古又一重要发现——余杭汇观山发现祭坛及大墓》,《中国文物报》1991年8月11日第1版。

孔富安:《试论中原地区新石器时代早期陶器特征》,《山西大学学报(哲学社会科学版)》1992年第3期。

童忠良:《舞阳贾湖骨笛的音孔设计与宫调特点》,《中国音乐学》1992年第3期。

吴耀利、陈星灿:《汝州发现4000年前炭化稻米》,《中国文物报》1992年7月26日第1版。

杨肇清:《试论中原地区国家的起源》,《华夏考古》1993年第1期。

马世之:《伊洛-郑州地带的文明起源》,《河洛文明论文集》,中州古籍出版社1993年版。

童恩正:《中国北方与南方古代文明发展轨迹之异同》,《中国社会科学》1994年第5期。

萧兵:《中国神话里的世界中心——兼论周人“世界中心”之转移》,《淮阴师专学报》1995年第1期。

周锋:《全新世时期河南的地理环境及气候》,《中原文物》1995年第4期。

朱启新:《郑州发现年代最早的古城遗址》,《炎黄春秋》1996年第1期。

严文明:《中国文明起源的探索》,《中原文物》1996年第1期。

韩建业:《中国上古时期三大集团交互关系探讨——兼论中国文明的形

成》,《北京大学学报(哲学社会科学版)》1996年第1期。

郑杰祥:《中原地区仰韶文化的发掘与研究》,《中原文物》1996年第2期。

朱薇君:《良渚文化与中原、北方红山文化的比较》,《南方文物》1997年第1期。

孙祖初:《中原地区新石器时代中期向晚期的过渡》,《华夏考古》1997年第4期。

许天申:《论裴李岗文化时期的原始农业——河南古代农业研究之一》,《中原文物》1998年第3期。

秦岭:《从考古学角度谈古代中国的区域形成——由施坚雅的区系理论说起》,《文物世界》2000年第2期。

关增建:《中国天文学史上的地中概念》,《自然科学史研究》2000年第3期。

朱绍侯:《帝舜故里负夏(瑕丘)考》,《洛阳工学院学报(社会科学版)》2001年第4期。

秦文生:《中原文明是中国文明的源头》,《华夏文明的形成与发展——河南省文物考古研究所建所五十周年庆祝会暨华夏文明的形成与发展学术研讨会论文集》,大象出版社2003年版。

韩建业:《论新石器时代中原文化的历史地位》,《江汉考古》2004年第1期。

陈淳、龚辛:《二里头、夏与中国早期国家研究》,《复旦学报(社会科学版)》2004年第4期。

李友东:《中原文明核心区形成初探》,《史学月刊》2005年第6期。

许宏:《从二里头遗址看华夏早期国家的特质》,《中原文物》2006年第3期。

刘庆柱:《中原文化在中华民族形成与发展中的历史作用与地位》,《郑州大学学报(哲学社会科学版)》2006年第5期。

王建华:《论中原文明在华夏文明中的核心地位》,《黄河科技大学学报》2007年第3期。

方酉生:《略论夏代文化的中心区域是在"河洛之间"》,《洛阳师范学院学报》2008年第3期。

许宏:《二里头的"中国之最"》,《中国文化遗产》2009年第1期。

程有为:《夏商时期中原王朝的向外扩张和中原文化圈的拓展》,《郑州大学学报(哲学社会科学版)》2009年第1期。

韩建业:《裴李岗文化的迁徙影响与早期中国文化圈的雏形》,《中原文物》2009年第2期。

王彩霞:《从陶器刻划符号浅析汉字的起源》,《河北青年管理干部学院学报》2009年第5期。

李学勤:《周文王遗言》,《光明日报》2009年4月13日第12版。

李零:《说清华楚简保训篇的"中"字》,《中国文物报》2009年5月20日第7版。

贾兵强:《裴李岗文化时期的农作物与农耕文明》,《农业考古》2010年第1期。

杨福瑞:《试论巫觋集团在红山文化中晚期的神权地位》,《北方文物》2010年第1期。

陈杰:《文化生态史观视野下的文明化进程——中原地区与太湖地区的比较研究》,《中原文物》2010年第1期。

叶万松:《海岱地区与中原地区史前经济的比较研究》,《黄河科技大学学报》2010年第1期。

李中轩、闫慧、吴国玺:《河南省新石器遗址的时空特征及其环境背景》,《河南科学》2010年第7期。

李锐:《清华简〈保训〉与中国古代"中"的思想》,《孔子研究》2011年第

2 期。

魏继印:《论气候变迁与中原中心地位的形成》,《中原文物》2011 年第 5 期。

王小应:《商周礼乐制度探析》,《丝绸之路》2012 年第 6 期。

李伟:《良渚:巫政之国的兴衰》,《三联生活周刊》2012 年第 40 期。

苏秉琦:《中国文明起源探索》,《东吴学术》2013 年第 4 期。

吴涛:《中原文化根源性的解构与重建》,《郑州大学学报(哲学社会科学版)》2013 年第 4 期。

郑晓旭:《试论中原地区原始聚落、居住建筑的尚中思想及其缘起》,《濮阳职业技术学院学报》2014 年第 2 期。

索秀芬、李少兵:《中国北方地区新石器时代考古学文化与周边的关系》,《内蒙古社会科学》2014 年第 2 期。

晁福林:《观念史研究的一个标本——清华简〈保训〉补释》,《文史哲》2015 年第 3 期。

高江涛:《考古学视角的大禹与大禹治水》,《史志学刊》2015 年第 4 期。

曹兵武:《辐与辏:史前中原文化优势的确立——兼论早期中国与华夏文明观的形成》,《中原文化研究》2015 年第 6 期。

陈道德、高涌瀚:《“中”字意义的嬗变:从“形下”到“形上”》,《湖北大学学报(哲学社会科学版)》2016 年第 1 期。

邓国军:《史前考古学视野下的“尚中”思想研究》,《宁夏大学学报(人文社会科学版)》2016 年第 3 期。

后记

本书是郑州市嵩山文明研究基金会专项资金资助课题的成果。关于本书的撰写，李红岩指导研究方法、把握研究方向，牛伟、李正辉通稿；李红岩、张涵撰写第一章，张智伟、李昕洁、宋晴撰写第二章，王丽、王瑨撰写第三章，董琦、张兴波撰写第四章。

王文超、齐岸青先生多次审读全书大纲与文稿，给出指导性意见；郑州中华之源与嵩山文明研究会、郑州嵩林书院为本书提供了大量素材和帮助。谨致谢忱。

“‘天地之中’文化探源”还是一个尚待继续深入的课题，本书只是浅尝辄止地进行了初步阐述，其中不免失误与偏颇之处，敬请谅解。

李红岩

2022 年 1 月